本书得到"黑龙江大学学科青年学术骨干百人支持计划"、哈尔滨市人民政府博士后科研创新基地项目资助

| 光明社科文库 |

环境启动经济

——地方政府经济服务职能个案研究

张继亮◎著

光明日报出版社

图书在版编目（CIP）数据

环境启动经济：地方政府经济服务职能个案研究 /
张继亮著 . -- 北京：光明日报出版社，2019.6

（光明社科文库）

ISBN 978 - 7 - 5194 - 5036 - 6

Ⅰ.①环… Ⅱ.①张… Ⅲ.①地方政府—作用—区域
经济发展—研究—哈尔滨 Ⅳ.①F127.351

中国版本图书馆 CIP 数据核字（2019）第 114061 号

环境启动经济——地方政府经济服务职能个案研究
HUANJING QIDONG JINGJI——DIFANG ZHENGFU JINGJI FUWU
ZHINENG GEAN YANJIU

著　　者：张继亮

责任编辑：曹美娜　朱　然　　　　　责任校对：赵鸣鸣

封面设计：中联学林　　　　　　　　责任印制：曹　诤

出版发行：光明日报出版社

地　　址：北京市西城区永安路 106 号，100050

电　　话：010 - 63131930（邮购）

传　　真：010 - 67078227，67078255

网　　址：http://book.gmw.cn

E - mail：caomeina@ gmw.cn

法律顾问：北京德恒律师事务所龚柳方律师

印　　刷：三河市华东印刷有限公司

装　　订：三河市华东印刷有限公司

本书如有破损、缺页、装订错误，请与本社联系调换，电话：010 - 67019571

开　　本：170mm×240mm

字　　数：256 千字　　　　　　　　印　　张：14.5

版　　次：2019 年 8 月第 1 版　　　　印　　次：2019 年 8 月第 1 次印刷

书　　号：ISBN 978 - 7 - 5194 - 5036 - 6

定　　价：85.00 元

序

　　政府和市场作为两种基本的资源配置方式，在经济发展和社会进步过程中各自扮演着十分重要的角色。正确处理好二者的关系，对于处在转型发展中的中国经济社会具有极其重要的理论和现实意义。

　　张继亮博士在北京大学从事博士后研究期间，选择了地方政府职能与地方经济发展这样一个交叉性的研究方向和问题领域。此项研究，从学科交叉性和研究创新性两点来看，不能不说是具有一定挑战性的。张继亮博士的著作《环境启动经济：地方政府经济服务职能个案研究》的创新点，在于摈弃了对两者关系的简单处理，即替代论、互补论、排斥论的机械选择，而是从我国经济社会发展的现实需要出发，从我国部分经济欠发达地区，特别是东北等老工业基地城市经济社会全面振兴发展之问题出发，以提升该类地区地方政府的服务意识、服务能力、服务水平，使其能够更好地履行经济服务职能之行政改革的要求来研究分析两者关系，具有实践意义和理论价值。

　　40年中国改革开放的一条成功经验是：地方政府通过提升经济发展环境软实力，可以启动地方经济发展新活力。从书中提到的案例分析来看，此项研究工作是富有成效的。为此，作者不仅找到了"服务"这一地方政府职能与地方经济发展的最优契合点，而且在习近平总书记视察东北讲话精神的启发下，锁定了"环境"这一制约东北等老工业基地城市经济发展的关键性变量，进而创新性地提出地方政府服务于地方经济发展的最佳方式和现实任务，在于优化地方经济发展环境。"环境启动经济"的提法，我个人是表示赞同的。

　　近年来，我在《好的市场监管，其标准是"活而有序"》《商事制度改革与企业信用体系建设》《用制度保障公平　以治理完善监管》等多篇文章中也谈到过市场经济环境建设问题。事实上，地方经济健康发展所需要的优质外部环境是多方面的，行政学界讨论较多的行政体制环境只是其中一个重要的组成部分，同时还包括政策环境、人才环境、技术环境、基础设施环境、市场秩序环境等。之所以说行政环境十分重要，不仅是因为行政力量直接地、过度地干预市场会影响到市场发挥其在资源配置中的决定性作用，进而影响到社会主义市场经济发展，而且更为关键的在于地方政府有责任、有义务、更有能力去全面改善地方经济发展的外部环境。所以，从地方政府的经济环境建设职能来看，当前我国地方政府的环境优化任务早已超越了行政体制环境本身，而应当在更广阔的视域下去审视"环境"及经济发展环境优化问题，使地方政府能够从地方经济发展对环境的现实需要出发，建构符合地方经济发展实际和主要环境特征的系统性环境优化职能体系。

　　市场决定资源配置是市场经济的一般规律，在中国经济转型过程中，遵循市场规律、引入竞争机制、提高政府服务效率可能是未来市场和政府之间的长期均衡方向。基于地方经济发展实际的典型性个案研究，可以为同类地区地方政府经济职能的转变与经济发展环境的优化提供有益的借鉴。该书的写作目的和价值定位于促进东北等老工业基地城市的振兴发展，并将"共和国长子"城市、"东北现象"的缩影城市哈尔滨作为典型个案研究对象，同时以中央领导同志指出的发展环境是当前制约此类城市经济发展的关键因素作为立论理论依据，在对经济发展的当代内涵、地方政府经济职能及其转变的依据与方向进行系统性理论诠释基础上，提出了优化地方政府经济服务职能的逻辑实现方式：环境与经济的相互作用关系。

　　该书综合运用了实证分析、比较分析、归纳演绎等方法，对哈尔滨经济发展的历史与现实进行了系统的梳理，之后发现哈尔滨的经济发展在历程上可以归纳为改革开放前的"繁荣发展期"、改革开放后的"转型调整期"和东北老工业基地振兴战略实施后的"复苏跟进期"三个阶段；在特征上呈现经济总量平稳上升但全国位次后移，"三产"虚高且"二产"增长乏力，内生动力不足且外部投资偏弱等特点；在环境上具有资源禀赋、对俄区位的天然优势，来自国家"一带一路"倡议和"东北老工业基地振兴战略"的宏观政策优势也较为明显，以简政放权为核心的行政体制环境也在不断优化。书中分析了目前影响哈尔滨经济发展的环境因素主要集中在人力资本环境、公共服务环境、市场秩序环境三个方面，进而提出，哈尔滨地方政府应秉持服务理念，充分发挥行政力量优势，凝聚发展人才、优化公共服务、规范市场秩序，全面提升经济发展环境质量，激发创新发展活力与内部动能，促进哈尔滨经济协调、持续、健康发展。

客观地说，案例中提到的环境问题相对于其他同类城市来说，有的是共性问题，有的是个性问题，即便不构成其经济发展环境问题的主要矛盾，也可以为其进行经济发展环境研析与优化、政府经济职能反思与重构提供鲜活的理论与实践素材。本书的意义，在于提出了在市场经济发育不充分的地区，如何充分发挥市场作用，同时也更好发挥政府作用的问题。用足市场、充分利用好政府职能，从而实现可持续的社会经济发展，是本书的价值所在。

章 政

2018 年 12 月于北京大学

目　录
CONTENTS

导　论 ……………………………………………………………… 1

　　第一节　新时代哈尔滨等东北老工业基地城市迎来振兴发展的新机遇 …… 1

　　第二节　政府职能与经济发展问题研究现状 ………………………… 6

　　第三节　研究方法与创新点 ………………………………………… 14

第一章　经济发展的当代内涵 ………………………………………… 17

　　第一节　经济发展是基于经济增长的系统性发展 …………………… 18

　　第二节　经济发展是经济与社会的协调发展 ………………………… 24

　　第三节　经济发展是具有可持续性的发展 …………………………… 29

　　第四节　经济发展是人的自由全面发展 ……………………………… 34

第二章　地方政府职能及其转变的依据与方向 ……………………… 40

　　第一节　地方政府及其职能转变 …………………………………… 41

　　第二节　地方政府职能转变的依据：经济社会发展的实际需要 ……… 54

　　第三节　地方政府职能转变的方向：建构服务型地方政府 …………… 57

第三章　地方政府服务于经济发展的具体方式：优化地方经济发展环境 …… 67

　　第一节　经济发展影响因素的经济史考察 …………………………… 68

　　第二节　经济发展环境及其对地方经济发展的影响 ………………… 81

第三节　优化经济发展环境是地方政府的重要经济服务职能 ……………… 85

第四章　个案研究:哈尔滨经济发展的情势与环境研析 ……………… 92
　第一节　哈尔滨经济发展的历史考察 ………………………………… 95
　第二节　哈尔滨经济发展的横向比较 ………………………………… 106
　第三节　哈尔滨经济发展的环境辨析 ………………………………… 112

第五章　优化人力资本环境:智识力启动经济力 ……………………… 118
　第一节　人力资本:地方经济发展的内生动力 ……………………… 118
　第二节　现实困惑:区域内人力资本存量与质量的结构性失衡 …… 136
　第三节　逻辑重构:以先导式投入建立引育结合的长效性机制 …… 142

第六章　优化公共服务环境:保障力启动经济力 ……………………… 154
　第一节　公共服务:公众"用脚投票"的理论根源及其经济外部效应 … 154
　第二节　服务焦点之一:促进区域义务教育均衡发展 ……………… 169
　第三节　服务焦点之二:推动区域养老事业健康发展 ……………… 176

第七章　优化市场秩序环境:诚信力启动经济力 ……………………… 188
　第一节　市场秩序:经济繁荣度背后的主体间交易行为与交易关系 … 188
　第二节　市场自为秩序生成的社会资本逻辑 ………………………… 197
　第三节　加强市场秩序环境的政社协同治理 ………………………… 205

参考文献 ………………………………………………………………… 209

后　记 …………………………………………………………………… 221

导　论

第一节　新时代哈尔滨等东北老工业基地城市
迎来振兴发展的新机遇[①]

在中华人民共和国成立后的计划经济时期，哈尔滨的经济发展曾经历了一段辉煌的发展阶段。哈尔滨作为中国最早解放的大城市，有着"共和国长子"的美誉，城市历史虽不久远，但因其独特的地理位置而成为贯通欧亚大陆的重要节点。19 世纪末至 20 世纪初，随着中东铁路的建成通车，哈尔滨在中华人民共和国成立前便成为名闻中外的国际贸易大都市。在整个"二战"期间，哈尔滨既是抗日斗争的前沿阵地，也是共产国际援华物资输送的重要通道，在中华民族的抗战史和新中国的建设史上具有重要的战略意义和历史地位。中华人民共和国成立后，哈尔滨凭借良好的城市建设发展基础和自身在经济、政治、文化、社会发展方面的优势，成为我国"一五"和"二五"计划期间重点建设投资的城市，156 个苏联援建项目中的 13 个落户哈尔滨，加上 50 年代"南厂北迁"落户哈尔滨的 16 个工业企业，使哈尔滨迅速发展为我国工业体系建设中的重要组成部分和重点工业基地，为中国走上独立自主的工业化发展道路，为我国国民经济体系的完善与发展做出了重大历史性贡献。1960 年，哈尔滨工业总

---

① 编者按：本书所指"二产"为第二产业，"三产"为第三产业。

产值位列全国第五，1978 年，哈尔滨地区生产总值位列副省级城市第五位。不难发现，哈尔滨在改革开放前的经济繁荣在很大程度上得益于国家重点工业项目投资和广阔而稳定的国内工业产品市场，在国民经济恢复发展的宏观背景下和计划经济体制下，哈尔滨的工业产业和经济社会发展迅速进入了快车道，并由此形成了"二产"打头的"山"形产业结构和产业增长序列。

改革开放后，在由计划经济向社会主义市场经济转型过程中，哈尔滨的经济发展在多方面因素综合影响下速度逐渐放缓，成为"东北现象"的一个缩影。所谓"东北现象"或者"新东北现象"，是人们基于改革开放前的东北与改革开放后的东北在全国经济发展中的地位与作用进行比较而形成的认识和得出的结论。在经济体制转型过程中，东北地区的其他主要工业城市和哈尔滨一样，都一度面临巨大的转型发展压力，包括传统优势产业产品流通体制和市场环境的变化、体量庞大的国有经济所形成的巨大国企改革压力、全国经济布局中的工业生产型城市性质和功能定位所引发的城市性质转型和功能拓展压力，加之本地市场化程度和城镇化水平相对较低、传统观念与体制对现代经济发展理念与方式的长期束缚、落后产能结构优化进程相对缓慢、民营经济体量相对较小、创新人才和新兴科技产业吸附力相对较弱等因素，使哈尔滨等东北老工业基地城市对社会主义市场经济体制下，国家产业政策和发展战略的周期性调整表现出极大的不适应性，在经济社会发展诸多方面与发达地区和城市逐渐形成了差距。哈尔滨市 1999 年地区生产总值在 15 个副省级城市排名中滑落至第 11 位，工业占比自 1990 年被第三产业赶超后，由 1978 年的 51.3%、1990 年的 33.6%，进一步下降为 1999 年的 25.7%，低于当年全国工业占比 14 个百分点，传统优势工业产业在国家全面工业化阶段提早进入了衰退期。工业化进程的停滞与断裂，工业比重过早过快地下降也影响到第三产业内部结构的优化，造成地方产业结构异常变动和虚高度化问题，在结构意义上影响到哈尔滨的经济发展。

国家东北老工业基地振兴战略的实施，为哈尔滨经济发展带来千载难逢的历史机遇，刺激了哈尔滨经济复苏。党中央关注到改革开放 20 多年东北地区在转型发展过程中出现的工业衰退和经济停滞问题后，十分关心东北地区的未来经济复苏与发展问题，在党的十六大上正式提出了"支持东北地区等老工业基地加快调整改造"的主张，并于 2003 年与国务院联合出台了《关于实施东北地区等老工业基地振兴战略的若干意见》。此后的 10 余年间，中央对东北地区在经济社会诸多领域不断增加专项投入，加强地方内部造血功能。实践证明，中央对东北老工业基地的扶持是切实有效的。2012 年东北三省地区生产总值比2002 年的 1.14 万亿翻了两番；这 10 年东北三省年均增长率为 12.7%，其中辽宁年均增长 12.8%，吉林年均增长 13.8%，黑龙江年均增长 11.7%，均高于全国同期水平（10.7%）。其中哈尔滨市 2015 年实现地区生产总值 5751.2 亿元，比 2010 年的 3664.9 亿元增长了 54%，是 2005 年的 3.2 倍，相比 2000 年的1002.73 亿元翻了两番多，超额完成了经济翻番目标。在 2005 年至 2015 年中，除 2007 年和 2014 年外，其余各年哈尔滨地区生产总值的同比增长速度均高于全国 GDP 同比增长速度。"十一五"期间，哈尔滨市工业固定资产总投资达到2105.2 亿元，是"十五"时期的 4.16 倍，是"八五"和"九五" 10 年间总和的 5.35 倍。哈尔滨一度断裂的工业化发展进程在国家政策性投资的带动下得到了一定程度的接续。近年来，哈尔滨市第三产业发展较为迅速，第三产业占当年地区生产总值比重由 2005 年的 50.1% 进一步跃升至 2015 年的 55.9%，对经济增长的贡献率由 2005 年的 48.5% 上升至 2015 年的 67.1%。在服务业内部结构上，现代服务业比重自 2008 年起逐年上升，2014 年占比已达 62.2%。这些数字说明东北老工业基地振兴战略的实施为哈尔滨的地区经济发展注入了新活力。

　　客观地说，哈尔滨当前宏观经济层面出现的向好趋势并不能说明哈尔滨的经济发展已经完全走出了困境，也不能说明哈尔滨完全解决了经济发展的方式、动力及内部结构等问题。转方式、调结构、增加新动能、淘汰落后产能、降低单位生产能耗，实现开放发展、绿色发展、共享发展，作为副省级省会城市在国家宏观经济建设和社会发展中发挥更大作用等任务仍然十分艰巨。从经济社会发展横向比较数据来看，2016 年，哈尔滨市实现地区生产总值 6101.6 亿元，位居 15 个副省级城市的第 12 位，人均地区生产总值位列第 15 位；人均可支配收入为 33190 元，位列第 14 位；实现进出口总额 39.7 亿美元，位列第 15 位，与排名第一的深圳市相差 99.4 倍，约为东部沿海 8 个城市平均值的 3.6%，约为中西部 3 个副省级城市平均值的 12.9%，东北 4 市平均值的 19.6%；实现工业增加值 1285.4 亿元，位列第 14 位，仅高于厦门市；实现第三产业增加值3513.8 亿元，位居第 11 位。在公共事业发展方面，截至 2016 年，哈尔滨实有医疗机构 471 个，居 15 个副省级市第 2 位，但每万人拥有的医疗机构和执业医师数量却退居第 5 位和第 15 位。此外，从国家教育发展研究中心 2016 年公布的《全国 15 个副省级城市教育现代化监测评价与比较研究报告》来看，哈尔滨的教育发展水平测量综合指数排名第 10 位，但从细分指标来看，教育公平一级指标排名第 15 位，其中市域义务教育校际均衡排名第 14 位，县域均衡排名第 15 位，困难学生资助水平排名第 13 位；教育条件保障一级指标排名第 14 位，其中经费投入排名第 10 位，装备投入排名第 15 位，教育信息化排名第 14 位；此外，教育普及率一级指标中的初中毕业生升学率排名为第 14 位，班额达标比例排名为第 12 位。总的来看，哈尔滨与其他副省级城市相比，在经济社会发展诸多方面还存有相当大的差距。

党中央对东北地区发展的持续关注为新时代东北地区经济建设和社会发展指明了方向。党中央新一届领导集体高度关心和关注东北地区进入中国特色社会主义现代化建设新阶段所发生的新变化和遇到的新问题。习近平总书记在几次视察东北和全国两会分组讨论等公开场合，不止一次地表达了他对东北地区特别是黑龙江加快发展问题的关心与期待，并有针对性地提出了许多建设性意见。这些意见总结起来可以归纳为：抓住"一带一路"建设有利契机，挖掘区位优势和资源禀赋优势；大力发展绿色经济、冰雪经济、生态经济、循环经济，加快转型和创新发展；持续保障和改善民生，不断提高人民生活水平。习近平总书记在 2016 年 5 月视察黑龙江期间，在充分肯定了黑龙江近年来经济社会发展成绩的同时，提醒包括黑龙江在内的东北地区各级地方工作同志在振兴发展过程中要特别注意发展环境的优化问题，认为优化发展环境和深化改革开放对于老工业基地能否闯出振兴发展新路来说是同等重要的两项工作。在习总书记看来，"只有建设好投资、营商等软环境，才能有效遏制东北资本、人才流失状况，打破所谓'投资不过山海关'的说法，使资本、人才成为东北振兴发展的重要助力"①。在发展环境的建设问题上，中共中央政治局常委、国务院总理李克强同志也指出，"东北地区必须全面对标国内先进地区，加快转变政府职能，更大力度推进简政放权、放管结合、优化服务改革，开展优化投资营商环境专

---

① 胡佳林，汤龙. 回望 2016：辽宁振兴十大成就［EB/OL］. 人民网，2017–01–03.

项行动,推动'法治东北、信用东北'建设"。可见,党中央和国务院主要领导在东北地区未来发展的主要影响因素方面的认识上是一致的,那就是地方党委和政府要着力改善、不断优化地方经济社会发展环境,激活创新发展动能,巩固改革开放成果,以此实现东北老工业基地的振兴发展。

转变地方政府职能,建设服务型地方政府,是优化地方发展环境,实现东北老工业基地振兴发展的关键。哈尔滨等东北老工业基地城市是全国较晚退出计划经济的一批城市,受计划经济体制影响也较为深远。作为地方经济社会发展主要责任者的地方政府,与企业、市场、社会之间的关系需要逐步理顺,地方政府在经济社会发展中的角色需要重新定位,职能体系需要重新架构,职能实现方式需要重新设计。从经济发展的环境建设角度来说,行政环境是地方经济发展的重要外部环境。地方政府只有积极转变自身职能,主动服务于地方经济发展,才能破除制约地方经济发展的体制与机制障碍,才能使包括行政环境、人才环境等在内的经济发展整体环境得到优化。从社会主义市场经济建设的角度来看,社会主义初级阶段也是市场经济的不完备阶段,因此必须逐步确立起市场在资源配置中的决定性地位。党的十八届三中全会把市场在资源配置中的地位从"基础性"上升为"决定性",这种判断本身意味着在社会主义市场经济发展的新阶段中,必须正确处理好政府与市场之间的关系,必须通过转变政府职能,逐步减少政府行政行为对资源配置和经济行为的直接和过度干预,以此来激发市场活力,保护市场的生产主体性。

新时代中国特色社会主义市场经济建设要求政府转变观念、转换角色、调整职能方向和实现方式,为经济发展保驾护航、维持秩序、创造良好的外部环境。2013 年,国务院发布的《国务院机构改革和职能转变方案》表明,政府有决心下气力科学地调整并重新设置自身职能,以促使经济发展相关因素和整体环境向有利于经济持续健康发展的方向转变。我国正在积极建构的"服务型政府"不同于以往的"管制型政府"。服务型政府是尊重市场和社会主体在经济社会发展中的主体地位的政府,是注重挖掘、弘扬和保护社会力量主体性的政府,是坚持发挥市场在经济社会发展资源配置中的决定性作用的政府。服务型政府将经济与社会的协同、可持续发展,在经济社会发展过程中实现人的自由全面发展作为公共行政的终极价值目标,并通过转变职能积极探寻这一价值目标实现的最佳方式。

基于这样的分析，我们认为，有必要对哈尔滨市经济发展的历史与现状、影响哈尔滨经济发展的环境因素进行一次系统的梳理，同时从建设服务型地方政府这一地方政府职能转变的总体方向出发，探究哈尔滨市地方政府服务于地方经济发展的具体职能实现方式，以及优化地方经济发展环境的具体任务。这些不仅构成了本书研究的价值旨趣，而且成为贯穿全书的逻辑主线。

第二节　政府职能与经济发展问题研究现状

政府职能与经济发展作为行政学与经济学各自领域内的重点问题，一直以来受到学界的广泛关注。从问题相关性来看，经济学也一直关注政府经济职能实现问题，行政学也始终把推动经济社会发展作为理论研究的价值旨归。由此，两个学科不仅日益搭建起以讨论政府与市场的资源配置功能为基础的对话平台，而且直接推动了政府经济学、公共财政学等交叉学科的产生。

一、国外研究现状

政府职能与经济社会发展问题，以及政府、市场与社会主体在经济社会发展中的各自角色和相互关系等问题的研究，在国外由来已久。现代西方政府理论将经济职能和社会职能列为政府的两项重要职能。经济和社会发展水平也成为审视政府履职能力及其存在价值的重要尺度，并直接影响政府的合法性。政府存在的现实价值在于恰当地运用公共权力来实现并维护公共利益，使其在最大程度上得以实现。具体而言，这种公共利益在经济上体现为国民经济的持续健康发展、良好的经济发展秩序、公平合理的收入分配制度等；在政治上体现为公民自由平等的民主权利、良好的社会运行秩序和政治发展环境等；社会发展方面体现为基础设施条件的不断改善，教育、医疗、就业、社会保障事业的持续发展，体现为公众对公共物品与服务的各种需要；文化方面体现为核心价值观指导下形成的稳定的政治心理与社会心理。合法的政府除具有宪法和法律权威之外，还应通过认真履行自己的经济、政治、文化、社会等领域职能来最广泛并最大限度地获得公众合法性认同。

政府存在的价值及其实现方式问题，自亚当·斯密（Adam Smith）以来受到了包括经济学、政治学、行政学在内的诸多领域学者的广泛关注。关于政府角色、政府职能及其边界、政府与市场、国家与社会等关系问题的探讨经久不息。约翰·斯图加特·穆勒（John Stuttgart Muller）在其1848年出版的《政治经济学原理》一书中写道："在某一特定时期，政治理论与政治实践的领域中争论最多的问题，与应该如何划定政府的职能和作用的适当界限有关；在其他时期，争论的焦点则是政府应该如何构成、应该根据什么原则和规定行使权力。不过，现在与之同等重要的问题是，权力应该扩展到人类事务的哪些领域。"①"有限政府""小政府""守夜人"等概念的相继提出，意味着人们开始厌恶"看得见的手"对经济生活的"全面而过度干预"，要求恢复"看不见的手"在市场资源配置中的地位，要求政府还市场和社会以更多的自主发展空间。因此，政府应该"管什么、管多少、怎么管"等关于政府职能及角色定位的问题逐渐成为人们讨论的热点。

西方理论界对政府职能定位问题的分析是与百年来政府行政方式的三次变革实践相伴随的。1887年，美国行政学家伍德罗·威尔逊（Woodrow Wilson）《行政之研究》的发表，标志着公共行政学诞生，弗兰克·约翰逊·古德诺（Frank Johnson Goodnow）的政治与行政二分理论的正式提出标志着政府正式独立成为国家意志的执行者，并与完全的统治行政身份相剥离。加之以弗雷德里克·温斯洛·泰罗（Frederick Winslow Taylor）的科学管理理论、亨利·法约尔（Henri Fayol）的管理职能理论、马克斯·韦伯（Max Weber）的科层组织理论为代表的古典管理理论的快速发展，在理论上推动了政府行政方式从统治行政进入到管理行政时期。1929年到1933年的西方经济危机，在实践上把政府推上了经济社会发展的操作台。直到玛格丽特·希尔达·撒切尔（Margaret Hilda Thatcher）改革的40年间，西方国家政府特别是瑞典、芬兰等福利国家政府相继经受着财政危机、管理危机和公众信任危机的折磨，财政不堪重负，公共行

---

① 〔英〕约翰·斯图亚特·穆勒. 政治经济学原理：下〔M〕. 金镝，金熠，译. 华夏出版社，2017：739.

政效率低下，社会经济发展迟缓。20 世纪 70 年代西方以市场化、顾客导向、企业家精神为内核的新公共管理运动的兴起可以看作是政府公共行政理念的一次重要转折。戴维·奥斯本（David Osborne）和特德·盖布勒（Ted Gabler）在《改革政府——企业精神如何改革着公营部门》一书中，对实施新公共管理的主张进行了较为系统的理论阐释：政府要掌好舵并从繁杂的具体事务中脱身，而将公共产品与服务的生产与供给工作交给社会和市场；作为企业家的政府领导者要把消费公共产品与服务的公众看作是顾客，"顾客满意"成为政府公共服务的重要标准；政府应重视绩效，提高自身运行的效率，降低公共行政成本，积极引入私人部门的管理经验，实行质量管理、目标管理和成本管理，与私营部门之间展开部分竞争。随着治理理论、新公共服务理论的相继提出，西方的"服务型政府"建设也日渐完善。珍妮特·V. 登哈特（Janet V. Denhardt）和罗伯特·B. 登哈特（Robert B. Denhardt）夫妇在《新公共服务：服务，而不是掌舵》一书中，在对奥斯本和盖布勒"改革政府""再造政府"理论进行修正甚至批判的基础上，对新公共服务的基本意涵进行了概括：政府要服务的对象是公民而不仅仅是将其视为顾客，政府需要在促成包括公民在内的集体行动过程中致力于实现公共利益；政府要重视公民权和公共人格而胜过企业家身份，政府行政行为具有开放性和民主性以获得公众的认同、参与与支持，政府不仅要勇于担当责任，而且要让公民融入责任体系及责任确立关系当中，政府要转变控制者、服务的直接提供者的角色为协作者或合作者，政府要通过帮助公民明确表达其利益诉求来不断寻找满足社会公共需求的最佳方式。由此可见，登哈特夫妇所主张的"新公共服务"理论是在对"新公共管理"理论的公共服务理念，特别是效率中心主义、过分市场化等思想进行充分反思的基础上，试图将背离了民主价值的公共服务理念重新拉回到民主行政的轨道上来。"服务型政府"西方政府早已将自己的职能定位于向公众提供更多优质的公共产品与服务，向社会组织、市场组织及公民个体等多元治理主体提供行政服务。服务行政也一改管理行政以效率中心主义为特征的管理理念，转而将公平、发展、和谐作为公共管理、公共服务的核心理念。

西方经济学界关于政府是否应该或者在多大程度上干预经济的理论主张也层出不穷。这种变化一方面反映出市场与行政作为两种资源配置方式各有缺陷，同时又反映出两者在资源配置方面的互补性。早在资本主义萌芽时期，重商主义和重农主义两大学派在政府干预经济的合理性问题上就进行过持久的争论。亚当·斯密在其著作《国富论》中试图构建"社会的自然秩序"。他认为同自然界一样，资本家虽然首先谋求自我利益，但是在谋求自我利益的同时也增进着社会福利。他把增进社会财富的途径归纳为"市场"和"分工"，他认为，对于自由竞争的市场的任何干预，都会导致社会财富的减少。因此，斯密主张对政府职能进行这样的限定："第一，保护社会，使其不受其他独立社会的侵犯。第二，尽可能保护社会上各个人，使其不受社会上任何其他人的侵害或压迫，也就是说，要设立严正的司法机关。第三，建立并维持某些公共事业及其某些公共设施（其建设与维持绝不是为了任何个人或少数人的利益）。"

自由放任的经济主张在 1929—1933 年世界经济危机爆发后遭到普遍质疑，面对颓废的经济和大量的社会失业及由此引发的大量社会问题，人们将挽救经济社会发展的目光转身了约翰·梅纳德·凯恩斯（John Maynard Keynes）。在《就业、利息和货币通论》一书中，凯恩斯主张政府直接全面干预经济，干预的方式即以投资公共项目促进社会就业，以社会消费需求的增加刺激相关产业发展，最终实现社会总供给与总需求的相对平衡，政府在追回公共投资的过程中不惜产生赤字财政。罗斯福（Franklin D. Roosevelt）新政的成功实践使凯恩斯主义快速成为西方各国执行和扩大政府经济职能的主要理论依据。随着西方经济在 20 世纪六七十年代出现"滞胀"，货币主义学派主张政府的主要作用在于通过加强法制秩序、基础设施和社会保障建设创造良好的经济运行环境，而不是干预经济活动和市场机制。代表人物里米尔顿·弗里德曼（Milton Friedman）关于限制政府的主张对尼克松（Richard Milhous Nixon）和里根（Ronald Wilson Reagan）政府以及其他许多国家的经济政策产生了极大影响。以詹姆斯·布坎南（James M. Buchanan, Jr.）为代表的公共选择学派将经济学方法引入政府决策领域，从制度建构的理念与内容本身来研究公共行政的动机与行为，并以此说明政府行为同市场秩序发生、发展的关系。

二、国内研究现状

总体来看，国内对于（地方）政府职能转变和（地方）经济发展两个方面问题的研究已经较为充分，并取得了不小的成绩。这些成绩的取得主要得益于经济学、行政学、政治学、社会学等学科理论学者的不懈努力。同时这些成绩的取得，或者说学者普遍关注这样两个方面问题的另外一个原因在于我国经济社会发展总体上处于一个特定的历史阶段，这个历史阶段被概括为"转型期"。

这个"转型期"对于中国的经济发展、社会发展和公共行政及政府自身发展均具有十分重要的意义，它既是国民经济的上升期和发展期，也是国民经济的危险期和过渡期，与我国近些年来持续的经济增长相伴随的是产业结构、经济增长方式、能源利用、环境保护等领域存在的巨大危机；这个转型期既是国民财富的积累期，也是收入差距的拉大期，因此必须适时地做出分配制度改革，扩大消费基金比重，使居民实际可支配收入和消费能力有所增长，从而激励劳动者的生产积极性，并以消费拉动经济发展。同时，这个"转型期"对于政府来说也是行政体制上的"瘦身期"，必须改变以往政府办企业、政府办市场、政府办社会的旧有经济社会发展模式，改变政企关系、政事关系和政社关系，在经济领域使市场成为资源配置的决定性力量，在社会发展领域使壮大的社会组织成为推动社会自组织运行的强大动力。政府应学会在一部分领域让位、在一部分领域正位、在一部分领域补位。

从 1982 年开始的历次政府机构改革来看，政府职能转变都是重头戏。特别是 2013 年 3 月 14 日，十二届全国人大一次会议表决通过的《关于国务院机构改革和职能转变方案的决定》更是历史上首次将职能转变这一核心列入机构改革的文件名称之中，说明政府在进行机构调整权力配置过程中，更加注重职能导向，重视公共管理问题的解决，而非简单地缩减部门和人员。从改革开放开始，在以经济建设为中心的基本发展方略指引下，我国的各级政府机构改革、职能调整都是为经济建设这个中心服务的。这是在建设发展社会主义市场经济这个大背景下的必然选择，具有合理性，也是社会主义初级阶段生产力、生产关系等基本国情所决定的，也是符合政治经济学基本原理的。近年来，随着国民经济和社会发展进程的加快，生产力与生产关系的矛盾在公共需要方面的迅速膨胀下日益凸显。因此，越来越多的国内学者关注到新公共服务理论，"服务型政府"的行政理念也得到理论与实践的双重认可。事实上，学术界对服务型政府的研究客观上存在着两种错误倾向：其一，如果将服务型政府定义为一种新型的政府模式，则忽略了其与管理型政府之间的联系，即完全割断了政府与其原有的社会管理职能、经济建设职能等之间的必然联系；其二，如果仅仅把"服务型政府"作为一个新名词、一个口号来看待，则忽略了其与管理型政府之间的差异性，政府职能在缺乏正确理念认知的情况下是很难准确定位的，更谈不上转变政府职能。张康之教授也有同感，他认为，"我们也必须承认，积极的和自觉的探索以及理论创新追求表现出了明显的不足。具体地说，在服务型政府研究方面存在着三类问题：第一，理论的误植；第二，历史的'混搭'；第三，方向的误导"①。

在政府职能转变的认识问题上，受到一些西方新的理论思潮的影响，国内学界存在一些理论误区。有学者明确提出，"在社会发展进程中，存在以经济建设为中心和以社会事业发展为中心的两种类型的政府职能，由第一种政府职能向第二种政府职能转变是不以人的意志为转移的客观经济过程"②。这样解读政府职能转变的方式是否意味着政府工作重心的完全和迅速转移？这是一个本质性和过程性的问题。发展经济与保障民生是政府的两项重要职能，两者并不矛盾，也不存在谁先谁后的问题。正如效率与公平这样一对概念，两者都是实现人的自由全面发展的必备条件，从价值理性的高度来看，两者都是实现目的的手段与工具。政府职能转变，转变的重点在于政府服务于经济社会发展的方式与方法，是角色的重新定位，是对公共权力的重新认识。施雪华的《政府权能理论》，专节讨论了"政府权力的限制"问题，主张政府的权力必须限定在某个界限内，即以不损害个人与社会的权力和利益为原则。毛寿龙教授的《有限政府的经济分析》一书着眼于中国改革开放所面临的重要问题，比较集中地讨论了有限政府及其理论的著作，主要是从经济，即市场经济必然要求有限政府的角度分析、论证有限政府的必要性。该书以经济分析为基础，但又超越了经济分析，在政府职能问题上把经济分析的功能发挥到了极致，并且与政治分析、道德分析和文化分析等进一步的分析相结合，提供了多方面的接口，开拓了有限政府研究的新天地。

---

① 张康之. 我们为什么要建设服务型政府 [J]. 行政论坛，2012（1）：1.
② 王国平. 政府职能转变与经济发展水平 [J]. 国家行政学院学报，2004（5）：59.

除了从权力限制角度来探讨政府职能转变外，国内学界围绕政府职能转变的内容、路径、措施与方式等内容形成了许多不同的观点和分析视角。"在全球化背景下，地方政府应通过职能转变即理念转变、经济管理职能转变、社会职能转变和职能方式转变，实现政府系统功能的转换和重新定位，打破计划经济下资源配置无效率的'锁定'状态，清晰产权，优化资源配置，建立良性的'路径依赖'，形成市场主导—社会自治—政府服务—区域经济发展的现代治理结构。"① 也有学者借助规制经济学理论，从简化行政审批、建立新型政企关系的角度来认识政府经济职能问题。

　　对不属于政府职能范围，或者不应当由政府进行直接规制和直接事项，必须坚决取消行政审批。法律、法规已有规定，属于企业自主权范围或属于企业行为的，应还权于企业；属于中介组织的机能范围和可以由中介组织完成的事项，应交给中介组织支完成；对于不需要进行直接规制的行业，应当一律取消市场准入的前置审批；凡是可以通过市场化手段，如招标、拍卖等方式，公平、合理地分配指标或安排营利性项目的，应当采取市场化手段，通过市场竞争来安排解决。②

在近几年出版的关于地方政府职能转变的著作中我们可以看到，以地方经济社会发展为驱动力，以地方政府职能转变为核心的地方政府改革运动，在全面推进服务型政府建设，全面落实国家经济与社会发展规划的宏观背景下正在全国范围内蓬勃开展。由朱光磊教授主编《地方政府职能转变问题研究：基于杭州市的实践》（2012）一书，基于对政府职能转变的初步研究，也基于对杭州的初步调研成果，提出对于地方政府职能转变问题的一些看法。例如"以民主促民生""以政府职能转变促进经济发展方式的转变"等。陈奇星主编的《转变政府职能与服务型政府建设（上海行政体制改革研究报告2014）》以上海转

① 蔡林慧. 地方政府职能转变路径探析 [J]. 南京医科大学学报（社会科学版），2003（9）：220.
② 叶劲松. 关于行政审批制度改革的经济学思考 [J]. 中共杭州市委党校学报，2002（1）：55－56.

变政府职能与服务型政府建设为研究视角，按照党的十八大和十八届三中、四中全会关于推进政府职能转变与建设法治政府和服务政府的精神，立足上海行政体制改革的实践，就近年来，特别是党的十八大以来，上海行政体制改革的主要内容，包括转变政府职能、优化政府组织职能、改革审批制度、强化事中事后监管、建立权力清单制度、优化基层综合服务管理平台、完善公共服务体系、提升公共服务能力、健全政府管理创新中的社会参与机制、创新社会治理、整合基层公共服务平台，从理论内涵和依据、成效与经验、现实问题与瓶颈等方面进行了全面系统的阐述。杜创国在其专著《政府职能转变论纲》（2008）中，在认真梳理政府职能理论的基础上，对比研究了发达国家政府职能转变的经验和教训，回顾和总结了我国政府职能转变的历史、现状和问题，分析和探讨了构建我国政府以经济调节职能和市场监管职能为中心任务的经济职能和以社会管理职能和公共服务职能为中心任务的社会职能。中央编译局从实践层面鼓励地方政府职能转变与创新的改革实践，于 2000 年发起"中国地方政府公共服务改革与创新"研究并设立了"地方政府创新奖"，运用专门的评估指标体系，独立地对地方政府的改革与创新活动进行评估，研究、总结、宣传、奖励和推广地方政府在公共服务方面的改革与创新。

国内现有研究仍然存在一些不尽如人意之处。首先，现有研究更多地停留在单纯的理论研究层面，较少地结合地方政府改革的实践。对于西方的理论缺少适用性分析，难免出现理论与现实相脱节的空洞感。其次，对政府职能转变与经济社会发展的关联性还缺乏系统性认识，因此难免造成对转什么、向哪转、如何转等问题表述不清。最后，过分强调政府的经济职能与社会职能、政府与市场、政府与社会之间相对立的一面，或将双方放在零和博弈的位置关系上来看待，而没有从政府存在的本真价值，以及政府与社会间的协同合作角度来分析问题，势必造成政府与市场、政府与社会之间不必要的张力。政府职能转变应该是以地方经济社会发展进程为航标，以成熟健全的经济社会组织为基础而逐步推进的系统工程。政府职能转变的目的在于公共利益的实现和公共需求的满足，而转变职能只是过程，是手段。

第三节　研究方法与创新点

本研究通过对哈尔滨经济发展历史与现实的考察，认为制约哈尔滨经济发展的环境因素主要体现在人力资本、公共服务与市场秩序三个方面，进而提出了地方政府职能转变的方向在于强化政府的经济服务职能，具体实现方式是优化哈尔滨经济发展环境。

一、研究方法

在研究过程中，主要使用了如下几种研究分析方法。

（一）文献分析

本研究在经济发展的内涵、地方政府职能转变的依据与方向、地方政府经济服务职能的具体实现方式，以及人力资本、公共服务、市场秩序对地方经济发展的影响及作用机理等问题的分析与阐释过程中，查阅了大量相关文献。相关文献所涉及的前期研究成果为经济发展系统性内涵的诠释、地方政府经济服务职能的精准落位，提供了重要的理论支撑。

（二）比较分析

本研究在经济发展与经济增长的关系、政府干预经济之合法性限度的历史争辩、哈尔滨经济发展的横向与纵向比较、哈尔滨经济发展的环境优势与劣势等问题的分析过程中，集中使用了比较分析法。此方法的使用，使本研究可以在价值理性的高度对经济发展内涵、政府在经济发展中应扮演的角色、影响哈尔滨当前经济发展的主要因素等问题，形成更加清晰全面的认识。

（三）实证分析

本研究在中央关于振兴东北等老工业基地战略、"一带一路"倡议、转变地方政府职能优化东北营商环境等政策意见的分析，以及哈尔滨经济发展的宏观数据考察、制约经济发展的相关环境因素及具体表现的实证调研过程中，大量使用了实证分析法。实证分析法的使用，使本研究进一步明确了地方政府经济职能转变的方向与具体任务，可以更加清晰地把握哈尔滨经济发展的宏观形势及发展环境方面的主要制约因素。

二、创新点

本研究从地方政府职能转变的角度研究哈尔滨的经济发展问题，重点在于如何通过转变地方政府职能，特别是经济职能重心、经济职能实现方式，促进哈尔滨经济社会更好更快地发展，彰显人的发展这一发展的终极价值。本研究的创新点主要体现在以下几个方面。

首先，本研究提出经济发展是基于经济增长又绝不限于增长的综合性概念，从内涵来看，经济发展的过程与结果应包含社会发展；经济发展应突出人类社会与自然界、人类社会内部生产要素之间的和谐关系，以及实现可持续的发展；人的发展是经济发展的终极价值指向，应当在经济发展过程中得到价值关怀。

其次，本研究从政府存在的价值、合法性来源、社会历史使命等视角出发认为，政府的职能设计应体现需求导向性，地方政府职能转变应坚持从实际出发，以地方经济社会发展的实际需要为其职能转变的依据。同时，在我国服务型政府建设的时代背景下，结合新公共服务理论的部分观点，我们认为突显地方政府职能的服务性特征，建设服务型地方政府应当成为地方政府职能转变的主要方向。在经济发展论域下探讨政府职能转变问题，即是要求地方政府履行好经济服务职能，从经济发展需要出发，抓准经济服务职能的重心，探索经济服务职能的最佳实现方式。

再次，本研究依据习近平总书记所提出的关于改善东北营商环境的指导性意见，在对哈尔滨经济发展的历史与现实进行较为系统的分析基础上，发现影响哈尔滨经济发展的主要因素的确在于发展环境发生了改变，进而提出服务型地方政府的经济服务职能的具体实现方式。对于哈尔滨来说，应该是优化地方经济发展环境，具体任务包括优化人力资本环境、优化公共服务环境、优化市场秩序环境。

最后，本研究在哈尔滨地方政府经济发展环境优化职能的具体落位方面提出了如下一些创新性观点，包括：人力资本的载体是人，但其所有者范围更大，包括了个体、组织及社会，所以人力资本的存量与质量的提升和结构的系统性改善会促进地方经济社会发展；优化哈尔滨经济发展的人力资本环境应发挥公共财政与政府制度优势，施行"引、用、育、留"相结合的优化策略；从公共选择理论来看，公共服务环境会影响劳动力人口的主体性发挥，影响人口流动，对哈尔滨来说，地方政府的公共服务环境优化职能应主要集中在教育和养老两个方面；市场秩序环境是市场行为主体行为选择过程的结果表现，市场秩序影响经济运行效率、影响市场交易成本、影响市场资源配置功能的发挥、影响投资者和消费者的投资消费热情与投资消费行为选择。

第一章

经济发展的当代内涵

    经济发展是一个基于经济增长，又不完全等同于经济增长的内涵极其丰富的概念。经济发展已经成为当前包括区域经济学、发展经济学等几乎所有经济学学科相关理论和话语体系中经常涉及的基础性概念。在经济发展的概念进入人们的视野之前，经济增长一直被人们当作衡量社会财富积累水平的重要指标而在经济问题领域内广泛使用，并成为人类解放和发展生产力，发展国民经济的内在动力和追求的现实目标。经济增长一般是指一国或一地区在一定时期包括产品和劳务在内的产出的增长，即本期与前期相比实现的持续增加，一般用国内生产总值 GDP 来衡量。① 直到 20 世纪工业经济危机在全球爆发，人类的财富积累行动陷入资源与环境的困境，人们才逐渐意识到片面追求财富积累的经济行为本身与社会整体发展和人类自身发展的终极目的之间是存在矛盾的，财富的积累正在导致社会贫困和矛盾的加剧，生态环境恶化和资源枯竭，本应该被纳入宏观系统性思考的经济发展在概念与内涵上的确不应该与单纯追求生产扩大化和经济效益最大化的经济增长相等同。当然，从社会历史角度分析，经济增长理论在特定的社会历史条件下的确极大地促进了生产力的发展，推动了现代工业文明的产生与发展，为现代经济发展理论与实践的生成奠定了坚实的物质基础、理论基础和实践基础。基于这样的事实我们认为，应当给予经济增长理论以客观公正的历史评价，同时应以科学的态度在充分比较经济发展与经济增长在内在联系与相互区别基础上，准确而系统地把握经济发展的当代内涵。

---

    ① 陶良虎. 中国区域经济 [M]. 北京：研究出版社，2009：18.

第一节　经济发展是基于经济增长的系统性发展

经济发展是一个基于经济增长，在内涵上包含了经济增长但又不局限于经济增长的概念。经济发展与经济增长的逻辑关系表现为经济增长是经济发展的基础，是经济发展的数字表现；经济发展是经济增长的一种良性结果，两者是前后相继又相辅相成的经济活动过程。没有经济增长，经济发展就会缺少评判的基本依据。社会财富积累水平是评价一个国家或地区经济发展情况和发达程度的重要经济指标。一个国家或地区经济的持续增长，社会财富总量的持续扩大，可以为其社会财富的分配、社会消费、社会发展的其他方面提供必要的物质基础和保障，可以提升其对各种资源的吸引力和附着力，可以提升当地公众扩大生产的积极性。相应地，经济发展作为增长的一种良性结果又可以反哺经济增长，经济发展可以保证经济增长所需的生产要素与资源的持续有效供给，这些资源往往保证经济增长的再生产过程所依托的必要资源。

一、经济增长是经济发展的必要条件

经济发展必然以经济增长为基础，但经济增长未必一定带来经济发展的结果，有经济增长而无经济发展的情况也是极有可能出现的。"如果由于制度上的原因，产出增长的结果是长期两极分化，富者愈富，贫者愈贫；产出有快速的增长，但产出中相当大一部分无补于国计民生，而是国民经济的虚耗；为了片面追求快速的产出增长，不顾及广大人民的福利，不考虑所付出的社会代价。这几种情况的出现，都表明增长和发展并非一致，是有增长而无发展，或者说，出现了'无发展的增长'。"① 其实例古今中外比比皆是。例如英国等资本主义国家在从传统农业社会向近代工业社会迈进的过程中，为加快工业化进程，提速经济，在累积技术、劳动力、土地等工业生产必备要素的同时，也带来了流民问题、城市病问题、环境污染等诸多问题；在改进了生产工艺，加强了科学

---

① 谭崇台．发展经济学［M］．上海：上海人民出版社，1989：10．

管理，提高了单位劳动生产率的同时，也把人异化为机械化生产的零件，同时带来社会失业问题、劳资冲突问题、贫富差距和其他一系列社会问题。周期性爆发的资本主义世界经济危机从某种意义上正是其长期片面追求经济高速增长，追求经济效益最大化，忽视财富分配和社会公平等社会效益的必然结果。更为典型的例子是 18 世纪英法两国为激发工农业和商业活跃度，增加商品交易量，进而刺激经济增长，在股份制度和股票交易制度不健全的情况下，默许并变相支持了股票发行与交易行为，虽然一度刺激了两国经济增长，但由于大量不具备资质的公司进入市场，以及股票市场中投机行为的大量出现和政府的不作为，导致泡沫经济很快出现，其结果是社会贫富差距拉大，民间投资心理扭曲，恐惧心态加重，社会危机频现，政府合法性受到挑战，经济长期陷入萎靡不振的境况。①

我国自党的十一届三中全会提出"一个中心，两个基本点"的社会主义初级阶段基本路线后，以改革开放促进经济建设便成为各级党委和政府的中心工作。改革开放 40 年的艰苦实践和伟大成就证明，只有搞好经济建设，坚持国民经济又好又快地发展，才能使我国从人口大国和农业大国逐步走向经济强国，才能提升我国的综合国力，才能使社会得到整体发展，民生得到全面改善，才能增强人民的获得感、自豪感，进而坚定全国各族人民对中国特色社会主义的道路自信、理论自信、制度自信和文化自信。"国民经济又好又快发展"中的"好"意在强调经济发展的质量和综合效益，"快"则是指经济发展的速度。"好"字当先，充分表明我国在经济发展问题上的基本态度、原则和立场。进入新时代，"又好又快发展"被党中央进一步明确为"更高质量、更有效率、更加公平、更可持续的发展"。因此，如果经济效益的取得是以牺牲社会效益为代价，短期的经济增长是以长期的资源消耗和环境破坏为代价，经济增长的结果是加剧了社会财富分配的不均和社会矛盾，仅把经济增长视为经济活动的目的而没能突显其对于经济、社会和人的发展的系统性价值，那么，这样的经济增长是不能带来经济发展的良性结果的，同时也不能称其为发展意义上的理性经

---

① 高德步 . 经济发展与制度变迁：历史的视角 [M] . 北京：经济科学出版社，2006：106 –112.

济行为过程。

二、经济增长不能完整诠释经济发展

经济发展与经济增长的区别现在看来是较为明显的。首先，经济发展的内涵要更加宽泛而且更加丰富。发展一般指事物由小到大、由简单到复杂、由低级到高级、由旧质到新质的有规律的运动变化过程。① 发展不仅包含量的积累，而且预示着质的变化，而增长仅仅是对数量增加的追求。发展又有别于一般的变化，它是一种事物整体趋向于更优的质的存在的向上意义的积极变化。这种变化的发生是事物之间普遍联系、相互作用，或者是事物自身内部矛盾运动的结果。前者是事物发展的外因，后者是发展的内因和根本原因。发展的前途往往是光明的，发展的道路也可能充满着曲折。正因此，发展在质的飞跃或量的积累过程中并不总是呈现一种持续前进的状态，也可能会有阶段性的停滞。相比较"增长"所呈现的单向度与直线性，"发展"更具客观性与系统性。其次，从目的与手段的关系来看，经济发展是目的，经济增长是手段。正如前文所述，经济发展是以经济增长为基础的，经济发展目标的实现要以经济增长为前提。没有物质财富总量的积累，人类以物质资料生产活动为核心内容的认识和改造世界的能力增长就会受到限制，人类社会发展和人的自由全面发展的终极目标的实现就会受到影响。但是，绝不能因经济增长过程的重要性而把经济增长这一手段当成是发展经济的目的，走上工具理性的歧途。这种工具性错误经常表现为单纯为了实现经济增长而搞经济建设，片面追求经济增长而忽视社会发展的其他方面，甚至不惜一切代价地保证经济指标增长等。这种工具主义的经济建设思想和行为，在本质上是缺少价值内涵、价值诉求和价值指引的，片面而缺少系统性的，盲目而缺少科学规划的，脆弱而经不起困难考验的，其结果也是可想而知的。

从经典作家的论述中，我们可以洞悉经济发展与经济增长间的区别。在古典经济学那里，经济增长成为重要的研究内容，经济学家普遍地将研究重心放在了经济增长的表现和影响因素上。这一时期研究经济增长问题的主要代表人

---

① 刘延勃，等. 哲学辞典［M］. 长春：吉林人民出版社，1983：188.

物还包括弗朗索瓦·魁奈（Francois Quesnay）和亚当·斯密。他们普遍认为，经济增长主要表现为财富的积累，并主要取决于再生产过程的不断扩大化。魁奈是重农主义者，他本人反对把货币看作财富，更反对把货币的增加看作经济的增长。他认为货币只是经济活动的中介，真正的财富是产品，经济增长应表现为产品数量的增加，特别是在再生产过程中所生产出来的那部分产品数量的不断扩大。"为了增多适合于人们实际享用的财富，必须尽可能地致力于最大的再生产。"① 亚当·斯密在其最负盛名的著作《国富论》中重点阐述的主题是关于国民财富的性质和发展变化的原因。斯密认为，经济增长就是国民财富的增长，国民财富就是国民每年消费的生活必需品和舒适品。这些产品无论是本国生产的还是与外国交换得来的，最终都要通过扩大本国生产的产品来实现财富的增长。斯密同时提出了劳动创造财富的思想，主张通过分工提高劳动效率，通过积累资本并改善资本用途来扩大劳动者和劳动数量。②

此后，无论是以凯恩斯、哈罗德（R. F. Harrod）、多马（E. D. Domar）为代表的凯恩斯主义经济增长理论，以索洛（Robert Merton Solow）、斯旺（Trevor Swan）、米德（James Edward Meade）和萨缪尔森（Paul A. Samuelson）为代表的新古典经济增长理论，还是以阿罗（Kenneth J. Arrow）、宇泽弘文（Uzawa Hiro-fumi）、罗默（Paul M. Romer）等为代表的新经济增长理论，都是在经济增长的影响因素、方式、模型构建等方面进行不懈的探究与努力，并没有跳出斯密对经济增长的经典概念界定。值得一提的是，马克思（Karl Heinrich Marx）在《资本论》中虽然没有对经济增长进行明确的概念界定，但通过其扩大再生产理论可以看出其对资本主义生产方式在发展生产力方面的成就是给予肯定的。从其对生产扩大、产品增加、价值增长等字里行间可以看出马克思本人对以物质财富积累为表现的经济增长问题是十分关注的，并具体分析了劳动、资本、技术、制度等影响经济增长的因素。

在经济发展与经济增长的概念区分上，熊彼特（Joseph Alois Schumpeter）

---

① 〔法〕魁奈. 经济表 [M] //宋承先. 西方经济学名著提要. 南昌：江西人民出版社，1998：76.

② 〔英〕亚当·斯密. 国民财富的性质和原因的研究 [M] //宋承先. 西方经济学名著提要. 南昌：江西人民出版社，1998：92 – 96.

等学者提出了有代表性的观点。熊彼特认为，经济增长并非经济发展的全部，它所强调的是经济资源本身量的变化，而没有使这些有价值的资源实现质的突破。经济发展是使这些资源增长的过程和结果应用于不同的行业和部门，使资源在作用范围与功能效用上实现质的变化。① 金德伯尔格（Charles P. Kindleberger）和赫里克（Bruce Herrick）认为：

在经济学讨论中，"增长"和"发展"有时作为同义词使用。在某些场合里，这种用法完全可以接受。但是，当这两个词在一起使用时，区分它们的词义是有益的……经济增长指更多的产出，而经济发展则既包括更多的产出，同时也包括产品生产和分配所依赖的技术和体制安排上的变革。经济增长不仅包括由于扩大投资而获得的增产，同时还包括由于更高的生产效率，即单位投入所生产的产品的增加。经济发展的含义则不止这些，它还意味着产出结构的改变，以及各部门间投入分布的改变。②

此外，库兹涅茨（Simon Kuznets）也指出，"我们所说的各国经济增长是指人均或每个劳动者平均产量的持续增长，绝大多数增长常伴随着人口增长和结构的巨大变化"③。在他眼中，经济增长有一些关键性的要素和标志，包括人口的增长、人均收入的增长、人均产量增长的可持续性，同时，经常伴随着产业结构、人口结构、消费结构、社会阶层结构的变化。此外，德内拉·梅多斯（Donella Meadows）、乔根·兰德斯（Jorgen Lander）、丹尼斯·梅多斯（Dennis Meadows）受罗马俱乐部之托于1972年撰写了题为《增长的极限》的研究报告，报告从生态安全和人类境遇的视角批判了长期以来人类为追求经济增长而肆意破坏资源、污染环境等违背自然规律的行为，并预言如果经济增长、人口增长、

---

① 〔美〕约瑟夫·熊彼特. 经济发展理论——对于利润、资本、信贷、利息和经济周期的考察［M］. 何畏，易家详，等，译. 北京：商务印书馆，1990：70－71.
② 〔美〕金德尔伯格，赫里克. 经济发展［M］. 张欣，等，译. 上海：上海译文出版社，1986：5.
③ 〔美〕西蒙·库兹涅茨. 现代经济增长：速度、结构与扩展［M］. 戴睿，易诚，译. 北京：北京经济学院出版社，1989：1.

环境污染、资源消耗以当前趋势持续，世界范围内的经济增长将至多维持 100
年。同时，人类通过努力改变当前经济增长的方式，控制人口增长，降低经济
增长给环境、资源带来的破坏，实现生态平衡和经济稳定是完全可能的，人类
越早做出改变去争取这种人与自然的均衡就越可能保证自身安全和良好境遇。

三、经济发展的内涵特质

基于以上分析，我们在经济发展的内涵方面可得出如下一些结论。

首先，经济发展是一个在经济建设问题上较之经济增长更为科学的概念。
其科学性体现在不仅强调了要发展经济，而且解释了为什么要发展经济，发展
经济的初衷和最终目的是什么，如何更好地发展经济等问题。高质量的经济发
展意味着经济发展与社会发展是协调共进的，经济发展的目的是以最大化满足
社会发展需要和人的发展需要为中心的，经济发展的方式是绿色环保和可持续
性的，经济发展的过程是能够克服人的自我异化，促进人与自然，人类社会内
部和谐共生的。

其次，经济发展是一个更加系统的概念，它不仅涉及经济增长的数量，更
涉及经济发展的质量；不仅注重经济效益，更注重经济发展带来的社会效益、
生态效益、人文效益；不仅致力于生产力的发展，也兼顾到生产关系的发展；
不仅关心社会财富总量的积累，更关心社会财富的合理分配。

最后，经济发展是一个更具理性内涵的概念。理性是人的一种逻辑思考能
力，与空想、狂热、冲动、情感等非理性因素所诱致的人的非理性动机与行为
相对。经济发展概念的理性特征表现在三个方面：其一，经济发展将人的自由
全面发展作为终极目的，经济数字的增长，财富的积累，生产的扩大等一切经
济增长的表象，甚至于经济社会发展本身在人的发展面前都是工具，都是手段，
都是过程；其二，经济发展概念的使用使人们理性地认识到经济发展物的目标
和人的目标的实现是有特定条件的，这些条件包括先进的理念与科技、充足的
人力资源和自然资源储备、清新的自然环境、较强的社会消费能力、坚实的公
共事业基础、健全公正的社会制度、积极的公众参与、合理的经济结构与社会
结构、良好的市场秩序、配套的公共管理与服务等，这些因素构了经济发展
的健全环境；其三，经济发展概念的使用使人们意识到狂热地单纯追求经济增

长所可能造成的严重后果，使人重归理性，增长极限论的提出即是反思理性作用的最佳例证。

总的来说，经济发展是以经济增长为基础，以人的发展为最终目的，以均衡、持续、绿色、协调、共享、正义、和谐、高效、健康等为特征，包含了发展观念和发展方式的进步、质量和效益的全面提升、经济和社会结构的整体改善、财富总量的扩大化和分配的合理化、社会公众积极响应并能够制度化地全程参与等内容，集中体现为公共福利和人们生活水平的普遍提高，人的生存状态的整体改善，人们美好生活的需要得到更好满足，是一个国家或地区的经济社会发展水平在向更高等级迈进的过程中，经济、社会、政治、文化各领域在形式与内容、数量与质量、结构与功能等各方面所发生的总体向上的积极变化。

根据经济发展的这一定义，结合前面我们对经济发展与经济增长之间关系的系统梳理，我们认为经济发展的内涵是极其丰富的，视角是多样化的，这些从不同视角出发所形成的系统化内涵不仅支撑着经济发展的概念，使其更具科学性、系统性，同时也使我们在衡量一个国家或地区的经济发展状态，认识其取得的成就和存在的问题，完善和推动经济发展实践时，有了更加清晰明确的尺度、标准与方向。因此，只有精准地把握经济发展的内涵，才能使我们在经济发展的理念认识和行为实践过程中，真正实现从增长到发展、从数量到质量、从概念到本质、从物本到人本、从一元到多元的向度转换。

第二节　经济发展是经济与社会的协调发展

如前所述，广义上的经济发展包含着社会发展，囊括了经济发展的目的、归宿、影响、质量评价等意涵的经济发展概念，也是当代主流的经济发展概念诠释与解读方式。从发展经济学的角度来看，经济发展大体等同于经济社会整体发展。"概括地说，经济学家对发展的看法从只强调经济的层面到把发展看成为整体，有一个从狭义到广义的演变过程。同时，发展含义的变化也隐含着从对满足人们物质生活需要的手段的重视到以人为本的变化过程。"① 但是，从发展理论对发展的概念阐释和任务诠释来看，经济发展与社会发展是人在两个不同领域展开的社会实践活动，经济领域的发展更多地与生产物质资料、创造和积累社会财富的活动过程相关，而社会领域的发展则更多地与人类所创造的物质财富的分配、转化与使用，改善人们的物质与非物质生活，以及人的整体生存状态的过程相联系。国内学界对于社会发展问题及其与经济发展的关系研究主要集中在 20 世纪 90 年代，形成了包含经济发展的整体社会发展观和不包含经济发展的独立社会发展观。前者认为经济活动是社会生活的重要组成部分，社会发展应是包括经济发展在内的整个属人社会的发展。后者认为经济发展是以物为中心的实践活动，而社会发展是以人为中心的实践活动，社会发展应是除经济以外的其他社会生活的发展，如社会福利的增加、公共事业的发展等。由于后者观点对社会发展中人的问题的高度关注，便将社会发展与人的发展普遍联系在一起，认为社会发展是"以人的潜能发挥为基础，以人的发展和幸福为标志的社会状态"②。进入 21 世纪以来，随着人们对发展问题的普遍关注，对经济增长与经济发展两个概念辨识清晰度的加深，经济发展这一词汇的使用频率明显增加，并有取代"经济增长"、涵盖"社会发展"之势。当下学界鲜有对经济发展与社会发展间关系的系统研究，更多是惯常使用经济社会发展一词。所以，本研究认为在秉持经济发展应包含社会进步之意涵具有合理性的观点基础上，从经济活动与社会活动相区别又相互联系的角度，对经济发展与社会发展之间的关系进行系统研究，对于深入理解经济发展的内涵来说显得十分必要。

一、经济发展是社会发展的基础

社会发展以经济发展为基础。虽然经济发展和社会发展最终都服从并服务于人的发展，但如同人的生存与人的发展之关系一样，经济发展与社会发展同样存在一定的逻辑关系，这种逻辑关系表现为经济发展是社会发展的前提和基

---

① 马春文，张东辉. 发展经济学 [M]. 北京：高等教育出版社，2016：16.
② 王思斌. 社会发展与经济发展的关系 [J]. 中国人口·资源与环境，1995 (3)：13.

础，在相当程度上影响并决定着社会发展。社会发展在进程与质量上依托于经济发展的速度与质量。从解决发展矛盾问题的逻辑起点来看，经济发展除了同社会发展一样解决着多与少、快与慢、好与坏等问题之外，还解决着有与无这一更为根本的更具有决定性的问题。生存是发展的前提，只有解决了生存这一最基本生存问题，才能去考虑人如何生活得更好的问题；只有在解决了人的物质文化需要之后，才能进一步考虑人所产生的美好生活的理想及其实现问题。马克思和恩格斯（Friedrich Engels）早就指出：

> 一切人类生存的第一个前提，也就是一切历史的第一个前提，这个前提就是：人们为了能够"创造历史"，必须能够生活。但是为了生活，首先就需要吃喝穿住以及其他一些东西。因此第一个历史活动就是生产满足这些需要的资料，即生产物质生活本身，而且，这是人们从几千年前直到今天单是为了维持生活就必须每日每时从事的历史活动，是一切历史的基本条件。①

发展是人从事社会实践活动的核心要义，而经济发展则是发展的第一要务。人类社会的发展包含着社会生产力的发展和社会生产关系的发展两个方面，其中由于生产力的发展解决着更为根本的问题，在性质、任务、进程等方面制约着生产关系的发展，因而成为人类发展矛盾的主要方面，解放和发展生产力也成为人类走出发展困境的第一要务。改革开放 40 年来，我国正是基于对生产力经济的重要性和决定作用的清晰认识，才始终坚持以经济建设为中心，并在解决了世界第一人口大国温饱问题基础上，努力争取全面建成小康社会的全面胜利。没有强大的经济基础，没有改革开放 40 年的经济发展、社会财富积累和社会进步，就不会有建设社会主义现代化强国的伟大战略，也无法实现伟大复兴的中国梦。但必须承认，作为最大的发展中国家，我国社会发展的任务还十分艰巨，教育、医疗、养老、城乡收入差距等社会问题并未得到完全解决，我国仍处于并将长期处于社会主义初级阶段的基本国情没有变，生产力与生产关系

---

① 马克思，恩格斯. 马克思恩格斯选集：第 1 卷［M］. 北京：人民出版社，2012：158.

的基本矛盾没有变。因此，"以经济建设为中心是兴国之要，（经济）发展是党执政兴国的第一要务，是解决我国一切问题的基础和关键"①。解决社会发展问题仍然要依靠坚持不懈地发展经济，坚持以人民为中心，为了人民，依靠人民努力发展国民经济。

二、社会发展反映并作用于经济发展

社会发展是经济发展的目的，是衡量经济发展质量的标准，同时也支撑着经济发展。在经济发展与社会发展这对矛盾当中，经济发展是社会发展的前提与基础，社会发展是经济发展的目的与归宿，同时，从目的角度社会发展还为经济发展提供了检验依据，从动力角度社会发展还为经济发展提供着支撑。与经济发展相比，社会发展更直接地关系到人的生存境遇与生活质量，具体表现为人们生活水平的提高，生活信心和幸福感的增强，生存境遇与状态的整体改善。社会进步与发展水平关系到作为生产者、劳动者的社会公众能否从经济发展中体验到成就感、获得感和荣耀感，这些社会生产主体的主观感受将影响到人们对社会经济发展价值的判断、坚持经济发展道路的信心，从而影响到其在未来经济建设实践中的主动性、积极性和创造性等实践主体性的发挥。

经济发展的目的在于解决社会问题与矛盾。社会发展的历史性表明，在不同的社会发展阶段，社会主要矛盾也会有不同的表现形式和具体样态。经济发展以解决社会主要矛盾的方式推动着社会前进与发展，进步和发展了的社会又会产生新的问题与矛盾，即使基本矛盾不发生改变，主要矛盾也会发生变化，这些全新的问题与矛盾又给经济发展布置了全新的任务。党的十九大对我国当前社会主要矛盾做出了全新的论断，即人民日益增长的美好生活需要和不平衡不充分的发展之间的矛盾。我国社会主要矛盾的新变化意味着改革开放40年的经济和社会发展已经在相当程度上解决了这一时期人民日益增长的物质文化需要同落后的社会生产之间的矛盾。改革开放的40年是我国生产力快速发展的40年，人民物质文化需要在整体上，在极大程度上得到了满足。社会主要矛盾的新论断是党中央站在历史的高度，以负责任的态度对40年来改革开放发展成

---

① 习近平. 习近平谈治国理政：第二卷［M］. 北京：外文出版社，2017：234.

就、对中国特色社会主义道路做出的公正评判，对新时代中国特色社会主义建设提出的新目标、新方向和新任务。新时代既意味着中国特色社会主义事业进入了新阶段，也预示着中国的社会发展进入了新阶段，富强、民主、文明、和谐、美丽的社会主义现代化强国梦蕴含并孕育着中国人民美好生活的希望，这种美好生活的实现依托于社会的快速进步与发展，依托于社会矛盾与问题的有效解决，在根本上还是要坚持以经济建设为中心，转方式、调结构，重质量、求效益。

　　社会发展为经济发展提供检验标准，并在发展理念、发展方式等方面提出具体要求。2017年12月召开的中央经济工作会议提出了习近平新时代中国特色社会主义经济思想，该思想的提出紧密围绕着党的十九大精神，结合中国经济社会发展实际，为做好今后一个时期的经济工作注入了思想引领力和实践推动力。习近平新时代中国特色社会主义经济思想的理论框架集中体现为会议提出的"七个坚持"①，这七个坚持突出强调了经济发展问题上的责任导向、人民利益导向、科学导向、市场导向、改革导向、问题导向、效益导向。习近平新时代中国特色社会主义经济思想要求我们在发展经济过程中要贯彻"创新、协调、绿色、开放、共享"五大发展理念，解决好发展方式和发展指向的问题。此次中央经济会议特别提到经济发展要坚持以人民为中心，这在价值层面上指出了经济发展的一个最为关键的问题，即人民是发展经济的终极价值目标，人民是发展经济的主体力量。经济发展以人民为中心就是要以人民的利益为中心，以最大限度地满足人民在物质和非物质方面的需要为目的，把改善人民福利、促进社会整体发展和人的发展作为经济发展的出发点和落脚点，同时要依靠人民，借助人民的力量实现经济又好又快地发展，尊重、调动和发挥好人民在经济发

---

① 即坚持加强党对经济工作的集中统一领导，保证我国经济沿着正确方向发展；坚持以人民为中心的发展思想，贯穿到统筹推进"五位一体"总体布局和协调推进"四个全面"战略布局之中；坚持适应把握引领经济发展新常态，立足大局，把握规律；坚持使市场在资源配置中起决定性作用，更好发挥政府作用，坚决扫除经济发展的体制机制障碍；坚持适应我国经济发展主要矛盾变化完善宏观调控，相机抉择，开准药方，把推进供给侧结构性改革作为经济工作的主线；坚持问题导向部署经济发展新战略，对我国经济社会发展变革产生深远影响；坚持正确工作策略和方法，稳中求进，保持战略定力、坚持底线思维，一步一个脚印向前迈进。

展中的主体性，自觉摒弃以 GDP 为目的的经济发展思维和以资源环境换取经济发展的思路，尽快实现从经济高速增长向经济高质量发展转向。

三、经济发展须与社会发展协调同步

鉴于社会发展会反作用于经济发展，所以必须坚持经济与社会的同步协调发展。正如前文所述，社会发展依托于经济发展所提供的雄厚基础，社会发展不仅为经济发展提供价值检验，而且可以为经济发展提供持续的动力支持。所以，经济发展与社会发展之间存在对立统一、互持共生的关系。同步发展意味着经济发展与社会发展两者不可偏废，不能只重视经济发展而忽略社会发展。协调发展意味着在经济和社会两个领域的发展问题上，既要尊重经济基础的决定作用，结合特定社会历史环境，把握主客矛盾和事物发展的客观规律，又要重视社会发展对经济发展的反作用，使经济发展和社会发展在总体进程和水平上不产生差序格局。"我们要的是有质量、有效益、可持续的发展，要的是以比较充分就业和提高劳动生产率、投资回报率、资源配置效率为支撑的发展。"①从我国经济发展历程和社会发展实际来看，解决经济与社会整体同步协调发展问题关键是要处理好生产与分配、生产和生活、积累与消费之间的关系，从整体性角度重点关注农村地区、不发达地区因经济发展滞后给当地社会发展带来的消极影响。一方面要发挥中央财政的转移支付功能；一方面要调动地方积极性，发挥公共财政与公共政策对经济社会协调发展的协调、引导和促进作用。所以，只重视经济发展而忽视社会发展，或者忽略了一部分地区的发展，都是片面的、不可取的，不仅会动摇经济发展的动力基础，而且也是与经济发展的初衷和本质相违背的。

第三节　经济发展是具有可持续性的发展

可持续发展（Sustainable development）作为一种人类发展理念产生于 20 世

---

① 习近平．习近平谈治国理政：第二卷［M］．北京：外文出版社，2017：234.

纪七八十年代，是人类经过工业化历程，在部分国家和地区取得了经济增长的巨大成就却使几乎全球陷入空前的人口、资源与环境危机时，对人的存在方式与生存状态、经济发展的方式与价值所进行的深刻反思与追问。1972 年，联合国在瑞典的斯德哥尔摩组织召开了一次有历史纪念意义的全球环境会议，在各国政府代表和国际组织代表的共同努力下，会议最终通过了著名的《人类环境宣言》。这是世界各国第一次集体反思以往在创造财富过程中的行为方式与结果，特别是片面追求经济增长给人类赖以生存的环境所带来的巨大破坏。虽然会议没有明确提出可持续发展的概念，但却从共同利益和长远利益的视角，在指出保护环境对人类生存发展具有重要意义的同时，使各国在经济发展须加强环境治理、环境保护与治理是政府的重要责任、应实施积极的人口政策、加强环境治理国际合作等问题上达成了广泛而深入的共识。

同样是在 1972 年，作为以研究人类未来命运为使命的国际民间学术组织——罗马俱乐部向国际社会公开发表了其成立四年来的第一个研究报告——由德内拉·梅多斯等人共同撰写的《增长的极限》，报告以一种在当时被经济学界看作极其悲观的论调试图向世人证明了一个令许多人难以接受的结论，即人口持续膨胀、环境持续恶化、不可再生资源严重消耗将使全球的经济增长在未来的 100 年达到极限。在谈及农业生产必需的土地资源时，梅多斯借用了大卫·李嘉图（David Ricardo）的土地资源异质说①并赞同其关于优质土地资源有限性的观点。但与李嘉图不同，梅多斯认为劣质土地资源也是有限的，因为在衡量农业土地资源极限时必须要加上人口不断膨胀、开发成本与代价、环境破坏带来的土地使用价值丧失、土地用途变更等因素。② 由此，他驳斥了李嘉图的资源相对稀缺论，并佐证了其经济增长因资源绝对稀缺而具有必然性的观点。梅多斯等人从系统论视角出发，将人口、资本、土地、技术、可再生资源与不可再生资源、环境、价值观、社会问题等因素纳入经济发展的系统思考，将工业化生产的负外部性与经济环境恶化和人类整体命运建立起内在联系，开启了

---

① 李嘉图认为，土地资源有优劣之分，优质土地资源是稀缺的和有限的，意在说明稀缺性资源的有限性是相对的。

② 〔美〕D. 梅多斯，等. 增长的极限 [M]. 于树生，译. 北京：商务印书馆，1984：31 – 32.

人们对经济发展问题的重新思考。

可持续发展概念的最终提出与 21 世纪 80 年代绿色环保主义思潮在全球范围的兴起直接相关。1980 年，世界自然保护联盟（IUCN）在其起草的《世界自然保护纲要》中指出："必须研究自然的、社会的、生态的、经济的以及利用自然资源过程中的基本关系，以确保全球的可持续发展。"1987 年，联合国世界环境与发展委员会发布了由主席格罗·哈莱姆·布伦特兰（Gro Harlem Brundtland）提交的名为《我们共同的未来》的报告，在报告中首次给出了可持续发展的概念，可持续发展即"既能满足当代人的需要，又不对后代人满足其需要的能力构成危害的发展"。

一、可持续经济发展要求人与自然和谐共生

可持续的经济发展要兼顾人口效应、资源效应与环境效应。可持续发展理论并不反对人类从事生产实践和发展经济的行为，所以它把发展作为理论的重要前提和核心要义，同时为人类经济社会发展提出了三项要求：控制人口数量与增速、加强环境保护与治理、增强资源危机与效能意识。它所关心的是如何实现更好的经济发展，或者说如何发展经济才是更健康、更环保、更理性、更持久的，绝不能以牺牲长远生存利益为代价而换取短期经济效益，不能通过透支资源、透支环境而换取当前的财富积累，不能为了当代人的幸福生活而剥夺后代人享有同样生活的权利。在可持续发展视域下，这种最优经济发展道路、方式与状态可以概括为经济可持续发展或具有可持续性的经济发展。

二、可持续经济发展要求人类转变发展理念

可持续发展理论提示我们在发展经济时必须认识到传统经济思维与行为方式的局限性。若要冲破这种思维和视域上的局限，就不能片面地追求经济的无限增长和财富的无度积累，必须认识到经济增长、财富积累这类经济实践活动的社会历史环境与条件已经发生了巨大的变化。与工业社会相比，前工业时代的经济活动范围、经济规模、人口规模还都相当有限。在当时有限的人口规模和经济总量面前，资源的供给能力、环境的自我净化能力、生态的自我平复能力给人们造成了一种"无限性"的错觉。这种"无限性"错觉的产生，以及

"无限性"错觉所催生的"增长无限论"的出现及快速蔓延，都直接或间接地与人们在追求财富积累愿望实现过程中所自然而然产生的非理性狂热情绪因素有关，同时部分地与人认识世界和改造世界的理性认知与行为能力的有限性，以及当时人的理性延展与作用的空间及条件的有限性相关。这种资源无限论、环境承载力无限论、增长无限论将人口、资源与环境作为外生变量置于无关紧要的位置，虽然使人类在没有任何思想包袱的情况下创造了经济增长和生产力发展的奇迹，但片面追求经济发展速度和数量的工具理性行为给人类发展带来的教训也是极其深刻的，包括资源的肆意挥霍与低效无序开发利用、环境污染与生态破坏、人口膨胀与红利的持续下降等。由环境与生态破坏造成的人与自然的不和谐，由资源匮乏引发的人类社会内部冲突与战争，这些都是人类在非理性和工具理性的经济活动以及无序发展过程中自酿的苦果，与发展人的终极价值目标渐行渐远。

三、可持续经济发展要求人类社会加强合作

可持续的经济发展需要人类社会内部行为主体间加强合作并明确主体责任。从可持续发展的角度来看，综合考虑当代国际关系格局、和平与发展的国际主题、资源分布的非均衡性、发达国家实现现代化的历程和发展中国家社会转型的实践、生态环境的无疆界等因素，对于一个国家或地区来说，不仅其经济发展需要加强内部和外部合作，要想实现可持续的经济发展同样需要确立合作的理念并付出实际行动。纵观人类社会的发展历程我们会发现，竞争与合作始终是人类社会最为常见的两种行为，并且其历史十分悠久。在原始社会，当行为个体无法战胜洪水和猛兽时，群体合作第一次满足了人的生存需要。当人类以集体的力量成功地战胜了自然之后，令其意想不到的是来自人类社会内部的更大的威胁已经悄然而至。人类社会内部无论是个体还是群体之间的竞争行为同合作行为一样都源于人生存的动机以及在此基础上进一步发展的目的。私有观念和私有制的产生除了缔造了资产专属性之外，还为人类社会带来了竞争的永恒性和持续性，合作似乎只是屈从和服务于竞争的需要。专属品的使用价值和可支配性刺激了人的占有欲，鼓励了人的竞争行为，甚至引发了人类社会内部的冲突、战争与掠夺。资源成为人们争夺的焦点，并被广泛地用于生产和生活

领域。随着人类文明的进步和生产力的发展，对人类社会经济活动而言的稀缺性和有价值性也在不同类型的资源间发生着转移。例如农业社会的土地资源，工业社会的矿产资源等。20世纪发生的两次世界大战在本质上都与资源的争夺有关。当战争这种极端的竞争方式被人们公认为会造成人类文明倒退，给人类社会财富和发展带来极大损害时，当新的世界秩序得以建立，和平与发展成为世界主题时，人们再次清晰地认识到，只有合作才能促进人类社会整体更加持久稳定的发展，只有和平稳定的国际政治关系才能推动世界经济融合与发展。

以争夺生存空间和发展资源为本质的第二次世界大战结束后的70多年来，特别是国际政治朝向多极化发展之后，国际间的经济交流与合作在范围上日益扩大，在频度上也日益增加。国与国之间，地区与地区之间为了发展的共同目标，结合各自实际需要，在平等、互惠等原则基础上，在资金、资源、技术、信息、劳动力、市场等方面开展了广泛的合作，世界各国也从国际合作中获得了不同形式的回报。当然，对于大部分国家来说是促进了经济社会的全面发展，而对于少部分国家特别是资源输出型国家来说，经济增长和社会财富的创造是以资源环境为代价的，甚至是偏离了人的发展这一终极价值的。不仅资源与环境遭到了严重破坏，而且资源性经济产出并没有转化为社会发展的资源和动力，表现为社会两极分化日渐明显，普通民众为灾害、疾病、贫穷所困扰，不仅无法实现可持续发展，甚至整个国家都陷入严重的资源危机、环境危机、经济危机和政治危机。为此，《世界自然保护纲要》《京都议定书》等关于人类社会发展的世界性框架协议才明确规定了各国政府在人类健康发展中的主体责任。这意味着不仅经济发展需要加强国际、地区间、主体间合作，从可持续发展意义出发，对资源与环境的保护与治理，资源型国家和地区的社会建设与发展同样需要加强这种合作。

可持续发展理念的提出直接推动了可持续发展经济学的产生，并成为人口、资源与环境经济学的重要理论支撑。在如何发展经济并更好地实现人类社会发展问题上，经济发展的可持续观点主张发展中应注意环境、资源的永续利用，应加强人类生产实践，包括物质资料生产和人类自身生产的整体规划，将人口、资源、环境纳入经济发展的考量范围，并作为影响经济发展的内生变量。由此，可持续发展应该成为经济发展的重要内涵。

第四节　经济发展是人的自由全面发展

发展（Development）是人类社会的整体性话题，指向的是一切人在包括经济生活在内的一切领域的发展。人类首次意识到发展问题的重要性是在经济领域，首先关注的是生产力发展问题，通过发展生产力，促进财富的积累。"发展"问题从经济领域过渡到政治领域，归根结底也是出于经济上的目的。这样说的理由在于：其一，经济上的既得利益者希望通过政治手段为其既得财富求得合法性保护；其二，品尝到经济发展甘果的群体希望政治系统可以采取有效措施固化并发展某种经济制度。① 由此，经济的发展促进了政治的发展和权利的发展，政治的发展和权利的获得又保护、鼓励并推动着经济的进一步发展。由此我们可以看出，"发展"描述着一个向上的变化状态及运动趋势，同时它还是这样一个过程：

> 一种社会客观运动的前进过程。这个过程意味着人的不同需要得到满足的不断增长、提高和进步的历史进程，一般表现为物质（利益）方面、政治（制度）方面、文化（精神）方面、生活（社会与环境）方面等的丰富程度及其表达的维护人的生活福祉和尊严的进步程度，即它是被赋予明确进步性价值导向的人类社会运动过程。②

由于发展是一个具有前趋性和进步性的概念，就需要人们对发展方向、发展依据、发展方式、发展前提、发展界限等做出科学的界定，发展的方向是对发展的价值判定，发展的依据是对发展所能依靠的资源的研析，发展的方式是对发展道路与路径的选择，发展前提的澄清与界限的划分是对发展效果的评价

---

① 以上观点可以从重商主义提高关税并制造贸易顺差的政策谏言，以及资产阶级革命的历史事实中得出。

② 教军章，韩兆坤，高红. 行政组织学通论［M］. 北京：高等教育出版社，2015：333.

过程。只有保证发展方向明确、发展依据充足、发展方式正确、发展前提与界限清晰，才能从发展的最终结果中反映出发展这一事物运动全过程的科学性、进步性与前趋性。

一、马克思的人类社会发展观

马克思主义的发展理论主要关注的是社会进步与人类解放。马克思曾对以生产为基础的社会发展与人的发展问题做过精辟的阐述，大体可以归纳为以下三个方面。

首先，在马克思眼中，未来社会是生产力快速发展并高度发达的社会。马克思从资本主义社会生产力对经济增长的巨大贡献中看到，科学技术特别是自然科学的快速发展，极大地提升了资本主义世界的生产力水平，先进的生产工具陆续投入生产过程，提高了劳动生产率，缩短了单位劳动时间和价值增殖周期，同时也加快了资本的积累速度。

> 固定资本在生产过程内部作为机器来同劳动相对立的时候，而整个生产过程不是从属于工人的直接技巧，而是表现为科学在工艺上的应用的时候，只有到这个时候，资本才获得了充分的发展，或者说，资本才造成了与自己相适合的生产方式。可见，资本的趋势是赋予生产以科学的性质。[1]

其次，在马克思眼中，未来社会又是人的自由全面发展的社会，生产力的快速发展可以充分保证人的发展。在马克思人学理论体系中，人的发展包含两个方面，即自由发展和全面发展，而这种发展是以社会对人的需要的满足为起点的。在他看来，因为社会是由发展了的人所构成的，所以生产力对社会需求的满足，即是对人的需求的满足。"通过社会生产，不仅可能保证一切社会成员有富足的和一天比一天充裕的物质生活，而且还可能保证他们的体力和智力获

---

[1] 马克思，恩格斯. 马克思恩格斯选集：第2卷［M］. 北京：人民出版社，2012：776 - 777.

得充分的自由的发展和运用。"① 马克思所说的人的自由发展既是每个人的自由发展，也是所有人的自由发展。人的发展作为一个整体性概念不会抛弃社会中的每一个个体成员，因为"每个人的自由发展是一切人的自由发展的条件"②。

最后，在马克思眼中，未来社会是人与自然和谐相处的可持续发展社会。马克思反对人类对自然的无情掠夺，在其社会再生产理论关于物质资料再生产的论述中，他反对以牺牲自然资源、环境为代价的一切生产组织形式和生产过程，反对浪费生产资料及原材料的粗放式再生产方式。他认为："联合起来的生产者，将合理地调节他们和自然之间的物质变换，把它置于他们的共同控制之下，而不让它作为盲目的力量来统治自己；靠消耗最小的力量，在最无愧于和最适合于他们的人类本性的条件下来进行这种物质变换。"③

综上来看，马克思所描绘的未来社会的发展图景是基于他当时所处的社会形态又明显进步于这一社会形态的，符合其社会意识形态发展的基本逻辑。同时也表达了其对未来人类理想社会——社会主义社会与共产主义社会的美好预期。因此，发展理论在马克思主义理论体系中具有重要的社会进步与人类发展意义。

二、马克思发展观的现代反思

马克思的发展理论对现代发展理论产生了重要的影响。在现代发展理论体系中，发展被注入了更多的现代化与全球化内涵。一方面，现代发展理论所关注的现代化发展问题更多地指向经济欠发达国家与地区，希望通过发展提升这些国家或地区的经济社会发展水平，缩小其与发达国家的距离。另一方面，现代发展理论所关注的全球化、一体化发展问题在理论代表人物伊曼努尔·沃伦斯坦（Immanuel Wallerstein）的话语体系中表达为"世界体系"。在《现代世界体系》一书中，沃伦斯坦将世界体系的萌芽追溯到公元 16 世纪，即欧洲中世纪之后的资本主义萌芽时期。当时的欧洲大陆在军事、农业、航海等技术领域发

① 马克思，恩格斯. 马克思恩格斯选集：第 3 卷 [M]. 北京：人民出版社，1995：633.
② 马克思，恩格斯. 马克思恩格斯选集：第 1 卷 [M]. 北京：人民出版社，1995：294.
③ 马克思. 资本论：第 3 卷 [M]. 北京：人民出版社，1975：926 - 927.

展较为迅速。生产力的快速发展又刺激了手工业和商业资产阶级探索外陆世界的欲望，在重商主义的推动下，最早建立了以贸易顺差和财富输入为目的的世界贸易体系。事实上，马克思从资本主义发展历程中早已体悟出了人类社会发展的全球化和一体化问题。马克思指出：

> 资产阶级，由于开拓了世界市场，使一切国家的生产和消费都成为世界性的了……旧的、靠本国产品来满足的需要，被新的、要靠极其遥远的国家和地带的产品来满足的需要所代替了。过去那种地方的和民族的自给自足的和闭关自守状态，被各民族的各方面的互相往来和各方面的互相依赖所代替了。"①

随着全球化、一体化进程的加快，国家之间在发展问题上的彼此依赖性特征越发明显。所以，在现代发展理论看来，发展早已不是任何一个国家和民族可以封闭起来独自完成的任务和过程，而是通过国家间、民族间日益紧密的彼此联系，实现先发国家对后发国家、中心国家对外围国家的积极影响，使后者加快发展，走向现代化的过程，也是一个世界体系建立与完善的过程。

以人的自由全面发展为终极价值关怀的经济发展，即是那种要求在经济发展过程中要正视人的存在，满足人的需要，抑制一切忽视人、物化人、以物的力量奴役人的行为和现象，使人不仅成为认识世界和改造世界的主体力量，而且能够真正成为自己的主人和世界的主人。应当明确的是，发展经济作为人的一种社会实践活动不能脱离人本身而进行，要使人成为这一实践活动的主体力量，充分发挥并尊重人的主体性，调动并挖掘人的主动性、积极性和创造性。人应当在发展经济的活动过程中体验到存在的价值，并从经济活动中体验到发展所带来的幸福与快乐。这种实践过程与实践结果在人的主体性上的统一，将极大地激励人的实践动机，鼓励人的实践行为，以不断满足人的需要的方式，不仅推动经济发展，同时也将推动人自身的发展，有助于实现经济发展与人的发展的自觉统一。人的需要是有不同层次的，既有生存需要，也有被尊重的需

---

① 马克思，恩格斯．马克思恩格斯选集：第 1 卷［M］．北京：人民出版社，1995：276.

要，更有在实践中体现其存在价值和实现自我发展的需要。① 因此，人投身实践的行为动机也会随着人的需求的不断满足而实现转换，这种转换的实质是处于不同社会实践阶段的人作为行为者对于自身行为价值评判尺度、角度和依据的变换。在物质生活得到极大改善和人基本的生存需要得到满足的前提下，忽视人全新的更高层次的价值追求，将无法发挥人的主体性，至少在关心人、尊重人、发展人的层面来看不能称得上是以人为本的经济发展。在松下幸之助（Konosuke Matsushita）看来，尊重人和发展人比经济利益的获得和经济实践活动本身更有意义和价值。他曾声称，松下集团的存在和运行核心价值在于为其成员发挥才能、彰显智慧并获得进一步的发展和人生验证提供了一个展示自我的实践平台，而企业利润只是这一活动和价值的副产品。②

在马克思看来，人的发展不仅是一般意义上的人的发展，而且是特殊意义上的人的发展，也就是说不是一部分人的发展，而是所有人的发展。健全的社会制度其存在与运行的价值指向不是使一部分社会主体而是使全体社会成员，在经济发展的过程和结果中获得主体自身的发展。在经济发展为了人这样的价值目标前提下，价值目标的实现就要依托科学合理的制度设计与安排，体现发展依靠人的价值实现方式，根据人的具体需求充分调动人投身生产的主动性、积极性和创造性，在分配制度设计上能够保证公平合理地分配发展成果，使人在物质和非物质方面拥有获得感，体悟到生存境遇和发展环境的全面改善，以及自身认识世界和改造世界之能力的全面提升。

经济发展中的异化现象比比皆是。追求经济发展而破坏资源与环境，经济发展与社会发展割裂，社会财富积累与贫富两极分化，生产力发展的同时发生了生产关系的恶化与社会关系的疏离，物质生活极大改善却使人付出了原子化、碎片化和人性断裂的代价等，这些都是经济发展异化的具体表现。这些经济发展中出现的给人的生存和发展造成伤害的异化现象在根本上归因于人的自我异化，它们使人在从事经济活动和发展经济过程中遗忘了行动的原初目的，使行

---

① 马斯洛在其需求层次理论中将人的需要分为生理、安全、归属、尊重、自我实现五个层次。

② 袁闯. 管理哲学 ［M］. 上海：复旦大学出版社，2004：207.

动偏离了发展人的终极价值。因此，走出经济发展异化困境的根本出路在于人们要明确为什么要发展经济，以及经济发展与人自身发展之间的手段与目的的关系，在经济发展的价值目标与价值实现方式上自觉地进行纠偏与调试，人能依靠的主体力量还在于人本身。

第二章

地方政府职能及其转变的依据与方向

    发展经济是政府的一项重要职能，是政府职能体系中的重要内容。从经济基础决定上层建筑的经典理论视角来看，只有促成经济又好又快的发展，才能为经济社会整体实现平衡且充分的发展打下坚实的基础，才能为社会生产力的发展和人民美好生活需要的满足提供基础的物质保障，才能从根本上解决社会发展进程中所必然面对的效率与公平、发展与稳定等矛盾性问题，才能从根本上保证行政发展、政治发展与社会发展。因此，经济职能是政府的一项基本职能和重要职能，促进经济发展也自然成为政府的一个重要职能目标。

    从上层建筑对经济基础的反作用来看，政府经济职能目标的实现过程、政府经济职能的实现方式等，既可能促进也可能阻碍经济发展。政府经济职能的实现方式、政府履行经济职能的行为过程已被学界公认为是能够对经济发展产生或积极或消极影响的一个重要的非经济类环境因素。这种影响是积极的还是消极的，其结果是促进经济发展还是阻碍经济发展，完全取决于政府在履行经济职能过程中能否清晰地划定职能边界，找准自身角色定位，并理顺同其他经济生活领域中的行为主体之间在发展经济过程中的关系。行政与市场作为两种不同的社会资源配置方式，各有优势也各有不足。社会历史发展的经验证明，市场经济是一种相比较而言更能有效促进生产力和经济发展的资源配置和经济运行模式。习近平新时代中国特色社会主义经济思想的核心内容之一即是坚持使市场在资源配置中起决定性作用，更好发挥政府作用，坚决扫除经济发展的体制机制障碍。

    因此，转变政府职能，转变政府经济职能的实现方式，调整政府经济职能重心，科学设定政府在经济生活中的行为方式与行为边界，转换政府在经济发展中的角色，去除与政府经济职能目标和社会经济发展目标相冲突的一切不合理行政因素，对于促进经济持续、健康、快速发展意义重大。

第一节　地方政府及其职能转变

政府职能转变是行政体制改革的中心工作，也是最为核心和关键的环节。地方政府能否转变职能关涉到行政改革的全局。地方政府职能转变的方向、目标、路径设计，必须以对地方政府职能及职能转变内涵的科学界定为前提，并以此为基点来客观地分析转变职能的现实必要性与紧迫性，探索地方政府职能转变的逻辑方向与科学路径。

一、政府与地方政府

政府的概念在国内学术界有广义和狭义之分。一般认为广义上的政府包括了立法机关、司法机关和行政机关，狭义上的政府仅指行政机关。之所以在我国会形成我们所说的广义的政府概念，"最根本的原因是由于中国2000多年的历史，导致对政治权力结构的认识过于简单，也导致对政治权力关系的架构根本没有制度性的建树"①。也就是说，在封建社会，皇权至上，政权对皇权负责，百姓是权力的客体；而在社会主义社会，权力属于人民，政府对人民负责，人民是权力的主体。随着权力主体的转移，权力系统内部结构及主体间关系要复杂得多。为了更好地彰显政府在执行人民意志，行使公共权力中功能性价值，更多的学者倾向于在狭义层面上理解政府，将其视为国家权力机关的执行机关。本研究也倾向于在狭义上理解和使用政府一词，并基于狭义的政府概念研究政府职能及其转变问题。

政府的阶级属性来源于其与政治国家之间的内在联系。"国家"是人在政治生活领域内的具体存在方式，而政府作为国家设置的行政机关，则成为人类社

---

① 沈荣华，金海龙．地方政府治理［M］．北京：社会科学文献出版社，2006：5.

会政治生活实践的具体场域和具体形式。政府一般要代表国家执行①居于统治地位的那个阶级的意志，处理国家事务、社会事务和政府自身事务。由此看来，国家这一概念具有更多的政治意涵。当统治阶级的意志通过合法性渠道上升为国家意志后，须由其设置的行政机关具体执行该意志。统治阶级的意志上升为国家意志的合法渠道即国家立法程序，由立法机关具体行使立法权。立法机关也称为国家权力机关，在我国，国家权力机关指的是全国人民代表大会和地方各级人民代表大会。与立法机关和国家权力机关的称谓相对应，政府在被称为行政机关的同时，也经常被人们称为国家权力机关的执行机关。与有着具体组织形态与结构的立法、司法和行政机关相比，国家显得更为抽象。作为一种抽象的存在，无论其政治统治职能还是社会管理职能，都需要由其专门设置的各类机关来完成。由此可以看出，国家性质在相当程度上，甚至可以说在绝对意义上决定着政府的性质，国家的意志与使命也在相当程度上决定着政府的职责和功能。

政府的社会属性来源于其所承担的社会发展使命。政府除了要应对和处理统治阶级通过国家向其表达的意志或交办的事务之外，还要处理更为庞杂的社会公共事务，由此也表现出政府除阶级性以外的社会属性的一面。如果说不同性质国家的政府执行不同阶级的意志反映了政府间的差异性，那么不同性质国家的政府均要履行社会职能，满足社会公众需求，解决社会发展问题，则反映了政府间共性的存在。从合法性角度来看，政府合法性的基本内涵在于政府存在与运行是依据宪法和法律的赋权，政府行使国家公共权力要合乎宪法和法律的要求，体现国家性质和统治阶级利益。但政治合法性并非政府合法性的唯一来源，政府合法性能否经受住社会历史的考验而持久地保持旺盛的生命力，关键在于政府行使公共权力的行政行为过程与结果能否获得社会公众的普遍认同与支持。仅有政治国家赋权而缺少社会公众确权的政府合法性往往因缺少社会基础而不能称得上是真正的政府合法性且不能持久，缺乏合法性的政府将面临严重的公众信任危机。

政府的公共性来源于其社会属性。公共性是政府的基本属性。公共性在形

---

① 如果政府是大概念的政府，则包括立法机关，自然也包括了国家意志的制定过程。

而上的精神层面体现为政府、政府组成部门及其工作人员的公共精神与职业伦理，在形而下的器物层面表现为政府秉持公共精神，恰当地运用国家、宪法、社会所共同赋予的合法性公共权力，最大限度地实现、维护并增进公共利益。这里的公共利益有诸多具体的表现形式，如社会生产力的进步、国力的增强、社会福利水平的提升和人民生活的改善、良好的社会秩序、公平正义的生存和发展环境等。在我国，公共利益即具有统一性的国家利益和人民利益，公共利益的实现过程即社会主义现代化强国的实现过程和人民美好生活的需要得到不断满足的过程。十九大报告指出："党的一切工作必须以最广大人民根本利益为最高标准。我们要坚持把人民群众的小事当作自己的大事，从人民群众关心的事情做起，从让人民群众满意的事情做起，带领人民不断创造美好生活！"①

政府的公共性与社会性表现出越加明显的融合趋势。"政府履行社会公共事务管理职能所代表或反映的，只能是社会公众的利益，而不能是某些或某个集团、阶层，甚至私人的利益，更不应该是其既得利益。"② 探讨政府的代表性问题是因为政府作为人类社会生活一种特殊组织形式其规模是有限的，但并不意味着政府只需要代表有限的利益群体。既然并不是所有社会成员均有进入政府的机会，就需要设立一种制度、原则与通道，使不能进入政府组织的社会成员的意愿能够真实、顺畅地表达，以确保其利益的实现，公民大会、代议制、代表制、协商制等所反映的权力代表问题不仅适用于政治话语，同样可以解释公共行政的基本属性和价值取向问题。

公共组织涉及其所有成员，但当组织的规模大到不能允许所有成员同时直接参与其活动时，就要由成员的代表来参与组织的活动、执行组织的决定。这时，公共组织的成员就分化为两部分：一部分为代表者，拥有决定权和执行权；另一部分为被代表者，成为被决定和执行的对象，如果代表者不能忠实地代表被代表者的利益和意志，而将代表异化为代替，那么

---

① 中国共产党第十九次全国代表大会文件汇编［G］. 北京：人民出版社，2017：40.
② 昂永生. 试论我国公共行政观念［J］. 中国行政管理，2000（9）：39.

该组织就从实质上丧失了公共性，成为代表者组织。①

随着政治合法性及政府合法性内涵的不断拓展，统治型政府向管理型政府和服务型政府的不断演化，在政府的阶级属性得以稳定和固化的前提下，与社会性相融合的政府的公共性逐渐成为人们在探讨政府存在的价值、公共权力的性质与功能等问题时所关注的焦点。这也表征着人们期望政府能够反思其来源与存在，能够通过彰显公共性向其服务于社会公众的本真价值复归。在关于政府起源的不同观点中，止争说、求善说、契约说、阶级说都是典型的代表。"止争说"认为，政府产生于人们制止战乱、求得和平、避免纷争的美好愿望；"求善说"认为，政府存在的价值在于追求公共的"善"；"契约说"认为，政府的产生是人们理性选择的结果。"政府就是在臣民与主权者之间所建立的一个中间体，以便两者得以互相结合，它负责执行法律并维持社会的以及政治的自由。"② 政府的阶级起源论是马克思主义的观点。③ 根据马克思主义的观点，国家（政府）是在私有制和阶级产生后，社会开始分裂为不同的阶级，更多地占有社会财富的阶级为了维护其统治性地位和自身利益，并进一步从阶级统治中获得更多利益而产生的。

确切地说，国家是社会在一定发展阶段上的产物；国家是承认：这个社会陷入了不可解决的自我矛盾，分裂为不可调和的对立面而又无力摆脱这些对立面。而为了使这些对立面，这些经济利益互相冲突的阶级，不致在无谓的斗争中把自己和社会消灭，就需要有一种表面上凌驾于社会之上的力量，这种力量应当缓和冲突，把冲突保持在"秩序"的范围以内。④

这些政府起源说同时也是国家起源说，它们的共同点在于它们都是从社会

① 郭湛，王维国，郑广永. 社会公共性研究 [M]. 北京：人民出版社，2009：4.
② 〔法〕卢梭. 社会契约论 [M]. 何兆武，译. 北京：商务印书馆，1980：76.
③ 基于前文我们对政府与国家间关系的分析，马克思主义的国家观可以充分反映其对政府起源问题的认识。
④ 马克思，恩格斯. 马克思恩格斯选集：第4卷 [M]. 人民出版社，2012：186－187.

性即政府满足社会需求、实现公共利益、促进社会发展的角度阐释政府产生和存在的必要性，由此突显了政府公共性与其社会性的密切联系。

地方政府（Local Government）是一个国家政府序列中的重要组成部分，是在公共权力行使范围意义上有别于中央政府的政府组织存在形式。"地方"是一个空间概念，如果说中央政府所要处理的是全国范围内的事务，那么地方政府所要处理的只是行政辖区内部的事务。地方政府虽然从权力范围和责任范围来讲只负责处理本行政辖区内的事务，但并不能说地方政府所"管辖事务的性质只与地方公众利益相关，不涉及国家整体利益和全国公众利益"①。这个问题涉及中央与地方、整体与局部之间的关系。中央是由各地方共同构成的全国的中央，地方是全国范围内的部分地方。地方政府在中央政府领导下针对本行政区域内的事务开展地方工作，中央政府有权对地方工作进行监督、检查和指导。中央政府与地方政府之间在公共利益实现过程中是紧密联系不可分割的统一体。例如我国从宏观的中央财税政策、产业政策等到微观的房地产政策、计划生育政策等，地方都要认真贯彻执行，研究并制定实施细则，同时，地方经济社会发展中创造性的先进经验或试点经验，也会给中央决策提供支撑并有可能推向全国。随着我国中国特色社会主义市场经济不断成熟，市场在资源配置中的决定性作用也越发明显，生产资料和商品的跨地区流通市场已趋于成熟，各地方之间的经济和社会联系也日渐紧密，行政区划不再具有计划经济时期的特殊使命，而仅限于公共行政领域对公共权力和公共事务治理责任的划分与限定。在这样的经济社会发展背景下，地方政府公共权力运行效果和公共责任的履行情况不仅会影响本地方的公众利益，也同样会影响其他地方社会公众的利益。例如"地方保护主义"不仅破坏公平竞争的环境，压缩了本地社会公众选择的空间，而且将破坏全国统一市场，损害其他地方经营者利益；地方政府旅游业监管不力，不仅不利于本地旅游产业经济的持久发展，而且损害本地和外地旅游消费群体的利益；地方政府放松食品药品安全监管，将威胁本地和外地消费者的健康；地方政府不严格执行水环境监测标准，也会给同流域其他地方造成水环境污染等。这说明，地方公共事务的治理水平也会影响到国家治理全局，"木

---

① 沈荣华，金海龙. 地方政府治理［M］. 北京：社会科学文献出版社，2006：5.

桶原理"① 很形象地说明了这一点。

　　对于地方政府概念所指称的政府层级范围，国内外学术界存在不同的观点。在联邦制国家，人们一般只把联邦成员政府的下级政府称为地方政府。例如在美国，州政府作为联邦成员政府就不在地方政府行列当中。美国著名政治学家查尔斯·A. 比尔德（Charles A. Bild）在其著作《美国政府与政治》中表达了其对政府分类的观点，他将政府分为三级即联邦政府、州政府和地方政府。地方政府的形式在美国各州并不统一，一般包括县政府、市政府、乡镇政府，以及为解决专门的公共事业问题而成立的特区、学区。在《美利坚百科全书》中，联邦制国家的地方政府被明确表达为"联邦成员单位政府的分支机构"。这种划分方式似乎使美国的州一级政府处于很尴尬的境地，它既不是中央政府，中央政府是全国版图意义上的政府，同时也不是地方政府，地方政府在联邦制国家被认为是更贴近社会公众的能够直接回应公众需求的政府。在这个问题上，英国的《不列颠百科全书》给出了更完满的解释，它将政府分为三个层级，即国家政府、区域政府和地方政府，其中的区域政府成为中央政府和地方政府的中间层，也称为"中间政府"，美国的州政府就属于处在这个中间层级的区域政府。在我国，一般认为地方政府是与中央政府相对应存在的，不存在中间层级政府概念，因为我国是典型的单一制国家，全国仅有一部宪法，各级地方政府在中央政府即国务院的统一领导下开展工作，地方利益与中央利益、全国利益具有本质上的一致性。我国现行宪法规定，"中华人民共和国国务院，即中央人民政府，是最高国家权力机关的执行机关，是最高国家行政机关……地方各级人民政府是地方各级国家权力机关的执行机关，是地方各级国家行政机关"②。持中央政府与地方政府两分法观点的学者占绝大多数，在辞书文献中以姜士林、鲁仁、刘政共同编著的《世界政府辞书》为代表，"全国地方各级人民政府都是国务院统一领导下的国家行政机关，都服从国务院……它们分别是同级国家权力机关——人民代表大会的执行机关，是地方各级国家行政机关"③。在专著文

---

①　木桶原理是指盛水的木桶由多只木板构成，而这只水桶最终能盛多少水完全取决于其中最短的那块木板。

②　《中华人民共和国宪法》［Z］. 北京：法律出版社，2018：79. 85.

③　姜士林，鲁仁，刘政. 世界政府辞书［M］. 北京：中国法制出版社，1991：31.

献中以苏州大学沈荣华教授在《地方政府治理》一书中的观点为代表，"与中央政府相对的所有层级的政府都是地方政府"①。当然，还有少部分学者根据研究需要从广义政府概念去诠释地方政府，如徐勇和高秉雄认为，"随着'法治国家'的建立，'司法独立'正成为未来的一种发展趋势。因此将当代地方政府单位的组成，限定为由地方决议机关和执行机关（行政机关）构成的整体，也是符合中国现行相关法律规定的精神的"②。综合来看，在我国政府组织只分为中央政府和地方政府，中央政府即国务院，地方政府是省及以下层级的国家行政机关。

实践中，我国地方人民政府大体包括四个层级，即省级人民政府、市级人民政府、区县级人民政府、乡镇级人民政府。与省级地方政府平行的还包括自治区政府和直辖市政府，前者如内蒙古自治区、宁夏回族自治区等，后者如北京市政府、天津市政府等。市政府当中除直辖市属于省级地方政府外，还包括哈尔滨、长春、大连等15个副省级市政府，副省级市大多由计划经济时期的计划单列市转型而来。市政府当中除一般的地级市外，还包括一些不设区的县级市政府。在副省级市中，区人民政府的行政级别高于县人民政府，在一般的地级市中，区县人民政府行政级别相同。

二、地方政府职能体系

地方政府职能，即地方政府的职责和功能。政府职能问题一直以来受到学界和实践领域的普遍关注，因为它所研究的是政府存在的价值问题和政府如何才能更好地在社会生活中彰显其存在价值的问题。事实上，政府职能已经成为行政改革领域研究和讨论的焦点，它决定着行政体制改革、政府机构改革等行政改革的诸多方面。

地方政府职能中的职责与功能两个方面既彼此联系又相互区别。其一，"职责"解释的是职权、角色、责任三者所共同构成的行政价值，是政府存在的意义。政府及其工作人员在履职过程中，首先要明确的就是自己的权力来源，只

---

① 沈荣华，金海龙. 地方政府治理［M］. 北京：社会科学文献出版社，2006：7.
② 徐勇，高秉雄. 地方政府学［M］. 北京：高等教育出版社，2005：5.

有明确这一点，才知道自身的行为应该对谁负责，才能更好地摆正自身的角色和位置。行政权力的直接来源是宪法和法律，但没有一部宪法或相关法律不将公共权力的源头指向政治意义的公民或人民。公共行政的核心精神就是要恰当地运用公共权力，以最大限度地实现、维护和增进公共利益。所以，地方政府无论从何种意义的公共权力来源出发，无论从何种意义的合法性角度去思考，归根结底都是在行使人民所赋予的权力，都要为人民的利益负责，都要立身于维护社会公平与正义的公仆角色。政府职责在某种意义上赋予了政府和公共行政以伦理的内涵。其二，"功能"解释的是功用、能力、效能三者所共同构成的行政行为，是政府存在价值的实现。为了体现政府的价值，政府要明确自身应该发挥怎样的作用，怎样发挥作用，在什么程度上发挥作用，即管什么、怎么管、管多少的问题。职能中的"能"有能力和效能的双重含义。能力解释了政府发挥作用所依据的条件，公共财政状况、人力资源水平、技术环境、协同性等都在一定程度上制约着政府能力。效能则是指行政行为的结果，同理也是对政府行政行为过程与结果在价值与事实层面的评价与反思。例如考察公共资源的投入与社会效能产出，政府行政行为的实际功能是否真正体现出政府存在的价值，能否回应公众对政府的价值期望与诉求。所以说，政府职能是政府价值与行为的统一体，涉及政府从价值理念出发的政府职能定位、从行为选择出发的政府职能实现方式、从行为结果出发的政府职能履行评价等诸多问题。

地方政府职能是一个庞大而复杂的体系。地方政府职能体系整体上围绕地方经济社会发展这个中心分为两个层次，三个基本点和若干具体任务。具体来说，地方政府职能分为基本职能和具体职能两个层次。基本职能一般包括政治职能、经济职能和社会职能。具体职能是在三项基本职能确立的前提下，政府根据地方经济社会发展的宏观与微观环境采取的具体行政行为，表现为地方政府在经济社会发展中履行的具体职责和发挥的具体功能。基本职能是国内外和国内各地方之间政府的共有职能，反映着地方政府职能的共性。地方政府的基本职能是不以地方政府意志为转移的客观存在，是社会历史的选择，人类在长期的社会实践和历史发展中逐渐形成了对权力系统关于秩序、稳定、公平、正义、社会福利等一系列基本要求。地方政府的基本职能反映着地方政府的基本价值取向、行动目标与基本任务，为地方政府职能确立了基本面。地方政府的具体职能是在基本目标、基本任务得以确立的前提下，地方政府根据地方经济社会发展的实际需要，结合政府自身的能力状况，在政治、经济、社会不同领域所采取的不同行政行为，施加的不同影响。例如在经济职能方面，地方政府为了促进经济持续、健康、快速发展，就要行使好行业产业规划职能、各项审批职能、资源与市场监管职能、环境监控职能等。各地方经济社会发展水平不同，政府的财力、物力、人力、技术等条件不同，地方政府具体职能的履行也不尽相同。它所反映的是地方政府间职能的个性。可以说，地方政府的基本职能与具体职能之间是共性与个性，包含与被包含的关系。基本职能为具体职能设定提供了基本框架，具体职能的履行情况影响着基本职能目标的实现。

地方政府职能体系随社会发展对公共行政的需要而变化，体现出社会历史性。政府职能的变化符合普遍联系和永恒发展的哲学规律，并且总体上呈现一种以适应地方经济社会发展为特征和目的的向上的积极变化。从职能内容来看，这种变化主要体现在具体职能方面，从职能结构来看，经济职能和社会职能所占比例明显上升。"行政职能并非是一成不变的，它的内容、性质、方式、重心、结构是随着社会的发展、社会化程度的提高依自身的规律而变化着的。"①随着地方经济社会发展环境和需要的变化，"一些职能逐步收缩，另一些职能不断地扩展，即使是同一种职能，在不同的时代条件下也不断地被赋予新的内涵。但无论政府职能内容怎样随着历史的变迁而演变，其基本职能始终不会改变，如政治统治职能、社会管理和社会服务职能。"②

从当前我国地方政府实践来看，经济职能和社会职能是地方政府最为核心的两项基本职能。政治职能与前文我们提到过的政府的阶级属性相关，作为国家权力系统特别是地方权力系统重要组成部分的地方政府，执行统治阶级和国家意志是其最基本的职能。地方政府的政治职能大体包括：阶级统治职能、公共安全职能、民主政治职能、政令执行职能。从稳定与发展的关系来看，安定的社会秩序，稳定的社会环境也是地方经济和社会发展的前置性条件。中华人民共和国成立以来的 70 年，受社会主要矛盾变化及顶层判断的影响，我国地方

---

① 何颖. 行政学 [M]. 哈尔滨：黑龙江人民出版社，2007：171.
② 周平. 当代中国地方政府 [M]. 北京：人民出版社，2007：248－249.

政府在基本职能重心上也随之发生过几次转移。自 1978 年党的十一届三中全会把党的工作重心转移到社会主义现代化建设和经济建设上之后，党的十三大又明确提出了"一个中心，两个基本点"的基本路线，地方政府的职能重心也逐渐由政治转向了经济和社会。为了解决生产力与生产关系构成的社会基本矛盾，解决当时人民日益增长的物质文化需要和落后的社会生产构成的社会主要矛盾，我国各地方政府在中央政府统一领导下，结合各地经济社会发展实际，以更好地履行经济和社会职能为目标，不断探索地方政府职能实现的最佳方式，摸索出一批政府职能实现的成功经验，打造了多种不仅适合本地而且具有推广价值的地方政府职能履行模式。地方政府职能的有效履行在推动社会生产力发展和社会全面进步方面起到了重要作用。党的十九大虽然提出我国当前社会主要矛盾已经转化为人民日益增长的美好生活需要同不平衡不充分的发展之间的矛盾，但党中央也同样明确指出，我国社会基本矛盾没有变，解放和发展生产力仍然成为我们未来一个阶段的主要任务，所以必须坚持基本理论、基本路线、基本方略不动摇。十九大同时提出，必须"坚持在发展中保障和改善民生"，并具体提出了优先发展教育事业、提高就业质量和人民收入水平、加强社会保障体系建设、坚决打赢脱贫攻坚战、实施健康中国战略、打造共建共治共享的社会治理格局等社会职能的具体任务。由此可见，经济职能和社会职能在我国地方政府职能体系中所占的结构比重将进一步增大，已经成为我国地方政府最为重要的两项基本职能。

三、地方政府职能转变

积极转变政府职能是我国行政体制改革的内在要求。我国的行政体制改革经历了一个从机构到职能、从形式到内容、从压缩数量到提高质量的复杂过程。从改革开放后开始计算，大规模的行政体制改革已经进行了七次。改革开放初期，党和政府面临经济社会发展的巨大压力，经常是中央关注一项工作就在国务院设立一个部委办局，导致行政机构庞杂，机关人满为患，极大地降低了行政效率。1980 年 8 月，邓小平同志在中共中央政治局扩大会议上发表了以废除领导干部终身制为主要内容的题为《党和国家领导制度的改革》的重要讲话，这在理论与实践双重意义上推动了 1982 年我国改革开放后的第一次大规模政府机构改革。经过这次改革，我国政府机构完成了一次大瘦身，国务院组成部门从 100 个减少到 61 个，工作人员也减少了 40%。1988 年的政府机构改革首次提出了政府职能转变问题，意在明确政府职能重心，使各级政府的职能重心尽快转移到经济建设这个中心上来。进入 20 世纪 90 年代，为适应社会主义市场经济建设的需要，行政体制改革的中心任务是精简政府内部明显带有计划色彩，不利于资源高效配置和市场经济发展的机构和职能，以激发国有企业活力，提高市场经济效能。随着我国社会组织发育水平、社会自治能力的普遍提升，政社分开也逐渐成为各级政府行政体制改革的一项重要任务。进入 21 世纪以来，我国几次大规模的机构改革都是围绕经济社会发展需要而在这两大基本职能领域内部展开的，机构设置以职能为依据的改革思路越加清晰。例如，2003 年中央政府为应对入世以后我国经济发展环境的新变化，成立了国资委、银监会、商务部、安监总局、国家发改委等一批经济职能部门；2008 年中央政府为解决改革开放后我国在民生领域出现的新问题，专门成立了住房和城乡建设部、环境保护部、人力资源和社会保障部等社会职能部门。经过 2008 年的大部制改革，中央政府组成部门减少到了 29 个。2013 年 3 月 14 日，十二届全国人大一次会议表决通过了《关于国务院机构改革和职能转变方案的决定》。这也是我国第一次将"职能转变"列入政府机构改革的文件名称当中，足以说明新时期的政府改革更加注重职能导向，更加关注经济社会发展实际需要和政府在发展中的责任、能力与效能问题。从机构设计和组建来看，更加注重资源整合，决策效率与执行效力，注重改革的效能与方法。① 所以说，政府职能转变是行政改革的关键，地方政府职能转变更是一个既涉及中央全面转变政府职能战略目标能否顺利实现，又涉及中央和地方行政改革成败的关键因素。只有从经济社会发展的实际问题与公众的实际需要出发，科学合理地调整和设定政府职能，才能节约行政成本，提高行政效能，才能提高政府自身对社会变化的反应力，才

---

① 张继亮，王映雪. 大部制改革的理性思考［J］. 哈尔滨市委党校学报，2013（9）：12 － 13.

能走出政府机构改革的"怪圈"①，才能使行政改革的前期成果得以巩固，才能取得从中央到地方行政改革工作的最终全面胜利。

首先，地方政府职能转变是地方政府在地方经济社会发展驱动下对其职能重心与职能结构做出调整。地方政府根据经济社会发展需要及时进行职能调整对于当代中国地方政府来说已经成为一种常态。正如上文所述，地方政府职能是涉及地方政府为何存在，何以能存在，如何存在的问题。从具体政府行政角度来看，地方政府职能所涉及的是地方政府在社会生活中管什么、怎么管、管到什么程度的问题。地方政府有责任根据经济社会发展需要的客观变化适时地对其职能做出主动的、动态的调整，以更好地实现并彰显政府在经济社会生活中存在的价值。因此，地方政府的职能不可能也不应该是一成不变的。正如周平教授所说，"所谓地方政府职能转变，是指地方政府为适应客观环境的变化需要而对政府职能所进行的转换、重组和优化，是对政府的行为方式及职能结构调整。简单来说，就是地方政府职责和功能的转化、变化和调整"②。此概念归纳了地方政府职能转变的一般逻辑，即地方经济社会发展需要的变化所导致的政府行政环境的变化是地方政府职能转变的逻辑起点，适应这种变化以提高行政效能，更好满足经济社会发展需要，实现、维护并增进公共利益是地方政府转变职能的基本出发点。经济社会发展需要的变化要求地方政府在职能重心方面做出积极的调整，从而使职能组成发生了结构性变化，这种变化了的职能结构将更有利于发挥地方政府在地方经济社会发展中的功能。地方政府在主观上应从事物发展变化的一般规律出发，正视地方经济社会发展需要出现的各种变化，并积极应对这种变化。"正视"意味着地方政府要具有常态思维，"应对"意味着地方政府要采取常态行为。

其次，地方政府职能转变是地方政府要根据地方经济社会发展需要积极转变职能实现方式，转换自身在地方经济社会发展中的角色。职能实现方式指的

---

① 现在看来，"怪圈"至少包含两层含义，其一是通常所说的政府组成部门在数量上总是在精简、膨胀、再精简、再膨胀之间循环，其二也指代政府把行政改革的更多关注点放在了机构和人员数量控制上，而没有从更为根本的职能出发去系统思考行政改革所实际面对的问题。事实上，政府规模与政府效能之间并不存在正比或反比的绝对相关性。

② 周平．当代中国地方政府［M］．北京：高等教育出版社，2010：133.

是地方政府采取何种方式、方法，从何种角度去履行各项职能，实现政府存在的社会价值，发挥政府促进地方经济社会发展的功能。政府职能实现方式大体可以分为直接的方式和间接的方式、微观的方式和宏观的方式、行政命令的方式和市场主导的方式等。政府需要对其职能实现方式做出选择主要是基于这样两方面原因：其一是行政相对方基于发展目的而对政府的履职方式产生变换的需要，从而在客观上使行政环境发生了整体性变化；其二是政府出于行政事业发展和组织自身发展的需要而必须对职能实现方式做出改变和调整。事实上，从政府存在的价值、合法性依据、公共属性等方面来看，导致政府转变职能实现方式的上述两方面原因是具有内在统一性的。因此，并不能单纯地评价政府采取直接的、命令的、微观的职能实现方式是错误的，而反向的方式就是正确的。政府职能实现方式孰优孰劣要放之于具体的社会历史环境当中加以具体考察。直接的、行政命令式的职能实现方式其优点在于能够有效实现政令统一，便于形成统一意志，集体行动也相对快捷高效，但同时其弊端也是明显的，表现为容易在集体行动中淹没其他行为主体的主动性、积极性和创造性，或使其长期依赖于政府指令而产生行为惰性，因政令发出者理性的有限性而降低资源配置效率并提升经济社会运行及发展成本等。随着我国社会主义市场经济体制的日臻完善，市场主体与社会主体的日趋成熟，公民参与公共事务治理的热情日渐膨胀且能力日渐提升，政府的职能实现方式也在悄然发生改变，总的趋势是由直接转向间接、由微观转向宏观、由以行政命令为主转向以市场调节为主的职能实现方式。

　　基于这样的分析我们认为，地方政府职能转变是一个系统性话题，涉及"为什么要转、转什么、怎么转、从哪里转到哪里"等一些具体问题，其核心在于地方政府需要在哪些方面实现转变。综合来看，地方政府职能转变在内容上可以概括为"转方式，调结构，变角色，换理念，划边界"。"转方式"指的是地方政府要转变职能实现方式，由行政命令的方式向回应市场的方式转变，由制度的方式向制度与伦理相结合的方式转变，由单打独斗向多元合作的方式转变。"调结构"即是根据社会需要和政府价值实现的需要调整地方政府职能的组织内容，结合当前社会主要矛盾、经济社会发展理念和经济社会发展中的突出问题，调整各项具体职能间的主次轻重关系，合理配置行政资源，控制行政成本。"变角色"指的是地方政府要科学合理地定位自身在社会生活中的角色，是生产者还是组织管理者，是划桨者、掌舵者还是服务者①等。"换理念"指的是地方政府要有全新的行政理念，这一理念要体现客观性、科学性和先进性，要从实际出发，从经济社会发展需求出发，从行政发展和行政价值实现的目的出发。所以地方政府的行政理念与地方政府的自我价值认知直接相关，又作用于地方政府的行政思维和具体行为。当前我国地方政府需要具有的理念一般包括执政为民理念、科学发展理念、公共服务理念等。"划边界"意味着地方政府的自我扬弃，自觉地在全新的存在方式和旧有存在方式之间划清界限。首先要划清价值边界，认清哪些价值是当下应该追求的目标性价值；其次要划清行为边界，认清哪些行政行为是经济社会发展所需要和亟需的，从而保证地方政府在履职过程中既不越位，也不缺位和错位。地方政府划清边界的工作首先要求其辨识价值、认清责任、摆正角色和位置，在此基础上为更好地实现经济发展职能和社会发展职能，要厘清地方政府与市场及市场主体之间的关系、地方政府与社会及社会主体之间的关系，以及地方政府内部各职能部门之间的分工合作关系。特别是"在市场作用和政府作用的问题上，要讲辩证法、两点论，'看不见的手'和'看得见的手'都要用好，努力形成市场作用和政府作用有机统一、相互补充、相互协调、相互促进的格局，推动经济社会持续健康发展"②。

第二节　地方政府职能转变的依据：经济社会发展的实际需要

地方政府职能转变的依据指的是地方政府为什么要转变职能，哪些因素促动、影响和制约着地方政府的职能，使其必须在职能内容、职能结构、职能实现方式等方面做出积极的调整，以适应经济社会发展需要，彰显地方政府存在

---

①　当前西方公共行政学界居于主导地位的新公共服务理论认为政府的角色及其职能既不是划桨，也不是掌舵，而应该是服务，追求的是整体性责任、公平与社会正义等价值，克服管理主义片面追求效率并造成政府整体性公共责任的碎片化问题，详见登哈特夫妇的新公共服务理论。

②　习近平. 习近平谈治国理政：第一卷［M］. 北京：外文出版社，2018：116.

的价值。从契约论者、古典经济学开始，人们始终在一体两面上看待政府与社会、政府与经济、政府与市场之间的关系，同时也是辩证地看待政府存在的价值及其对经济社会发展的影响。正如道格拉斯·诺斯（Douglas North）所说，"国家理论之所以不可缺少，原因在于，国家规定着产权结构。国家最终对产权结构的效率负责，而产权结构的效率则导致经济增长、停滞或经济衰退"①。正如上文所述，地方政府存在的核心价值在于最大限度地实现、维护和增进公共利益，那么地方政府就需要科学地设定，及时地调整自身的职能，使地方政府职能实现的过程和结果可以更好地满足公共利益实现的需要，更好地满足经济、社会和人的统一发展的需要。同时，由内外因关系原理可知，转变职能作为地方政府的主体行为，必定不能依靠外力强压而被动实现，必须依靠地方政府的主体自觉，是地方政府作为价值实践主体的主体性发挥过程。地方政府应主动自觉地探知经济社会发展中行为主体需要的变化，及时把握外部需求的动向，将外部社会需求与地方政府自身价值实现与自我发展的需要有机结合起来，转化为实现职能转变的无限动力。

地方政府职能转变的依据可以划分为外部依据和内部依据。内部依据来源于政府的公共属性，为地方政府积极地转变职能提供内在动力，决定着地方政府秉持何种理念和心态来看待和对待转变职能这一实际问题，解释着地方政府职能转变何以能发生的问题。外部依据来源于客观上不断变化的社会环境和永恒发展的生活世界。它为地方政府适时地转变职能提供外部推动力，决定着地方政府职能转变的方向、地方政府职能实现的方式等，解释着地方政府职能转变如何发生的问题。内部依据主要包括地方政府要彰显其存在的时代价值，地方政府要进一步巩固其合法性基础，地方政府要节约公共行政成本并提高公共资源利用效率，地方政府要加强自身的行为能力建设，地方政府要适时地实现社会生活中自我角色的转换等。外部依据具体包括经济社会发展的需要，社会自觉和自我管理意识觉醒后对民主行政的需要等。内部依据和外部依据最终统一于公共利益最大化的需要，地方政府的存在只有在能够有效推动地方经济社

---

① 〔美〕道格拉斯·诺斯. 经济史上的结构与变革［M］. 厉以平，译. 北京：商务印书馆，1992：21.

会发展的情况下才是有意义有价值的，只有拥有存在价值的政府才能得到社会公众的合法性认同，所以应该"考虑地方政府作为人类社会的诸多制度安排之一在满足社会需求方面的功能角色"①。

地方政府职能转变的内部和外部依据统一于政府满足经济社会发展需要的公共价值实现过程。实践证明，经济与社会的发展在特定的历史阶段是需要政府实施全面干预的，而在另外一种历史情境下则可能需要政府收缩职能，还权于社会，释放更多的社会主体动能。例如 20 世纪初美国出现市场失灵而爆发经济危机时，为提振经济而推出罗斯福新政，通过兴建基础设施，扩大政府投入，施行以工代赈等措施，有效地缓解了就业压力，恢复了市场活力，促进了美国经济全面复苏。但当一个国家在社会生产力极端低下、物质财富贫乏、规范社会运行秩序的制度建设严重不足时，加强政府对社会的全面干预，以行政的单一手段配置社会资源在快速恢复生产力，稳定社会运行秩序等方面部分地弥补了市场失灵、市场缺位、社会羸弱、制度缺失等所带来的消极影响。这种特定社会发展时期的社会历史特征为政府全面干预经济社会生活、介入微观领域、扩充职能提供了合法性与合理性确证。但政府对经济与社会实施全面干预所带来的负效应也是明显的。随着政府职能在经济社会微观领域的不断扩张，必定导致机构和人员的膨胀，行政成本和社会控制与福利成本递增，公共财政不堪重负，公共资源和社会财富大量地消耗在庞大的官僚体系当中，韦伯官僚制困境在西方世界同样引发了政府的合法性危机。② 同时，行政命令的资源配置方式与市场方式相比存在不可回避的效能困境，政府对来自经济领域和社会领域之需求的反应经常是不灵敏的、迟滞的，同时造成社会失去自我发展的信心、活力与动力，导致社会惰性。为了重拾合法性，彰显政府存在的真正价值，经历了政府失灵的西方政府采纳了新古典经济学的部分主张，开始重新找回市场，

---

① 谢庆奎，等 . 中国地方政府体制概论［M］. 北京：中国广播电视出版社，1998：322.

② 20 世纪六七十年代，以瑞典、芬兰等福利国家为代表，庞大的政府职能和机构体系使公共财政背负了沉重的负担，在经济危机面前，政府再无力支撑诸多高水平的社会福利支出，使当时的政府不仅面临公共财政危机，还暴露出低效的管理危机和来自社会公众的信任危机，政府行政的合法性受到挑战。三大危机直接促成了以英国撒切尔夫人私有化改革为代表的西方新公共管理改革运动。

同时激发社会组织及公民的活力。在政府的职能和角色定位研究方面，布坎南（James M. Buchanan）、奥斯本和盖布勒①等新公共管理运动的理论奠基者认为，政府应保留有限的和必要的职能，即那些市场和社会做不了也做不好的事情，政府不仅要限制组织边界，更重要的是限定职能和行为边界，政府也应该像企业家一样在公共财政的收支方面进行详细的成本核算。当然，他们的一致意见是，在政府规模、职能、活动范围变小的同时，政府对经济社会效能的贡献率即政府存在的价值量不应变小，政府的行为能力不应该变弱，政府应通过职能瘦身以增强其在公共选择过程中的行为主体竞争力。

第三节　地方政府职能转变的方向：建构服务型地方政府

职能转变的方向是地方政府职能转变中最为重要和关键的问题。它在根本意义上决定着地方政府职能转变的最终效果和总体成败。如果说地方政府职能转变的依据解释了地方政府为什么要转变职能的问题，地方政府职能转变的内容与结构解释了地方政府职能转变转什么的问题，那么，地方政府职能转变的方向则具体描述着地方政府职能转变由哪里转向哪里的，政府将转向何种存在方式，转变职能后的政府以何种具体方式履行职能并实现其社会存在价值，在经济社会生活中将扮演怎样的角色，政府与其行为相对主体间将发生怎样的关系变化等一系列问题。

在我国，对政府职能转变方向问题的探究由来已久。十一届三中全会以来，在党中央以经济建设为中心的基本路线指引下，地方政府也相继把工作重心由政治转向了经济和社会。部分学者将这种基本职能层面的职能重心转移视为政府职能转变，突显经济职能和社会职能自然成为地方政府职能转变的方向。这样说也不无道理，毕竟在当时特殊的历史情境下，人们能够发觉社会发展的基

---

①　西方新公共管理运动的理论基础大致包括布坎南的公共选择理论、科斯等人的新制度经济学、奥斯本和盖布勒的政府再造理论、霍哲的公共部门绩效与全面质量管理理论、弗里德曼和哈耶克的新有限政府理论等。

本矛盾和主要矛盾，能够认识到发展生产力和壮大国民经济对于经济社会发展的重要意义已经是巨大的历史进步。政府职能重心的战略性转移具有明显的政治发展与行政发展含义。但这种仅把政府职能重心转移视为政府职能转变的全部内涵，把突显经济和社会职能视为政府职能转变方向的观点显现在现在看来具有一定的社会历史局限性。在缺少资源配置的市场体制与机制、缺少多元化公共事务治理主体、政府仍然以管理者角色处理一切经济社会事务的前提下，政府即便转移了职能重心，也还是要独自承担经济社会发展的全部任务，行政命令的方式仍旧是资源配置的唯一方式，全职全能型的政府角色没有变，政府与市场、政府与企业、政府与社会之间的关系也没有变。所以，政府职能重心转移尚不能诠释政府职能转变的完整内涵，缺少市场维度、社会维度、多元主体间关系维度、职能实现方式维度、政府角色维度的政府职能转变解读方式，在当时的社会历史情境下也无法窥探到现在我们所认知的政府职能转变的方向。

中国特色社会主义市场经济的理论与实践要求我们高度重视并深入思考地方政府职能转变及其方向问题。首先，市场经济与计划经济相比有很大不同，根本上在于资源配置的方式不同，政府职能转变的任务和方向不仅限于基本职能重心的转移。从邓小平同志社会主义市场经济理论到习近平新时代中国特色社会主义经济思想，都始终坚持发挥市场在资源配置中的重要作用，这种作用已经由先前的基础性作用上升到了决定性作用的高度。习近平同志强调，"更好发挥政府作用，不是要更多发挥政府作用而是要在保证市场发挥决定性作用的前提下，管好那些市场管不了或管不好的事情。"① 这其实是在强调，政府要积极转变职能，政府权力运行和职能履行不能阻碍市场配置资源，不能阻碍经济发展，政府应调整并准确定位其在新时代中国特色社会主义经济建设中的角色和任务。坚持发展市场经济，坚持在资源配置问题上行政要服从服务于市场，是党和政府本着对人民的利益负责、对人民物质文化需求和美好生活需要负责的态度做出的正确选择。为了打消发展市场经济的顾虑，纠正市场经济与社会主义相矛盾的错误认识，邓小平同志曾明确指出，"社会主义和市场经济之间不

----

① 中共中央宣传部．习近平总书记系列重要讲话读本［M］．北京：学习出版社．人民出版社，2016：150．

存在根本矛盾。问题是用什么方法才能更有力地发展社会生产力。我们过去一直搞计划经济，但多年的实践证明，在某种意义上说，只搞计划经济会束缚生产力的发展"①。其次，政府职能转变与社会主义市场经济的发展应是同步的，地方政府职能转变的方向也是在地方经济社会发展过程中逐步明确的。不存在超环境的行政发展。此意在说明，地方政府职能转变的进程既不能滞后、也不能超前于地方经济和社会发展。具体到地方而言，不同的地方其经济社会发展程度不同，市场、市场主体、社会主体其成熟度都各不相同。从行政发展和行政价值实现的意义而言，地方行政体制改革、地方政府职能转变从方向到内容都需要与社会主体的成熟度、自为能力②相匹配。地方政府要根据社会成熟度将适合社会力量行使，由社会来行使更好的部分公共事务治理权力归还给社会，释放经济主体和社会主体活力，满足发展了的和处于发展中的经济和社会对制度资源和体制空间的需要。再次，"中国特色"和"社会主义"共同决定了我国的市场经济和西方世界的市场经济有着本质的不同，政府的具体职能和职能转变的具体方向，以及政府在经济社会发展中的角色也会不尽相同。发展市场经济的最终目的绝不止于解放和发展生产力，促进社会生产发展，更不会是仅仅满足少部分人的利益需要，人民在物质文化基础上的美好生活需要的满足，需要地方政府在积累财富的基础上，做好财富的分配工作和转化工作，加强社会治理，提高社会福利，发展公共事业，促进均衡发展，使地方公众共享改革开放和经济社会发展的成果。所以，地方政府在还权于社会，精简职能的同时，还承担着促进平衡充分发展，缩小地区差距、城乡差距、群体差距等整体性发展责任。

一、从管理到服务的公共行政范式转换

迄今为止，人类社会公共行政的范式经历了由统治行政到管理行政，由管理行政到服务行政的转换过程。每一次范式转换都蕴含着政府社会角色的转变、责任对象的变换、职能实现方式的转变，以及政府与社会关系的变化。由管理

---

① 邓小平文选：第三卷［M］．北京：人民出版社，1993：148.
② 社会的自为能力指社会的自觉意识、自我管理、自我规范、自我发展的主体能力。

到服务的公共行政范式转换意味着在行政方式上将实现由管理行政向服务行政过渡，在政府形态上由管理型政府向服务型政府转化。

在管理行政时期，政府与社会主体是主客二元对立关系，在根本上社会力量仍是政府管理行为的对象之一。虽然新公共管理运动在一定程度上削减了政府职能，释放了社会活力，使政府由划桨者的角色转换为掌舵者角色，划桨的任务由社会力量来完成，政府与社会呈现"同乘一条船"的亲密关系，但这种制度设计在本质上仍然是要加强政府控制，只是这种控制方式更为巧妙，政府从微观领域的退出不仅可以降低公共产品与服务的供给成本，而且可以使政府在制度上规避公共责任风险。正如奥斯本和盖布勒在其政府改革理论中所提出的，"制定这种全面战略的唯一现实途径是把掌舵与划桨分开，这样政策制定者才可以确定一个全面的战略，并且使用许多不同的划船壮丁（划船的人）来执行战略"①。实践证明，西方试图通过新公共管理改革为政府减负，以缓解政府财政危机、管理危机和信任危机的努力，虽然收到了一定效果，但因企业家政府试图抛弃政府的整体性公共责任并造成了政府职能的空心化和公共责任碎片化的结果，而普遍受到公众谴责并给政府带来新的社会信任危机。

在服务行政时期，政府与社会之间是以公共需求的有效满足为共同目标和任务的主体间合作关系，社会完成了由对象性客体到管理活动主体的角色转换。这种政府与社会间的关系也可以表述为以公共产品与服务为客体而形成的"主—客—主"关系。新公共服务理论强调政府公共权力的合法性来源问题，要求政府重拾整体性公共责任，维护社会公平正义，建立良好的社会回应机制。以往"当我们急于掌舵时，也许我们正在淡忘谁拥有这条船"②。服务行政时期的政府不再把公众看成是作为公共服务客体的顾客，而是从人的主体性角度将其视为参与者与监督者。

在新公共服务理论看来，公共行政官员应该在思想上意识到，公共项

---

① 〔美〕戴维·奥斯本，特德·盖布勒．改革政府［M］．周敦仁，等，译．上海：上海译文出版社，1996：14.
② 〔美〕罗伯特·B·登哈特，珍妮特·V.登哈特．新公共服务：服务而非掌舵［J］．刘俊生，译．中国行政管理，2002（10）：38.

目和公共资源并不属于他们自己。相反，作为公共资源的管家、公共组织的、公民权和民主对话的促进者、社区参与的催化剂、街道层次的领导者，公共行政官员已经接受了服务于公民的职责。这种视角与只注重利润和效率的企业所有者的视角完全不同。新公共服务进而认为，公共行政官员不仅必须共享权力、通过民众展开工作、作为中间人促成解决问题的方案，而且必须把他们在治理过程中的作用重新概括为负责任的参与者而非企业家。①

服务行政时期的政府不再是企业家政府，公共财政不再只是服从服务于政府自身存在的需要，公共利益也不再是零散的局部利益的简单聚合和政府行政的副产品，而是重新成为政府与社会共同追求的最高目标。服务行政时期的公共决策不再只是政府非民主的决断过程，而是开放的、民主的、高效的价值融合与选择过程。"他们应该成为一个复杂治理系统中的负责任的行动主体，在这个复杂的治理系统中，他们可能扮演的角色有促进者、改革者、利益代理人、公共关系专家、危机管理者、分析员、倡导者，以及最重要的是，公共利益的道德领袖和服务员。"②

二、我国建构服务型政府的理论探索与实践历程

"服务型政府"是我国学界和公共行政实践领域在借鉴了当代西方公共行政改革的理论成果与实践经验，并充分结合我们党和国家建设与发展的历史与现实基础上，于21世纪初提出的基于服务理念的全新政府存在方式、政府模式和政府形态。这种全新样态的政府表征着未来一个时期我国政府职能构成、组织结构、社会角色等方面变化的基本走向。国内有据可查的最早一篇关于倡导建设服务型政府的理论文章发表于2000年第8期的《行政论坛》杂志，在题为《限制政府规模的理念》一文中，作者张康之教授从包括职能扩张在内的政府规

---

① 〔美〕罗伯特·B·登哈特，珍妮特·V. 登哈特. 新公共服务：服务而非掌舵 [J]. 刘俊生，译. 中国行政管理，2002（10）：44.

② 〔美〕珍妮特·登哈特，等. 新公共服务：服务，而不是掌舵 [M]. 丁煌，译. 北京：中国人民大学出版社，2004：131.

模膨胀所带来的负面效应入手，分析了过往政府改革的利弊得失，最终提出限制政府规模的关键是要实现公共行政理念的变革，以服务理念为引导建构服务型政府模式。对于"服务"的内涵张康之教授是这样解释的：

> 需要建立起一种全新的、完全不同于传统的统治型政府和近代的管理型政府的新型政府，我们把这种新型政府称作为服务型政府。明确地说，这种新型政府在哲学理念上是一种服务定位，而不是传统的统治定位和近代的管理定位……政府必须告别作为统治者或管理者的角色，以服务于整个社会的姿态出现，忠诚地服务于社会公众的要求，任何时候都不以任何手段去追求政府自身的利益……它将彻底抛弃旧的治民观念或"为民作主"的观念，而确立为民服务和"人民作主"的理念。相应地，作为规范政府权力、维护人民和社会自由权利的法律，也在制度上切实保障服务理念贯穿于公共权力运作的全过程，严防政府凌驾于社会之上，成为驱使社会公众的力量。①

张康之教授当时对于服务及服务型政府的解读更多地偏向其政治哲学意涵，与马克思、恩格斯所提出的"公仆理论"②，以及毛泽东同志所提出的"全心全意为人民服务"思想③有着极强的贴合度。虽然笔者未从政府职能实现的角度对服务型政府如何服务做出更多详尽解释，但至少提示我们公共权力的存在与运行必须遵循人民利益需求至上这一合法性原则，不应成为满足少数人欲求的工具，政府规模扩大也只能是服从于增进公共利益的目的，而不是公共财政的虚耗。同时，各级政府应在公共事务治理过程中积极而适时地实现自身角色的

---

① 张康之. 限制政府规模的理念 [J]. 行政论坛，2000（4）：13.
② 马克思和恩格斯在《法兰西内战》中曾提到"旧政权的合理职能则从僭越和凌驾于社会之上的当局那里夺取过来，归还给社会的负责任的勤务员。"
③ 毛泽东同志在《在延安文艺座谈会上的讲话》《中国共产党在民族战争中的地位》《为人民服务》《论联合政府》等文中多次谈到为人民服务的问题，他在 1945 年党的七大上所做的《论联合政府》的报告中曾指出，"全心全意地为人民服务，一刻也不脱离群众；一切从人民的利益出发，而不是从个人或小集团的利益出发；向人民负责和向党的领导机关负责的一致性；这些就是我们的出发点。"

转换，及其与社会行为主体之间关系的调整。

从实践领域来看，我国在全国范围内倡导建设服务型政府起始于 2004 年。时任国务院总理的温家宝同志在省部级主要领导干部专题研究班结业式上的讲话中首次提及"服务型政府"建设问题。在谈到全面履行政府职能时，温家宝总理将政府的主要职能归纳为四个方面：经济调节职能、市场监管职能、社会管理职能和公共服务职能，而服务型政府的服务角色与功能主要体现在公共服务职能方面，即政府向社会提供公共产品与服务，促进公共事业发展，保障社会公众的民主权利等。在 2005 年国务院政府工作报告中，温家宝总理在谈及政府自身建设问题时再一次特别谈到"努力建设服务型政府"的问题，从报告相关部分的主体思想看来，建设服务型政府是对政府管理方式的创新，服务的对象是基层、企业和公众，服务型政府是民主开放的政府、低成本高效能的政府、分工协作各尽其责的政府。直到 2017 年党的十九大提出"转变政府职能，深化简政放权，创新监管方式，增强政府公信力和执行力，建设人民满意的服务型政府"①，我国在实践领域一直没有放松服务型政府建设工作，并始终将其作为行政改革和政府自身建设的主要方向。

三、新时代建构服务型政府的现实任务

随着我国经济与社会的快速发展，服务型政府被赋予了更加丰富的时代内涵。从建设为人民服务的政府到建设服务型政府，再到建设人民满意的服务型政府，表明政府的存在方式和具体形态需要与它所处的时代相适应，服务本身从形式到内容也要与经济社会发展的时代特征相吻合。当前，中国特色社会主义进入了新时代，服务型政府的内涵也必定不同于以往，政府特别是地方政府需要从经济社会发展的实际出发，着眼于社会主要矛盾和突出性问题的解决，从理念与实践上更多地关心关注于经济社会发展中的哪些领域、哪些具体方面、哪些主体群体需要政府提供服务，需要政府提供怎样的服务，需要政府以怎样的方式去服务才能收到更好的效果。服务型政府建设并不是要使政府回到全能时代，也不是要给政府增加公共行政负担，政府采取的服务方式不能造成社会

---

① 中国共产党第十九次全国代表大会文件汇编［G］. 北京：人民出版社，2017：31－32.

惰性，政府组织服务供给的具体方式不仅不能抹杀而且要进一步突显市场在资源配置中的决定性作用。同时，服务型政府应该是公共财政节约高效的政府，能够最大程度激发社会活力和主体动能的政府，能够更好地维护社会秩序并协调社会发展资源的政府。总之，服务型政府是以人的发展和经济社会发展为中心的政府，以人和社会在发展中不断涌现的动态性需求为服务导向的政府。因此，现代意义的服务型政府建设要求政府逐渐从经济社会发展的微观领域和具体环节中退出，从经济社会发展的主导力量、牵引力量进一步发展为推动力量和保障力量。对于地方政府而言，服务型地方政府建设是一项复杂而艰巨的系统工程，要求地方政府既要使用"望远镜"统揽全局配合中央政府下好服务型政府建设的全国一盘棋，又要使用"放大镜"详察局部走好地方服务型政府建设的地方每一步。地方政府要通过前者比较发现地方之间在经济社会发展和行政发展方面的差异与差距；通过后者发挥优势、查摆问题并补齐缺板，选择切合本地方经济社会发展实际的服务型政府建设路径和具体服务方式。

现代意义的服务型政府建设不是一蹴而就的，需要具备一定的社会基础条件。从服务型政府的服务本质、政府职能设计的社会需求导向性、政府与社会主体关系调整的内在逻辑理路等方面来看，服务型政府建设具有明显的社会历史性。地方服务型政府建设与地方经济社会发展应该是同步的，政府形态的转变进程与地方市场成熟度、经济主体和社会主体的发育发展和健全程度直接相关。政府还权于社会、向社会让渡空间的过程在具体进程上必须与社会自我运行、自我服务、自我发展的自持能力的增长过程相协调，以包括经济主体和社会主体在内的整个社会力量的成熟发展为前提和基础。与管理型政府不同，在服务行政框架下，政府不再是传统意义上的服务的唯一供给者，上述诸种行为主体不再仅仅是作为服务的对象而被动地接受来自政府的，在内容和标准等方面所预先设定好的服务，而是正在以各种方式主动地表达着实际诉求，这种诉求不仅是对多样化高标准的公共产品与服务本身的诉求，还包括了对参与服务供给过程的机会的诉求。所以，服务行政框架下的服务将不再是单线程和单向度的，而是多线程和双向度的，政府面对来自社会的实际诉求，不仅要增强社会感知能力和社会回应能力，还要在体制、机制和制度设计上全面地接纳社会，使社会力量不仅作为服务的需求者而享受优质服务，还可以作为合法的服务供给者融入优质服务的供给过程当中。政府则由原先单独直接地提供公共服务的主体角色转变为公共服务多元主体供给过程的组织者和多元供给系统的建设者、维护者。服务型政府所服务的对象不再仅仅是政治意义上的人民，也不再是抽象意义上的社会，而是具有明确指向性的经济活动主体、社会活动主体，包括公民个体和群体。政府向社会提供服务的方式也将根据社会力量的发展情况、公共财政状况、具体服务内容的性质和成本核算逐步实现由直接供给向间接供给过渡，在过渡阶段一般采取直接和间接相结合的混合方式。

综上来看，加强服务型地方政府建设，突显政府的服务职能作为地方政府职能转变的主要方向，其战略图景已基本清晰。服务型地方政府的根本宗旨和基本价值取向没有变，仍然是以人民的利益为导向，坚持人民利益的至上性，一切政府行为均服从服务于以人民对美好生活的实际需要为具体表现形式的人民的利益，其所变化的地方政府满足人民利益需要的方式，其中包括了地方政府行政理念的变化，公共事务治理主体构成的变化，地方政府与社会力量之间关系的变化，地方政府角色定位的变化等。

首先，在行政理念方面，服务型地方政府需要将社会需求作为一切行政行为的基本出发点，增强社会感知力和回应力，实现由政府本位向社会本位转型，实现以社会公共需求为中心的政府与社会间双向交流、协作与互动。

其次，在公共事务治理主体构成方面，地方政府要根据社会需要并结合具体情况有序地向社会开放制度空间，在公共事务领域主动地接纳社会力量，实现公共事务治理主体结构由政府一元向政府、企业、社会组织、公民多元主体系统转变。服务型地方政府的建设过程也是一个以地方政府为核心力量和保障力量，社会多元主体共同参与的地方公共事务治理与公共服务体系建设过程。

再次，在地方政府与社会力量间关系方面，服务型地方政府要努力构建与社会力量间的协同合作伙伴关系，在任务分工与责任归属方面，地方政府把适合社会力量承担、由社会力量承担更好的具体职能交给社会，地方政府担负地方公共事务治理的整体性责任，社会力量承担具体的事务性责任。同时，政府有责任扶植社会力量发展，为社会力量发展创造条件，做好服务工作，充分调动并发挥好社会力量在地方经济建设和社会发展中的主体性。

最后，在地方政府角色定位方面，服务型地方政府应逐步实现由公共产品与服务的生产者、完全供给者向部分供给者、完全组织者过渡，发挥市场在资源配置中的决定性作用，释放社会主体活力，引导社会公众理性选择，地方政府应致力于维护市场秩序、创造公平的竞争发展环境、培育挖掘并整合社会资源，从经济社会发展的唯一力量、主导力量、牵引力量转变为核心力量、引导力量、推动力量、组织力量和保障力量。

第三章

地方政府服务于经济发展的具体方式：优化地方经济发展环境

　　在东北地区的地方政府服务于地方经济发展的具体方式选择问题上，党和国家领导人曾做出过明确的指示，那就是要把优化地方经济发展环境作为地方政府的一项重要的经济服务职能。2016 年 4 月，习近平总书记就东北地区软环境建设问题指出，政府"只有建设好投资、营商等软环境，才能有效遏制东北资本、人才流失状况，打破所谓'投资不过山海关'的说法，使资本、人才成为东北振兴发展的重要助力"。李克强总理也曾多次对东北地区优化营商环境建设提出要求："东北地区必须全面对标国内先进地区，加快转变政府职能，更大力度推进简政放权、放管结合、优化服务改革，开展优化投资营商环境专项行动，推动'法治东北、信用东北'建设。"① 由此可见，地方政府作为新时代推动地方经济发展的重要力量，必须及时调整经济职能的重心和方向，从地方经济建设与发展的现实需要出发，着力转变经济职能实现方式，由直接控制式的经济职能实现方式向服务型的经济职能实现方式转化。在经济服务职能的具体实现方式上，一方面要遵循市场规律，发挥市场机制作用，尊重市场在资源配置中的主体地位；同时，合理发挥地方政府在公共财政、税收、金融、土地等方面的政策与制度优势，为地方经济发展集聚人才、吸引资本，积攒资源要素，通过经济服务职能的履行和职能实现方式的转变来优化地方经济发展的人才环境、投资环境、体制与政策环境，助力地方经济发展。地方政府经济服务职能的核心内容，也是地方政府服务于地方经济发展的主要方式，在于优化地方经

---

① 抚顺市质监局. 打造一流营商环境助　推抚顺经济发展［J］. 品牌与标准化，2017（5）：54.

济发展的整体环境，创造良好的发展条件，从而助力地方经济的发展。

第一节　经济发展影响因素的经济史考察

经济发展环境是一个宏观的系统性概念，由若干子系统构成，每个子系统都涉及经济发展所需的不同的资源和要素，形成对经济发展而言不同的影响因素。从社会历史的角度来看，在人类社会生产力发展的不同阶段，人们关于何种因素影响和决定着财富积累进程形成了不同的认识。这些认识与实践的循环累积，使得人们对经济发展环境概念、重要性和其内部结构的认识逐渐清晰。可以说，人们早期出于扩大财富积累的愿望而对相关影响因素的持续性分析与研究，为当代人们以资源为核心对经济发展环境进行系统性研究提供了必要的准备，打下了坚实的基础。

当代经济学界在经济发展影响因素的分析方面虽然各有侧重，但总体上可以根据这些因素与经济活动的相关性将其划分为影响经济发展的经济因素和非经济因素两大类，前者如资源、市场、产业、科技、投资等；后者如政治与行政体制、制度与伦理、社会福利与社会心理、自然生态与社会秩序等。从社会历史角度出发，不同的国家和地区在不同的历史发展阶段都会表现出不同的经济发展特征和需要，其经济发展的影响因素也会因此而有所差异。由此，也便形成了人们在不同社会历史发展阶段对经济发展影响因素的不同认知。

一、溯源：影响经济发展的经济因素

经济学界对于影响经济发展之经济因素的关注和分析要远远早于非经济因素。人类在长期追求经济增长和财富积累的过程中，逐渐认识到这一实践过程和结果往往受制于一些与人类经济活动直接相关的资源要素，对这些资源要素的研究与分析，形成了人类早期关于经济发展影响因素的原初认知。在农业社会，土地、农业生产者的数量和质量一般被认为是制约农业经济甚至整个国民经济发展的主要因素。古希腊思想家色诺芬（Xenophon）曾多次强调发展农业、保护土地的重要性，并提倡"对于一个高尚的人来说，最好的职业和最好的学

问就是人们从中取得生活必需品的农业"①，他认为从事农业生产劳动对于古希腊的自由民来说应当是最崇高和受人敬仰的职业，国家和军队存在的主要目的在于保卫土地，保护农业生产的持续性，反过来只有保卫了土地并保证了农业生产的持续性，才有助于保障人们基本生活、供养军队、锤炼公民精神，从而保证国家独立与发展。这种重视发展农业并保护农业生产资料的农耕经济思想在西方进入工业社会以前一直影响着人们对于财富积累方式及其影响因素的认知。至于希波战争等人类社会内部在农耕时代发生武力争斗，从生存与发展目的来看也都源于人们对土地、劳动力这些农耕经济发展核心要素的经济价值和政治价值的普遍认识。

　　此外，色诺芬在把农业视为最重要的经济部门，把土地和劳动力视为财富积累的核心要素的同时，强调了发展商品贸易，建立流动市场的重要性。他本人在《雅典的收入》中主张和更多的外邦人建立贸易往来关系，认为应该把能够给雅典"带来大批值钱商品而有利于国家的商人和船主尊为上宾"②。色诺芬的对外贸易思想影响了2000年后资本主义原始积累时期以英国为代表的部分国家的财富积累观。在亚当·斯密提出自由贸易经济主张之前的数百年间，西方社会一直活跃着一种后来可以视其为极端主义的贸易思想，即重商主义。无论是强调"少买"的早期重商主义，还是强调"多卖"的晚期重商主义，都认识到发展对外贸易、建立海外市场对以货币为主要形式的财富流入的重要性，同时主张国家和政府干预经济，通过提高关税设置贸易壁垒，达到商品向国外多流出，货币财富向国内多流入的目的。托马斯·孟（Thomas Meng）在《英国得自对外贸易的财富》中主张将本国的"自然财富"通过对外贸易的方式转化为"人为财富"，具体实现策略包括：增加外销商品生产的外部需求导向性、发展航运事业、以税收政策降低本国商品的产销成本同时增加外国商品在国内的销售难度。重商主义这种极端保护主义的贸易政策主张，在客观上对世界自由贸易和公平交易秩序产生了极大的破坏作用，不仅招致当时重农主义学派的反对，

---

① 〔古希腊〕色诺芬. 经济论　雅典的收入 [M]. 张伯健，陆大年，译. 北京：商务印书馆，2009：21.

② 〔古希腊〕色诺芬. 经济论　雅典的收入 [M]. 张伯健，陆大年，译. 北京：商务印书馆，2009：76-77.

更受到以亚当·斯密为代表的古典经济学的强烈谴责。即便如此，重商主义学派强调通过发展对外商品贸易来扩大本国财富积累的主张，在客观上扩展了人们对财富积累方式和经济发展影响因素的认识，在帮助少数国家完成资本原始积累的同时客观上推动了人类生产方式的进步、生产力的发展、国家间经济贸易合作和后来自由贸易市场的形成。

自人类进入工业文明时代之后，随着生产力的发展，人类财富积累进入快车道，人们对财富的性质、财富积累的途径，特别是影响财富积累的因素等问题的研究不仅没有间断和停滞，反而更加频繁而深入。例如亚当·斯密鼓励发展工业生产和自由贸易、增加劳动者数量、通过分工提高劳动生产率、顺序分配社会财富、反对国家干预经济等主张。李嘉图和马尔萨斯（Thomas Robert Malthus）则不完全赞同斯密关于人口增长绝对贡献于经济繁荣的主张。他们更关心在有限的土地、生活资料、工作机会面前，更快的人口增长会带来失业和其他社会问题，从而给资本主义生产和经济发展带来负面影响和负担。李嘉图在分析劳动供求关系对货币工资的实际影响问题时曾指出，"在肥沃的土地上，一般说来劳动生产力最大而积累也往往非常迅速，以致劳动者的供应速度赶不上资本积累的速度……在这种情况下，工资在整个时期都会有上涨的趋势……随着这些国家的人口增多，次等土地也投入耕种，资本增加的趋势减缓。因此，尽管在最有利的条件下生产力可能仍然大于人口的繁殖力，但这种情况不会持续很久"①。后来，阿弗里德·马歇尔（Alfred Marshall）、约翰·凯恩斯（John Keynes）、罗伊·哈罗德（Roy Harold）等人又分别从产业发展、促进投资、扩大消费等方面论证了人口增长对经济发展的积极作用，直接推动了20世纪上半叶以W·布赖恩·雷德韦（W. Brian Reddaway）、约瑟夫·J·斯彭格勒（Joseph J. Spengler）等人为代表的人口经济学的产生。

二、论争：影响经济发展的权力因素

政治权力因素是影响经济发展的重要的非经济因素。正如前文所述，经济

---

① 〔英〕大卫·李嘉图. 政治经济学及赋税原理［M］. 周洁，译. 华夏出版社，2005：68 - 69.

职能是政府的一项重要的基本职能和基础性职能，这意味着政府必然在经济发展中扮演特定的角色，履行特定的责任，发挥特定的功能。政府的行政行为选择和职能履行的方式、角度和效果会直接影响地方经济发展的速度与质量已经成为一个不争的事实。在资源禀赋相同或相似的不同地方，其经济发展进程若存在明显差异，人们首先会想到从政府行为、体制、机制与制度方面去寻找原因。作为上层建筑的组成部分，政府及其在职能履行过程中的行为选择已经成为影响当地经济发展的重要非经济因素。阿尔蒙德（Gabriel A. Almond）曾这样认识政治权力对经济发展的作用：

> 虽然政治发展和社会经济的现代化过程交互影响，但从历史上看，政治发展往往成为更大规模的现代化过程的中心过程。因此，从第一个实现现代化的国家——英国来看，革新创举大多来自社会和经济，政治体系起了一种推动作用。在欧洲大陆西部第二批发展的国家（如法国和德国）中，政治体系在经济和社会的现代化中发挥了更为重要的作用。后来成功实现现代化的国家（如苏联和日本），政治的作用往往更占主导地位。①

经济学界对于影响经济发展政治权力因素的分析和关注正式起始于亚当·斯密反对国家干预的自由经济主张。虽然在先前的重农主义与重商主义之争中也涉及国家干预问题，但两派争论的焦点是国家政策的导向问题，并没有触及国家对经济生活的干预本身。自亚当·斯密之后，人们关于政治权力干预市场行为和经济活动的合法性及其限度的争论持续了数百年。从世界范围来看，近代以来的经济思想家就政治权力是否和应该在多大程度、何种角度上干预经济、干预市场提出过诸多见解和主张。这些或趋于自由主义或趋于干预主义的思想主张均来源于生活世界，均在谋求人类走出历时性经济发展困境的出路。无论是自由主义的经济思想还是干预主义的经济思想，均没有否定政治权力在经济生活中存在的必要性，也都认识到政治权力对经济活动会产生影响，这是其共

---

① 〔美〕阿尔蒙德，鲍威尔. 比较政治学：体系、过程和政策［M］. 曹沛霖，等，译. 上海：上海译文出版社，1987：419.

性。其差别主要在于对权力和市场这样两种资源配置方式在经济生活中的功能认知不同。自由主义更信奉市场效能和"看不见的手"在调节人类经济生活中的基础性作用，整体上排斥权力系统直接干预；干预主义在经济发展问题上则更看好政府效能和"看得见的手"在弥合"市场失灵"中的重要作用，所以极力主张政府积极作为甚至全面干预经济生活。从世界近代以来的经济思想发展历程来看，自由经济思想和干预主义思想总是交替登场的，并最终在新公共管理、新公共服务的制度改革实践中实现了初步的融合，暂时确定了政府在经济社会发展中的基本功能与角色定位。

以亚当·斯密为代表的古典经济学派是在批判重商主义的政府干预主张过程中登上历史舞台的。正如前文所述，早期和晚期重商主义者试图通过权力系统的政治裁决和政策庇护在扩大对外商业贸易活动中实现少买多卖，进而赢得财富流入和积累。这种主张政府干预经济的思想在动机和结果上既不利于政府与市场关系的调整，也不利于本国经济的持久健康发展，所以是一种庸俗的狭隘的政府干预主张。随着英国航海业、造船业的快速发展，海外殖民地的日渐扩大，资本主义经济要素的日臻完备，重商主义的政府干预主张不仅不利于，而且严重阻碍了英国资本主义经济的继续快速发展。从思想来源看，亚当·斯密的自由经济主张部分得益于重农学派的"自然秩序"学说。魁奈等重农主义者虽然同重商主义者一样主张发展对外贸易，但不同的是重农主义更主张对外贸易行为应在自由竞争的环境中展开，各国均不应该通过提高关税人为地设置贸易壁垒，进而保护商品价值并保障公平交易，农产品贸易应当和农业生产过程一样，受"自然秩序"的支配。"自然秩序"本意指代自然界的客观规律，人类社会以财产私有权利为基础的一切经济活动也应在权力系统的支持下回复到"自然秩序"的状态①，在实现财富积累和经济增长的目的面前，与自由竞争的市场相比，政府干预是完全没有必要的。承袭重农学派的"自然秩序"思想，亚当·斯密反对经济生活世界中任何形式的国家干预，主张"看不见的手"独立发挥作用，鼓励市场自由竞争和自由贸易，重点批判了重商主义企图通过关税制造垄断和破坏公平竞争的思想。他认为，与其分散投资去生产国内国外

---

① 漆光瑛，蔡中兴. 外国经济学说史新编 [M]. 上海：上海财经大学出版社，2002：54.

需要的所有商品，不如集中精力提高部分商品的劳动生产率和竞争力，以更廉价的方式从国外购得更便宜的商品，对外贸易的最终结果应该是共赢和正和博弈，而非互损和零和博弈。

斯密在探讨自由经济体制下的政府职能过程中，揭示了在他看来会影响经济发展的其他因素。斯密认为政府在自由经济发展过程中并不是多余的。他具体提到了政府作为"守夜人"应担负的几项具体职能；其一是保卫国家安全，不受外敌侵犯；其二是维护社会安全与秩序，保护人民财产权利和人身安全；其三是投资兴建公益性的基础设施和公共事业。① 安全、秩序、公共服务现在看来的确是能够影响到经济发展的重要环境因素。亚当·斯密的自由经济思想深深地影响了法国经济学家让·萨伊（Jean Baptiste Say），萨伊也因此被学界称为斯密学说在欧洲大陆的继承者、传播者和普及者。萨伊反对政府从事具体的生产经营行为，因为政府凭借手中巨额的公共财富可能不惜一切代价地制造行业垄断，不仅给社会生产者带来危害，而且从效益方面来看也会造成公共财富的损失和浪费。在保障经济发展的政府职能设计方面，萨伊支持斯密的观点，认为政府更应该通过兴建基础设施、创办教育事业、保障公众人身和私有财产的安全等方式，刺激社会投资和生产的发展。②

德国历史学派经济学家李斯特（Friedrich List）从英国崛起和其他国家衰落的历史经验中提出，国家干预是积累原始资本、保护财富的必要的和最有效方式，因此视其为经济崛起的积极影响因素。他考察了英国、荷兰、法国等国数百年来的社会经济与政治发展历程并对比现实，因此反对亚当·斯密提出的自由经济和贸易思想主张。他认为作为先发国家的英国，其财富的积累和当下所取得的经济发展成就并非自由经济的结果，反而是开明政治环境下国家干预的结果。意大利的衰落在于缺乏统一的国家意志，西班牙、葡萄牙、荷兰之所以在与英国的商贸交往中吃了亏，也主要是因为没有国家政策来保护本国工商业的利润和发展，加之贵族在政治和生活上的贪婪，在英国奢美的商品诱惑下，

---

① 〔英〕亚当·斯密. 国民财富的性质和原因的研究［M］//宋承先. 西方经济学名著提要. 南昌：江西人民出版社，1998：103.

② 〔法〕让·萨伊. 政治经济学概论［M］. 陈福生，陈振骅，译. 北京：商务印书馆，1997：219－221.

使得大量财富流向了英国。李斯特结合自身在经济学和政治学方面的优长，提出了关于国家干预经济的两点重要主张，其一是开明的政治、统一的国家意志和国内自由贸易市场是国家有效干预和财富积累的重要前提；其二是各国的经济基础不同，所处的经济发展阶段不同，任务也不尽相同，没有适用于各国的统一的经验、理论或规律，所以他认为，国家①经济增长特别是在资本的原始积累阶段，绝不能奉行斯密所倡导的自由经济，必须施行国家干预政策。必须说明的是，李斯特本人并不反对自由经济，这一点可以从他所一直提倡的建立国内统一自由贸易市场看出来，只是从当时德国所处的经济发展阶段和对外贸易竞争劣势来看，奉行自由经济政策不仅起效慢，而且无法避免即便推行了自由经济政策的英国对对等条件下德国财富的掠夺。他以种树做比喻，自由经济政策是"风"，国家干预政策是"植树人"，他认为植树人播种树木的速度远比单靠风力传播种子再形成树林的速度要快得多。②

英国福利经济学家阿瑟·庇古（Arthur Cecil Pigou）针对当时英国经济社会发展面临的困境，主张政府在财富分配和社会福利方面加强干预，以缓解经济发展的社会环境压力。庇古成长的年代正值资本主义由自由竞争走向垄断时期，英国国内贫富差距日益扩大，工业失业人数大量增加，劳资矛盾和工人运动不仅影响了资本主义社会生产，而且威胁到资产阶级统治，英国经济出现了前所未有的大萧条局面并被美国和德国迅速赶超。事实上，英国的局部贫困和财富分配不均问题由来已久，在亚当·斯密之前就已产生。只是在古典经济学家看来，趋利的经济人个体只会选择能够使自我利益最大化的行为，所以公平开放的市场经济一定会带来福利的普遍增加，即便有竞争的失败者，也是个体的事情，国家不能为此而干预经济，也无须去考虑济贫和重新分配财富之类的事情。古典经济学派反国家干预的主张不仅作用于经济活动过程，而且同时波及了自由经济的社会结果，使英国政府在社会贫困和两极分化的事实面前显得冷漠而"无力"。在1843年英国政府颁布的"新济贫法"中，明显提高了接受救济的门

---

①　李斯特所要捍卫的是德国和德国资产阶级的利益，这里的国家也主要指处在当时境遇中的德国。

②　〔德〕李斯特. 政治经济学的国民体系［M］. 陈万熙，译. 北京：商务印书馆，1981：100－101.

槛，这也加剧了社会需求与制度供给之间的矛盾。面对国民经济增长停滞和财富分配日益不均这两大现实困境，庇古等一批英国资产阶级经济学家开始重新思考斯密自由经济理论所倡导的自由竞争、反国家干预和普遍福利等问题，并认为国家和政府对于自由经济所造成的贫困和经济颓势不能听任其发展，而应承担起救治的整体责任。庇古正是在对现行经济与社会制度和国家与政府行为进行深刻反思的过程中建构了自己的福利经济学理论体系。福利经济学之所以常被人们称为是具有伦理意蕴的经济学说，主要是因为它往往从财富分配不均所引发的社会现实矛盾出发，主张通过制度设计将部分财富由富人转向穷人，在加强政府干预、合理分配财富、化解社会矛盾基础上，弥补自由经济制度的内在缺陷，增加资源配置效能，扩大社会财富总量，进而实现国民经济复苏与发展。

庇古从影响经济发展的社会因素出发所提出的关于政治权力参与反垄断和干预财富分配等主张，部分地来源于后历史学派的国家干预和福利经济思想。在李斯特提出国家干预以保护社会财富的主张之后，历史学派的后续代表人物威廉·罗雪尔（William Rochelle）、桑巴特（Werner Sombart）、瓦格纳（Adolf Wagner）等人强调发挥政府作用，通过财税政策重新分配社会财富，通过官营企业调整经济结构。历史学派主张通过政府干预、制度变革以促进社会总福利增加和福利分配合理化的思想，其实践主张主要包括："制定工厂立法、劳动保护、工厂监督、孤寡老人救济等法令，实行河流、森林、矿产、铁路和银行等生产事业的国有化，限制土地私有制，改善公共卫生，改革财政赋税制度等，以缓和社会矛盾，促进经济发展。"[①] 庇古认为，不加干预地任凭经济行为自由发展只会产生并加大个人净产品与社会净产品的背离趋势，片面地追求个人净产品是自由经济的内在缺陷，这种缺陷的存在事实上不仅制造了资源优化配置的障碍，使产业结构失衡，而且使财富更多地集中在少数人手中，加剧着贫富分化。所以，他主张政府应该对实际投资量大于理想投资量的产业课以重税，对实际投资量和产量不足的产业，如农业生产等施以补贴。同时，庇古认为政

---

① 陈银娥. 西方福利经济理论的发展演变［J］. 华中师范大学学报（人文社会科学版），2000（7）：90.

府应采取措施破除垄断经济，避免垄断经济组织通过控制产量来垄断商品价格进而牟取暴利，加剧财富分配不均。他从生产者、消费者、商品价格三个方面具体分析了破除垄断的措施及利弊。在生产者角度上，他认为既然垄断组织是从合并中产生的，那么破除垄断的方式要么是组织合并和拆散垄断组织，要么是引入新的竞争者以打破垄断局面。但前者会损失合并的效率收益，后者又难以寻找有实力的新竞争者。在消费者角度上，他主张建立消费者垄断力量，以对抗卖方垄断。在商品价格角度上，他主张政府对商品销售价格进行干预。后两种方案看起来更加直接，但消费垄断组织是很难建立的，完全竞争下企业生产成本、正常利润和合理的竞争性价格也是需要花费高昂成本而不容易确定的。庇古甚至想到了破除垄断的最极端方式，即官营企业，但却对官营经济的效率、成本和新的垄断的产生表示担忧，恐将危及市场经济的健康运行。总的来看，庇古本人虽然主张政府干预经济，但他认为这种干预要适度，毕竟自由竞争在他看来还是实现资源最优化配置所要遵循的基本原则。①

英国经济学家凯恩斯面对世界经济危机下英国经济萧条，大量工人失业，提出加强政府干预，通过积极的财政政策扩大公共投资，增加就业，刺激有效需求，使社会生产和国民经济得以恢复发展。凯恩斯的新干预思想主要集中在1936年问世的《就业、利息和货币通论》一书中。在书中，凯恩斯从就业理论、利息理论、工资理论、货币理论几个方面，系统地论证了国家干预经济的必要性和如何实施有效干预的问题。凯恩斯由于目睹了新古典经济学在解决全球性经济危机面前的软弱无力，所以在利息率与就业率的调节方式，以及国家与政府在经济生活中应扮演的角色等问题上持有与新旧古典经济学具有很大差异性的主张，他明确指出，"我批评的重点直接指向哺育我成长，并且曾多年讲授过的自由放任学说的不适当的理论基础——反对关于利息率和就业量可以自动调节到最优水平，关注贸易差额是浪费时间的看法。我们的经济学家同事们犯了一个专断的错误，把若干世纪以来管理国家的主要目标当作无聊的盲目信

---

① 杨培雷. 当代西方经济学流派 [M]. 上海：上海财经大学出版社，2003：342.

念"①。同时，凯恩斯也不是一个重商主义者，他本人虽然倡导国家干预，但在干预的前提、必要性、领域和具体方式等方面却与重商主义有着明显的差别，他认为一国应该保持其在国际贸易中的顺差地位，但并不是说这种顺差越大越好，"为了维持繁荣，政府当局应当密切注视外贸差额的状况，因为外贸顺差只要不是太大，不会极大地刺激经济增长；相反，外贸逆差则会迅速造成持久性的萧条状态"②。虽然在贸易差额是否应该被限制在一定范围内的问题上，凯恩斯与主张尽可能地"少买多卖"的重商主义者是存在意见分歧的，但在反对各国政府设置贸易壁垒的问题上，却与早期重商主义者持有相同的观点，只是早期重商主义者的立论初衷仍然是希望借助商品与贸易的先发优势，在对后发国家的贸易中最大限度地制造顺差，攫取更多的贵金属。

　　一般来说，除非在特殊情况下，我们都有强有力的理由反对贸易限制……早期的重商主义者非常强调这一点，并且常常反对贸易限制，因为从长远来看，贸易限制是不利于贸易顺差的……虽然古典学派在很大程度上夸大了国际分工所带来的利益，但这些利益是真实存在的而且是相当大的。并且，本国从贸易顺差中所得到的利益，往往会造成其他一些国家等量的损失（重商主义者很了解这一点）。这不仅意味着克制是必要的，以免一个国家所得到的贵金属数量超过公平合理的限度；还意味着不加节制的政策，会导致毫无意义的国际竞争。都追求贸易顺差，结果大家受损。③

正是因为凯恩斯的经济主张在这些方面所表现出的独特性，所以凯恩斯经

_____

① 〔英〕凯恩斯．就业、利息和货币通论［M］．陆梦龙，译．南昌：江西教育出版社，2014：241.
② 〔英〕凯恩斯．就业、利息和货币通论［M］．陆梦龙，译．南昌：江西教育出版社，2014：240.
③ 〔英〕凯恩斯．就业、利息和货币通论［M］．陆梦龙，译．南昌：江西教育出版社，2014：240-241.

济学也被评价为"革命的经济学"①。凯恩斯寻找走出经济危机困局的路径基本上是围绕扩大总需求来分析的，提出了其著名的有效需求理论。他的基本逻辑在于经济危机和失业是由于社会总需求，或者说是有效需求不足造成的，在总供给大于总需求的情况下，私人投资减少，失业群体扩大又会进一步降低社会有效需求，供需矛盾进一步增大，导致恶性循环。凯恩斯认为古典经济学通过降低工资恢复充分就业的办法是不可取的，因为降低工人的工资收入会使工人的消费能力下降，降低社会有效需求，使生产和市场进一步萎缩，削弱私人投资信心，非但不会增加就业，反而会加重经济危机。所以他主张国家要制定政策鼓励企业投资，必要时由政府兴办公共项目并进行公共投资，增加就业岗位和机会，同时保证工人的工资收入，以社会有效需求的扩大带动社会生产的恢复与发展，使社会供给与社会需求在较高的就业水平和有效需求高度上实现新的平衡，以此促进经济复苏，解决失业问题，走出生产过剩危机。由此看来，凯恩斯主义摆脱经济危机的方式是发挥并加大政治权力系统在社会经济生活中的干预作用，倡导国家和政府在投资、就业等与扩大有效需求直接相关的关键性领域承担更多的责任。

以哈耶克（Friedrich A. Von Hayek）为代表的新古典经济学派基于"政府失灵"的现实，提出了反对政府过度干预，重新界定政府经济职能的主张。凯恩斯国家干预主义的经济思想不仅帮助美国等资本主义国家度过了经济危机，而且由此获得了革命者的荣誉，被尊为正统的经济学，成为统驭西方近半个世纪的主流经济思想。进入 20 世纪 70 年代，资本主义世界出现了经济增长停滞和高通货膨胀，这是凯恩斯经济学逻辑下不该出现的状况。正如前文所述，凯恩斯反对削减货币工资，因为这样不仅会遭到工人反抗，而且会削弱社会总需求，影响投资信心。他主张通过扩张性货币政策，增加货币供应量，货币数量的增

---

①　美国经济学家劳伦斯·克莱因 1947 年出版了其在麻省理工学院攻读博士学位时的博士论文，取名为《凯恩斯革命》，这也是他本人的成名之作。在书中，克莱因首次用数学形式完整地表述了凯恩斯以扩大有效需求为核心的经济思想与逻辑，证明了凯恩斯经济思想的可验证性、科学性和可靠性。他在前言中特别提到之所以把凯恩斯经济主张视为一种革命，是因为他对经济增长内在动力与要素之间逻辑关系的认知与其所处的历史时期的主流经济思想是截然不同的，解决了主流经济学无法解释和解决的经济问题。革命是思想上的革命。

加会刺激资本家投资和社会总需求的增长。增加货币供应量虽然可能导致通货膨胀，造成工人工资实际购买力即实际工资的下降，但却同时也有助于提高资本的边际效率，制造繁荣的市场，刺激资本家的投资欲望，建立良好的投资预期。所以，在凯恩斯的逻辑概念中，扩张性货币政策下的通货膨胀是可以刺激投资，促进经济活跃度的。但 20 世纪 70 年代的现实是，经济停滞、社会高失业率和高通货膨胀同时存在。凯恩斯思想的支持者面对政府干预的失效也无法用凯恩斯经济学中的财政、货币、工资等理论加以解释，更无法找到有效对策。在干预主义无计可施的情况下，新古典经济学派开始了重新寻回市场的努力。哈耶克在其著作《通往奴役之路》中，最先以一种狭隘的认识去批判各种形式的社会主义，借此来批判国家干预主义可能给民主、自由等西方文明的基础，以及经济和社会秩序带来严重的威胁。在论证"自由"的重要性时他援引了阿克顿勋爵（John Emerich Edward Dalberg - Acton）的话：

> 自由不是一个达到更高政治手段，它本身就是一个最高的政治目标，自由不是为了一个良好的公共行政，而是为了保证追求文明社会崇高目标和私人生活的安全。在自由主义的基本原则中没有什么东西能使它成为一个静止的教条，也不存在一成不变的一劳永逸的规则。在安排我们的事务时，应该尽可能多地运用自发的社会力量，而尽可能少地借助于强制。①

之所以说其思想是狭隘的，因为他错误地把社会主义与德国法西斯主义画等号，把社会主义的经济体制固化为计划经济模式，计划经济一定意味着对个人自由的剥夺，进而又把国家干预等同于计划，把国家干预经济的行为等同于走计划经济道路，所以最终得出结论，加强国家干预会将国家引向集体主义的社会主义或法西斯主义。这在现在看来，不能不说是十分荒谬的。

在政府与经济活动的关系问题上，哈耶克沿袭亚当·斯密的自由经济学说和政府职能理论，认为自由竞争和市场经济是最有效的资源配置方式和经济运

---

① 〔美〕哈耶克. 通往奴役之路［M］. 王明毅，等，译. 北京：中国社会科学出版社，1997：24.

转模式，优于国家干预的经济制度。至于什么是自由竞争，他认为指的是人们能够普遍地在商品的生产和流通环节中拥有完全的自主权，一切人都平等地拥有从事各种行业的机会，自由竞争是调动人的主体性的最佳行动引导方法，使社会生活秩序可以在排除政府干预的情况下达到自我协调。所以，哈耶克同其他自由主义经济思想家一样，反对国家和政府出面干预商品的生产与定价，干预人们的就业选择，更反对超越个人自由和社会自觉的政治强制与专断。但同时他也郑重声明，倡导经济自由并不是排斥政府存在的合法性和必要性，也不是要求政府无所作为，而要确定好政府应该在自由经济发展中做些什么，即公平竞争秩序的维护者、制度的提供者、社会公益性服务项目的提供者等。① 哈耶克对自由经济和政府职能的态度既是希望人们了解他的理论立场，回忆斯密时代的经济辉煌，也可以被视为一种推行经济主张的政治谋略。

此外，康芒斯（John R. Commons）的制度经济学、科斯（Ronald H. Coase）的新制度经济学、里昂惕夫（Wassily W Leontief）的投入产出经济学、舒尔茨（Theodore W. Schultz）的人力资本理论，以及库兹涅茨（Simon. kuznets）对 19 世纪中叶以后百余年间各国现代经济增长特征和原因的比较研究等，都从各自不同角度对影响经济运行和经济增长的因素进行了较为系统的研究。

综上来看，从农业社会到工业社会，从最初以生产要素为代表的经济因素到后来以政治权力为代表的非经济因素，人们从未停止对以扩大财富积累为目的的经济发展影响因素的分析与研究。不同时代思想家对经济发展影响因素的研究反映了他们在主观上的一个共同愿望，那就是改善生产条件，优化发展环境，扩大社会生产，增加财富积累。人们对经济发展影响因素的早期研究，从劳动力、资本、土地、制度、体制、公共服务与社会福利等不同侧面，为当代经济发展环境的系统研究提供了丰富的理论视角和研究思路。

---

① 杨培雷. 当代西方经济学流派［M］. 上海：上海财经大学出版社，2003：306.

第二节 经济发展环境及其对地方经济发展的影响

经济发展环境反映着一个地区经济发展的基础条件状况、要素完备程度和资源整合程度、经济实力与未来发展潜力等问题。地方政府优化经济发展环境，就是要为地方经济发展创造更多的有利条件，促进经济发展所需资源要素的聚集与整合以发挥更大的效能，保障并促进地方经济的可持续发展。

一、经济发展环境及其分类

总的来说，经济发展环境就是人类社会为改善自身生存状态而开展经济活动的过程中所面对的直接或间接地对经济活动的目的、过程和结果产生或积极或消极影响的一切条件、事物、因素等客观存在的总和。从学界对于经济发展环境的分类分析来看，经济发展环境一般可以有两种划分方式，一种是从人类经济活动的对象性出发把经济发展环境分为自然环境和社会环境，另一种是从影响经济发展的诸种资源和要素在经济系统的内外分布出发把经济发展环境分为内部环境和外部环境。

经济发展的自然环境如地理地貌、土壤气候、生态植被、矿产资源等，此类环境往往具有不可移动性和不可复制性，表现出明显的地区差异性。丰富的自然资源和良好的自然环境是一个地区经济发展的宝贵财富，无论是传统农业经济还是现代工业经济，都对自然资源表现出明显的依赖性。"自然资源的优势会变现为经济发展的优势，自然资源对经济发展的作用表现在影响生产分工、影响产业结构和提供生产的物质基础三个方面。在正常条件下，自然环境与经济发展之间是正相关的。"① 同时，自然环境本身也因其特定承载力而表现出脆弱性的一面，人类的对象性经济活动特别是工业生产活动一般需要从自然界中攫取大量资源，一些自然资源具有不可再生性或再生周期极其漫长，人类在认识和改造世界的既往历程中已经对自然环境造成了不同程度的破坏，脆弱的自

---

① 梁永郭，李强．浅析经济发展环境［J］．太原城市职业技术学院学报，2013（9）：65.

然环境其修复成本也往往是较高的。正是因为"资源环境的储备有限，超出环境的承载范围，经济将无法进一步发展，经济发展就被限制在了环境承受限度之内"①。所以，人类应当有节制、有规划、科学合理地开发与使用自然资源，在发展经济的过程中更要重视对自然环境的保护。

　　经济发展的社会环境相比之下显得更为复杂，与人类社会自身的行为轨迹密切相关，涉及经济因素、政治因素、文化因素和社会因素。"社会环境是由社会因子构成的，它包括'硬'环境和'软'环境。硬环境是实物形态的社会环境，如公共基础设施、交通运输、通信、电力、能源等。软环境是意识形态的社会环境，如观念、体制、法律、文化、教育、服务等。"② 经济发展的社会环境不同于自然环境之处在于人们可以通过学习、模仿、借鉴等认识和改造世界的能力与方式对其施加目的性改造，落后地区可以学习借鉴先进地区的成功经验，不断改善本地区经济发展的社会环境，因此社会环境是可改善的，可复制的，即使区位较远的不同地区在经济发展的社会环境方面也可能部分或全部地表现出同质性、趋同性或相似性。当然，随着人类生态环境的不断恶化，保护自然环境，节能减排，开发替代能源和绿色产业与产品已经成为世界各国和各个地区在发展经济时所共同关注的问题，传统资源型城市普遍面临来自自然资源枯竭和自然环境恶化的转型发展压力。

　　对经济发展环境的另外一种划分方式是内部环境和外部环境，这种划分方式是将上述提及的影响经济发展的各种要素在经济系统内部和外部进行重新归类。在内部环境方面，有三个核心要素，即主体、资源与市场，主体要有动力，资源要有潜力，市场要有活力。在这三个要素当中，影响地方经济发展的最为关键的要素当属资源，特别是资金和人才，正如上文所述，在市场经济条件下，这两种稀缺性资源往往向更能体现其效率价值的方向流动。这种对于经济主体和地方经济发展来说的稀缺性资源往往成为企业间和地方间争夺的焦点。从这种划分方式来看，自然环境和社会环境中的绝大部分都可以列入经济发展的外部环境序列之中，如政策、秩序、文化、基础设施、教育等。从内外因关系理

---

① 毛凌潇. 地理环境对经济发展的影响［J］. 中国集体经济，2015（7）：10.
② 林海. 经济发展环境及其建构［J］. 南方经济，2004（2）：30.

论来看，内部环境是影响经济发展的内因，外部环境一般通过内部环境对地方经济发展产生影响。例如开明的地方政府、宽松的体制、积极的公共政策、高效的公共行政、完善的地方公共服务等等会有助于促进投资和人才流入，有助于提升市场活力和市场主体从事生产和经营的动力，使地方经济发展的内部环境得到全面改善，进而促进地方经济发展。从资源与资本的关系来看，资源是资本生成的前提，资本是资源存在的目的。资本才是真正能够给其拥有者带来回报的有价值资源。经济发展的外部环境才是能够激活实际资源并挖掘潜在资源，使资源转化为资本，最终贡献于地方经济发展的催化力量。

二、经济发展环境的动态变化影响地方经济发展

经济发展环境随着人类经济活动的开展而不断发生变化，呈现动态性和复杂性特征，对经济发展产生双重影响。地方政府必须着力改善地方经济发展的总体环境，其原因主要在于资源自然分布的不均衡性、经济活动本身所产生的负外部效应、市场经济的效率主义倾向等。首先，一个国家各地方之间在经济发展的资源禀赋方面往往会表现出一定的或较大的差异，地理位置、自然资源储备、人口和社会结构、经济和社会发展基础等所构成的综合环境自然会对地方经济发展产生或积极或消极的影响。其次，地方经济发展是一个历时性的过程，在经济发展的过程中，对地方经济发展的环境而言既可能产生正外部效应，也可能产生负外部效应，前者如财富的积累、生产规模的扩大、资源要素的集聚等，总体上改善着自身的发展环境，后者则相伴相生，如贫富差距、生态环境破坏、不可再生资源的消耗、未来发展潜力的削弱等。再次，市场经济在本质上是追求效率的，在市场理念、原则与机制牵引下，经济发展所需要的资源要素往往向更能发挥其效率，实现其经济价值的方向聚集和流动，对于部分地方而言由此可能造成产业结构失衡、资本流失、人才外流、社会不公平、失业率上升、消费需求不足等等制约本地方经济发展的一系列问题。

总体来说，经济发展与经济发展环境质量之间的关系可以表述为经济发展不一定带来经济发展环境的全面改善，经济发展环境任何一个方面存在短板或呈现恶化趋势都会直接影响地方经济发展。正是因为两者之间存在这样一种关系，地方政府才必须致力于全面改善经济发展的整体环境，特别是那些后发地区的地方政府，在经济社会发展基础相对薄弱、市场经济欠发达、资源竞争力较弱等一系列现实面前，更应该将优化地方经济发展的环境作为经济服务职能的核心内容，以弥补生产要素吸引力和经济发展综合竞争力的不足。

经济发展环境的差异极易导致地方经济社会发展差异。我国自改革开放以来，随着社会主义市场经济和现代化建设的快速推进，各地方在经济和社会发展速度上呈现出明显差异。这种发展上的差异除来源于固有的资源和社会基础差异外，还与地方政府行为，特别是地方政府在优化地方经济发展环境方面所付出的努力程度有关。除去一部分经济特区和沿海开放城市享受中央特殊政策而获得经济发展的优势环境外，部分内陆城市经济在当地政府的推动下也获得了较好的发展。苏州大学沈荣华教授率领的团队在经过对江苏省苏南和苏北地区长期调查后发现，地方经济社会发展的差异与地方政府的行为关系紧密。他特别提到苏州改革开放后经济发展历程中的几项标志性成果，即乡镇工业的快速发展、以扩大出口为标志的外向型经济的发展、投资环境的全面改善。"在每一个发展阶段中，苏州各级政府均起到了重要的作用。国际著名的英国永道咨询公司对苏州进行考察后，也把'各级政府进一步改善投资环境的推动力'作为苏州迈向国际知名城市的一个十分重要的优势。"① 可以说，苏州是一个在经济体制转型过程中将资源劣势转变为发展优势的成功典型。苏州的农业资源和工业资源基础远不及我国北方许多城市，但正是因为公有制经济体量较小缓解了地方政府面对地方经济发展问题时的体制转型压力，使得地方政府可以在中央政策引导下充分挖掘社会资源，结合区位优势选择适合自身的经济发展道路。沈荣华教授曾就地方所有制结构和市场化发育水平与地方经济发展水平之间的关系进行过地区间的系统比对，通过对广东、浙江、黑龙江、青海等地的对比分析得出这样的结论，"国有化程度愈低或者下降程度大的地区，经济增长率愈高；反之，国有化程度愈高或者下降越慢的地区，经济增长率愈低"②。可见，地方经济体制转型速度与地方经济发展速度呈正比关系。苏州地方政府在政策传导、资源整合、开放制度空间等经济发展环境优化方面发挥了重要作用。世

---

① 沈荣华，金海龙. 地方政府治理［M］. 北京：社会科学文献出版社，2006：22.

② 沈荣华，金海龙. 地方政府治理［M］. 北京：社会科学文献出版社，2006：24.

界银行曾这样分析评价中国经济快速发展的原因，中国"从1978年开始，中央对投资和资源配置的决定权被逐渐下放给省政府、企业、金融机构、甚至家庭……也是过去20年经济快速增长的关键性要素"①。

第三节　优化经济发展环境是地方政府的重要经济服务职能

优化经济发展环境是当代中国地方政府促进地方经济发展的重要职能，也是其作为服务型政府服务于地方经济发展的具体方式。从前面我们对政府及地方政府的基本职能分析可以看到，经济职能是当代地方政府的一项重要的基本职能。从政治经济学中经济发展对包括政治发展、行政发展、社会发展与人的发展的决定作用来看，促进地方经济发展也是当代地方政府的一项十分重要的基础性职能。从人的发展作为公共行政的基本价值取向出发，地方政府存在与运行的基本价值在于为人的发展创造条件，满足人在发展过程中的一切现实需要。在人的诸多种类、不同层次的需要中，物质需要都是最为基础的，人的日益增长的物质需要的满足是以社会生产的不断进步为前提的。物质资料生产作为人类存在的具体实践方式，不仅应当满足人之生存的基本需要，而且应当使人在认识世界和改造世界的过程中获得自由全面的发展，满足人之发展的需要。人的自由全面发展是以人的生存为前提的，并且人的生存与发展的共同前提和制约条件是包括生产力在内的整个社会生产的发展，直观表现为社会经济的发展。正是认识到解放和发展生产力，促进经济发展的重要性，我国才长期坚持经济建设这个中心，并用相对较短的时间解决了这一时期人民日益增长的物质文化需要同落后的社会生产之间的矛盾。

促进经济社会平衡且充分地发展是"新时代"我国各级地方政府肩负的神圣使命。党的十九大对当前我国社会主要矛盾转化的全新论断一方面肯定了我国社会经济发展的先期成果，以及各级政府在经济发展工作中的主要成绩，同时也表达着党中央对中央及地方各级政府在未来一个时期进一步解放生产力，

---

① 世界银行. 变革世界中的政府［M］. 北京：中国财政经济出版社，1998：125.

促进经济发展，实现经济社会平衡且充分发展所提出的新要求。在新时代的社会主要矛盾中，"人民日益增长的美好生活需要"揭示了各级政府未来工作的主要目标和方向，即满足人民对美好生活的需要；"发展的不平衡不充分"则揭示了各级政府未来工作的主要任务，即促进经济社会平衡且充分地发展。在"新时代"，人的自由全面发展具体指向包括物质文化需要在内的人民美好生活需要的普遍满足，不是满足局部地区、部分人群的需要，而是满足全体中国人民的美好生活需要。基本任务是促进发展的平衡性和充分性。平衡发展既是对经济与社会的平衡要求，也是对城乡间和地方间的平衡要求，更是对不同社会群体间的平衡要求，体现着共享发展和协调发展的基本理念。充分发展则是对进一步解放和发展生产力，巩固经济基础并扩大经济社会发展成果，促进社会基本矛盾更好解决所提出的明确要求。

所以，无论是从公共行政的基本价值取向、经济基础的决定作用，还是新时代我国各级地方政府所肩负的社会历史使命来看，经济发展职能对于地方政府来说，都是一项十分重要的基本职能。在此基础上，不断优化经济发展环境，为经济发展凝聚人才、汇聚力量，促进地方经济进一步发展已经成为当代中国地方政府亟需完善的一项重要经济职能，同时也从服务型政府本质特征的角度反映出新时代中国特色社会主义经济发展对地方政府转变职能、履行经济服务职能的具体方式所提出的新要求。

一、优化经济发展环境是服务型地方政府的本质规定

"服务"对于地方政府来说是超越"管理"的全新职能要求。地方政府的"经济服务职能"不同于传统概念的"经济管理职能"之处绝非语词差别，而在于"服务"所内含的政府与市场主体间关系、行政体制与经济体制间关系、经济发展服务供给与服务需求之间关系的转变。对于地方政府而言，是其在地方经济生活中理念、角色、权力运行方式、核心任务等方面的转换与变化。"服务"已经成为地方政府经济职能转变的总体方向和定位，服务的具体方式则是根据经济发展的环境需要不断优化经济发展环境，使地方经济发展的整体环境得到全面改善。所以，地方政府服务于经济发展的职能谱系是对地方政府所要履行的具体经济服务职能及其相互关系的系统性架构。

从"服务"的职能定位出发，地方政府服务于地方经济发展，意味着地方政府的职能设计与职能履行既不能越位，也不能缺位。这是建设中国特色社会主义市场经济的总体方向和现实国情所决定的。建设市场经济就是要使市场在资源配置中起到决定性作用，而不是依靠行政权力来配置资源，要保护并尊重包括市场主体、资源主体等在内的一切经济主体的主体性和自主权利，所以政府不能越位。同时，由社会主义初级阶段的基本国情决定了我国整体上还处于市场经济的不成熟不完备阶段，各地方的市场发育度、主体力量强弱、体制转型进度也各不相同，所以政府也不能缺位。"不越位"意味着只要是按照市场经济的原则应该由市场来处理，市场根据自身能力能够实现自己处理，并且由市场自己处理其效果会更好的事情，地方政府便不再干预。"不缺位"意味着从稳定发展的大局出发，从人民的根本利益出发，地方政府对地方经济和社会平稳健康可持续发展负有总体性的责任，既要信任市场、培育市场，给市场自我运行搭建平台，创造机会，同时也要监督市场、完善市场，维护公平竞争，提供法律保障，为市场经济健康发展提供全方位的服务。

建设"人民满意的服务型政府"体现出新时代地方政府的责任担当。正如前文所述，服务型地方政府不仅在理念上体现为"服务"，而且在职能定位和职能实现方式上也都要突显"服务"的特征，在职能履行的实际效能上要注重服务的质量。地方政府服务于地方经济发展要有针对性，针对特定服务对象的特定需求提供有针对性的服务，避免政府提供"错位"性服务，影响政府服务的质量和实际效能。党的十九大突出强调要办"人民满意的服务型政府"，人民既包括普通社会公众，也包括市场经济主体，政府所提供的服务只有在过程和结果上满足了人民的实际需要，解决了人民的实际问题，才能令人民满意，这样的服务型政府才称得上是人民满意的服务型政府。目前，学界一般认为，服务型政府的职能体系大体包括四个方面：经济调节职能、市场监管职能、社会管理职能和公共服务职能。① 这种政府职能界定最早来源于 2002 年九届全国人民代表大会第五次会议上，时任国务院总理的朱镕基同志代表国务院向大会所做的政府工作报告，在报告第七部分朱镕基总理谈到转变政府职能问题时强调，

---

① 周平. 当代中国地方政府 ［M］. 北京：高等教育出版社，2010：128.

"必须进一步解放思想，彻底摆脱传统计划经济的羁绊，切实把政府职能转到经济调节、市场监管、社会管理和公共服务上来"①。其后，在2003年党的十六届三中全会和2004年国务院政府工作报告中，都再次谈到各级政府在做好经济调节、市场监管工作的同时，要更加注重履行社会管理和公共服务职能。事实上，从政府的基本职能角度来看，这四种职能可以归为两类，即政府的经济职能和社会职能。在这种政府职能划分观点提出时，服务型政府的概念尚未产生，直接在政府职能前面加上服务型而变成服务型政府职能的做法显然是不合适的。虽然管理可以寓于服务之中，在管理中体现服务精神和服务本质，在服务过程中实现有效管理，但"管理"与"服务"无论是从政府与市场、政府与社会的主体间关系，还是新公共服务对新公共管理的超越来看，都是存在一定的差异性的。

　　基于上述分析，经济服务职能和社会服务职能应该成为服务型地方政府的两项基本职能。服务型地方政府的经济服务职能的设计与履行，其目的是为地方经济发展服务，扫除经济发展障碍。职能设置的依据是社会主义市场经济发展中多元主体的现实需要，职能实现的评价标准是地方政府为地方经济发展创造了良好的环境和氛围，经济服务职能具有较强的生产导向性。服务型地方政府的社会服务职能是地方政府根据社会发展需要，以公共财政直接或通过鼓励、培育、扶持社会力量间接地向社会提供公共产品与服务，最终满足人民日益增长的美好生活需要，使社会共享经济发展成果，体现着经济对社会的反哺功能，同时也体现出税收和转移支付制度对社会公平的促进作用。地方政府的社会服务职能具有更多的生活导向含义。

　　地方政府的经济服务职能和社会服务职能紧密联系。从经济发展环境意义来说，社会服务职能的履行与经济服务职能的履行具有同一性。地方政府服务于社会发展的同时，也是在服务于地方经济发展。从前文我们所讨论过的经济发展与社会发展之间的辩证关系可以看出，人的发展与社会的整体发展是发展的最终目的，是政府工作的基本出发点，经济发展既是社会整体发展的重要组成部分，也是社会发展的重要前提和基础，经济发展决定着社会财富总量的积

---

① 朱镕基. 政府工作报告——2002年3月5日在第九届全国人民代表大会第五次会议上 [J]. 中国供销合作经济，2002（3）：13.

累，是社会财富分配工作的前提，同时也决定着社会发展所依托的重要物质基础，是政府税收和公共财政的主要来源，为政府履行社会服务职能提供重要保障。同时，社会发展从经济发展环境的意义上来说也为经济发展提供重要支撑，并且检验着经济发展的实际质量，决定着经济发展社会历史价值的实现。经济发展与社会发展之间的辩证关系决定了服务型地方政府的经济服务职能和社会服务职能是紧密联系在一起的，服务于经济的同时也是在服务于社会，服务于社会也必然促进经济发展。

对于地方政府的社会服务职能，目前学界尚没有统一定论，但仍然有部分学者提出了有代表性的观点。何颖教授认为政府的社会服务职能是政府的社会职能的一部分，主要包括就业服务、矛盾调解服务、基层政权服务、婚丧嫁娶服务、法律宣传服务等。[①] 同时，何颖教授在书中还指出了除所称的"社会服务职能"之外的政府社会职能，如社会福利职能、社会救济职能、社会保险职能、环境保护职能等。吴爱明教授、沈荣华研究员在谈及服务型政府横向职能时认为，政府的社会服务职能主要包括安全服务、社会保障服务、生态环境保护服务、就业服务、食药卫生服务、公共危机服务、基础设施服务、教育文化等公共事业服务、信息服务等。在纵向分析地方政府的具体社会职能时，除上述各方面外，特别提及乡镇公共服务职能，包括销售服务、信息服务、科技教育培训服务。[②] 周平教授在列举地方政府的公共服务职能时将其划分为四类，即包括交通、环保等在内的公共基础设施服务，包括国有企业投资、价格补贴在内的经济性公共服务，包括公共事业、社会保障等在内的社会性公共服务，包括危机管理、社会治安在内的公共安全服务。[③]

虽然各位学者在地方政府的社会服务职能分析上各有侧重，但从具体内容来看还是有许多重叠和相似之处，例如地方政府要提供基础设施服务、公共事业服务、就业咨询与技能培训服务、社会保障服务、安全服务等。我们认为，地方政府所提供的社会服务直接服务于社会、也同时直接或间接地服务于地方

---

① 何颖．行政学［M］．哈尔滨：黑龙江人民出版社，2007：180．

② 吴爱明，等．服务型政府职能体系［M］．北京：人民出版社，2009：27－31．

③ 周平．当代中国地方政府［M］．北京：高等教育出版社，2010：130－131．

经济发展。例如兴建基础设施对建筑业和交通运输业的促动作用，公共事业和社会保障事业发展对第三产业的带动作用，基础设施、公共事业、公共安全、社会就业等项服务对于提升城市形象、吸引人口流入、扩大社会消费、刺激本地投资、吸引外来投资等方面的促进作用等。地方政府社会服务职能的履行不仅可以带动地方 GDP 的增长，而且可以促进既有增长又有发展的真正意义上的经济发展图景在现实生活中的全面展现。甚至有学者从资源配置的角度认为地方政府的基本经济职能就是向社会提供公共产品与服务。"政府的基本经济职能是资源配置、收入分配和经济稳定……收入再分配和经济稳定职能主要由中央政府来承担，而资源配置则主要由地方政府来承担。众所周知，政府的资源配置功能主要是通过对公共产品的提供来实现。"① 其理由在于，在稳定经济的问题上，由于中央掌握着货币政策，国内各地方间经济周期的同步性、资源与市场的开放性与流动性使得各地方执行反周期财政政策要么没必要，要么难以收到实效；在收入再分配问题上，人口的流动性和各地方经济社会发展的差异性共同决定了通过个人所得税和转移支付的方式促进再分配的公平，维护社会正义只能成为一种全国性的目标，制定全国统一的个人所得税征收标准，由中央政府来协调转移支付资金的筹集、分配与使用。

二、地方政府履行经济环境优化职能应坚持的导向

基于服务属性对地方政府经济发展环境优化职能的分析与架构应坚持两个基本导向：一个是需求导向，另一个是责任导向。

首先，从前面我们对地方政府职能设置及其转变的依据分析中可以看出，地方政府的经济发展环境优化职能必须与地方经济发展对环境的实际需要相适应。从服务的角度来说，地方政府为促进经济发展所提供的环境优化服务的必要性和有效性，往往需要通过环境优化服务供需关系矛盾和经济发展环境困境的缓解程度加以检验。所以，地方政府的经济发展环境优化职能在设计上应该坚持需求导向性，应该从地方经济发展环境的客观实际出发，排查环境现状，分析环境优势与劣势，有针对性地提供环境优化服务，提高政府履职效能。同

---

① 樊勇明. 公共经济学［M］. 上海：复旦大学出版社，2011：294.

时，地方经济发展对环境的需求不是一成不变的，正如"市场经济体制的建立和发展不是一蹴而就的，而是一个不断发育和完善的过程。这种发展变化要求政府建立起来一个动态的不断调适的机制，对经济工作的内容和方式进行不断的调整和创新"①。所以，政府为地方经济发展所提供的环境优化服务也不应是一成不变的。随着经济发展进程的加快和经济发展整体环境的改变，这种来自经济发展的环境需求也处在不断变化之中，地方政府要以动态的、发展的思维去审视、设置和调整地方政府的服务职能，特别是经济环境优化职能，调整服务的内容、服务的重心、服务的手段、服务的层次，使地方政府的环境优化服务能够更好地适应经济发展需要，能够更好地满足其对资源环境的需求，能够更好地激发地方经济发展潜能。

其次，从前面我们对政府的价值取向和新公共服务理论对政府的价值定位分析中可以看出，地方政府行使公共权力的最终目的在于有效实现、维护和增进公共利益，公共权力在这一目的性行动中是手段、是工具。地方政府为经济发展做好服务工作是以权力为工具实现公共利益目的的最佳方式。从服务的角度来说，一切政府经济服务职能设计与履行的直接目的在于提升经济服务工作质量，更好地兑现地方政府之于地方经济发展的服务承诺，而不是突显政府的权力和利益。也就是说，从权利本位出发的地方政府是无法真正为地方经济发展提供实质和有实效的服务的，只有从责任本位出发，地方政府才能正视经济发展对环境的需求，使公共权力在法律制度框架内更好地履行环境优化职能并服务于经济发展。地方政府不仅要认识到为地方经济发展提供环境优化服务是其应该担负的社会历史责任，而且要通过优质的服务切实承担起这一责任，并以主体身份对环境优化服务职能的履行效果负责。只有从需求导向和责任导向出发，地方政府才能准确定位、科学设置、有效履行、及时调整自身的经济发展环境优化职能。

---

① 肖立民.动态调适：地方政府经济职能转变的路向——基于新公共服务理论的视角[J].甘肃社会科学，2008（6）：240.

第四章

个案研究：哈尔滨经济发展的情势与环境研析

    哈尔滨市是我国北部边疆省份黑龙江省的省会城市，东北三省四个副省级城市之一①，是东北地区重要的政治中心、经济中心和文化中心，也是重要的交通枢纽城市。从地理坐标来看，它位于东经 125°2′～130°10′，北纬 44°04′～46°40′之间，虽处于黑龙江省南部，但受纬度影响，全年冬季寒冷漫长，冬季历史最低温度达到零下 37.7℃，供暖期长达 6 个月。截至目前②，哈尔滨市下辖松北区、呼兰区、平房区、南岗区、道里区、道外区、香坊区、阿城区、双城区共 9 个行政区，宾县、巴彦等 7 个县，五常和尚志 2 个县级市，以及 2015 年 12 月经国务院批复成立的国家级新区——"哈尔滨新区"③，全市户籍总人口 962.1 万人，其中市辖区人口 551.1 万人，非农户籍人口比率为 48.3%。

    哈尔滨市 2017 年地区生产总值为 6355.0 亿元，较上年增长 6.7%，占黑龙江省全年地区生产总值的 39.7%，增速位居全省 13 地市首位，人均 GDP63445 元。其中第一产业增加值 688.8 亿元，同比增长 3.7%；第二产业增加值 1820.7 亿元，同比增长 3.6%，其中工业增加值为 1285.4 亿元；第三产业增加值为 3845.5 亿元，同比增长 9.0%。三大产业结构占比由上年的 11.3:31.1:57.6 进一步调整为 10.8:28.7:60.5，第三产业占比突破 60%，三大产业呈现更加明显的"三二一"结构。从所有制性质来看，非公经济增加值 3244 亿元，较上年增

---

① 其他 3 个副省级市分别是吉林省的长春市，辽宁省的沈阳市和大连市，连同哈尔滨在内的 4 个副省级市均是原"计划单列市"。

② 指截至 2016 年年底的数据，数据来源于《黑龙江统计年鉴 2017》，本章所涉及数据主要来源于《黑龙江省统计年鉴》（2017）、哈尔滨市统计局电子版统计年鉴。

③ 哈尔滨新区包括松北区大部、呼兰区和平房区的局部地区。

长9.2%，占全市地区生产总值的53.2%，三大产业中非公经济占比分别为35.7%、58.1%和54.0%，全市非公经济从业总人数为205.5万人。

哈尔滨市2017年社会消费品零售总额4044.8亿元，同比增长8.0%。从行业来看，批发零售业总额为3482.0亿元，同比增长7.4%，占比86.1%；住宿和餐饮业总额为562.8亿元，同比增长11.9%，占全市社会消费品零售总额比重较上年增加0.5个百分点。住宿餐饮业零售总额的增长与近年来黑龙江省和哈尔滨市相继实施的生态旅游、全域旅游、文化旅游、养老旅游等旅游产业开放式、融合式发展战略密切相关。[①] 统计显示，仅2018年春节7天来哈旅游人数就达到112.6万人次，同比增长23.5%。2017年哈尔滨旅游业总收入超过1100亿元，同比增长13.2%，较2014年增长22%。哈尔滨市在2017年12月荣登中国旅游研究院（国家旅游局数据中心）组织的中国十佳冰雪旅游城市竞争力评价排行榜榜首。

哈尔滨市2017年全社会固定资产投资总额为5395.5亿元，同比增长7.1%，占全省固定资产投资总额的48.7%，高于全省增幅0.9个百分点，其中民间投资4393.4亿元，同比增长11.6%；制造业投资1604.3亿元，同比增长2.2%。三大产业固定资产投资额分别为446.1亿元、1860.6亿元、3088.8亿元，同比增长分别为22.3%、3.5%、7.3%，投资比例为8.3:34.5:57.2，固定资产投资结构与产业结构基本持平。全社会固定资产投资对地方经济增长的贡献率按国民收入法计算为89.6%，贡献度为6.0%[②]。

哈尔滨市2017年城乡人均可支配收入分别为35546元和15614元，分别较上年增长7.1%和8.5%，与经济增长速度基本保持同步，分别高于全省0.5和1.5个百分点，其中全市农村居民人均可支配收入增幅较上年提高了0.5个百分

---

① 2018年春节7天来黑龙江省旅游的人数为1122.67万人次，同比增长11.2%，实现国内旅游收入136.32亿元，黑龙江省2017年全年接待游客1.64亿人次，同比增长13.35%，实现旅游业总收入1909亿元，同比增长19.07%，2项增幅均高于全国平均水平。哈尔滨机场旅客吞吐量1881万人次，同比增长15.6%，占全省机场旅客吞吐量的85.1%，居东北三省之首。从哈尔滨市在黑龙江省的区位、交通等综合影响力来看，全省旅游业发展的宏观环境对哈尔滨旅游经济发展具有积极的促进作用。

② 贡献度为贡献率乘以当年地区生产总值增速，哈尔滨市2017年经济增速为6.7%，6%意味着全社会固定资产投资拉动哈尔滨市经济增长6个百分点。

点。全年居民消费价格指数（CPI）同比上涨 1.6%，高于全省 0.3 个百分点，呈温和上涨态势，其中非食品类的医疗保健、家庭服务、教育消费、旅游消费等成为拉升 CPI 的主要因素，反映了居家消费理念与消费结构的进一步优化，也反映了公众对优质公共事业与社会服务的消费需求。

哈尔滨市 2017 年在全面推行"营改增"和国家持续推进减税降费等现实政策下，累计完成一般公共预算收入 368.1 亿元，同比增长 6.5%，增幅提高 0.9 个百分点，其中税收收入 297.6 亿元，市本级一般公共预算收入 46.4 亿元，同比下降 13.7%。2017 年全年完成一般公共预算支出 930.3 亿元，同比增长 6.2%，其中市本级一般公共预算支出完成 377.9 亿元，同比增长 14.5%。一般公共预算收入和一般公共预算支出差额部分通过申报项目、向上一级政府申请置换债券、公共空间租赁、政府房产转让等非税收入方式加以解决，以降低政府债务利息支出和债务风险。民生支出保持较快增长，全市用于养老、医疗、就业、教育和文体事业发展、住房保障、基础设施建设维护、环境保护等民生财政在一般公共预算支出占比超过 70%，其中用于社保、医疗、环保、住房保障、专项扶贫支出分别较上年增长 27.2%、7.8%、30.7%、19.6% 和 23%。全年共有 47 个行政村、6315 户居民家庭，总计 14231 人依现行标准实现脱贫，贫困发生率由上年的 1.2% 下降到 2017 年的 0.98%。

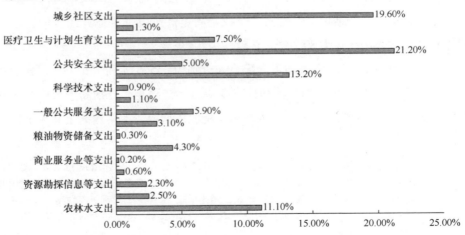

第一节　哈尔滨经济发展的历史考察

哈尔滨的城市历史至今只有百余年时间，最早发端于 20 世纪末中东铁路的修建。沙皇俄国借履行《中俄密约》修建并经营中东铁路之机，攫取了今哈尔滨道里区、南岗区的实际控制权。日俄战争后，以日本为首的 40 多个国家和地区的商人来哈从事商业活动，其中 19 个国家在哈尔滨设立过领事馆，在这个东方国际商埠里长期居住着约 20 万国际侨民。当时的哈尔滨不仅是国际性商贸城市，而且也是集经济、政治、文化交往功能于一身的国际性大都市。与此同时，哈尔滨也因其在区域经济、政治、军事和资源上的战略意义成为列强进行经济渗透的重点和武力争夺的焦点。从 1932 年日军侵占哈尔滨到 1946 年哈尔滨重新回到人民的怀抱，哈尔滨人民在中国共产党的领导下进行了长达 14 年的反帝、反封建、反军事独裁的斗争，最终成为最早解放的大城市。

哈尔滨解放后至今，经济和社会发展形势总体向好，但并非一帆风顺，表现出明显的社会历史性。从发展趋势来看，哈尔滨宏观经济和产业结构变化的总体趋势与全国基本保持一致，反映了时代特征；从发展的宏观环境看，哈尔滨的经济发展作为全国经济体系的重要组成与全国经济发展总体环境密不可分，其发展在很大程度上得益于国内经济环境的总体改善；从发展动能来看，哈尔滨的经济发展对外部力量长时间保有较大的依赖性，内生动力相对不足。受传统计划经济体制和传统思维惯性的影响，对市场这种全新的资源配置方式表现出一定的不适应性，市场敏感度较低，加之作为传统优势产业的工业和农业在新的经济体制和国际贸易环境下提档升级困难，国有经济历史包袱沉重，使得哈尔滨的经济发展一度陷入困境，成为"东北现象"的缩影。随着国家东北等老工业基地振兴战略的实施，哈尔滨市也积极发挥自身主动性和创造性，不断优化产业结构，优化经济发展环境，在挖掘传统动能潜力的同时不断开发新动能，寻找新的经济增长点，使市域经济逐步回暖并逐渐步入正常发展轨道。从发展历程来看，哈尔滨解放后至今其经济发展先后经历了繁荣发展期、转型调整期和复苏跟进期这样三个主要发展阶段。

一、哈尔滨经济的繁荣发展期

哈尔滨经济的繁荣发展期主要指从哈尔滨解放后到改革开放初期（1946—1978）。作为共和国的"长子"，哈尔滨的经济体系在战后得到了快速的恢复和发展。作为国家"一五"时期的重点建设城市，当时苏联 156 项重点援建项目中的 13 个落户哈尔滨，比吉林省还多 2 个，占黑龙江省工业建设项目总数的 6 成，现存且比较知名的有"哈飞""哈汽""哈电""哈锅""东安动力"等。加之 20 世纪 50 年代初期"南厂北迁"落户哈尔滨的 16 个国有大中型工业企业，哈尔滨在前两个五年计划便形成了以国有大中型工业企业为骨干力量、以大型机电装备制造业为主体、以重工业发展为中心的产业和经济发展结构，成功跻身全国六大重点工业基地行列，同时确立起其在国家工业化建设和经济发展中的政治和经济地位。这期间，虽然受到国际和国内某些不利政治因素的影响，但哈尔滨的经济建设工作并未因此而停滞，并且有力地支援了"三线建设"①。1978 年，哈尔滨市地区生产总值为 39.3 亿元，其中第二产业增加值占比 51.3%（其中工业 47.8%），农业增加值占比 24.9%，第三产业增加值占比 23.8%，三大产业以工业为龙头成"山"形排列。当年全国国内生产总值为 3645.2 亿元，哈尔滨市占比为 1.078%，在后来中央划定的 15 个副省级市中排名第 5，仅次于沈阳、广州、大连、武汉，经济总量占比仅低于广州 0.104 个百分点；人均地区生产总值 505 元，高于全国 32.5 个百分点。改革开放前哈尔滨经济的快速发展一方面得益于国家工业化布局所形成的良好的工业产业基础，同时在产销流通渠道方面与计划经济体制密不可分。在计划经济体制下，社会生产和生活完全按照计划指令运行，在生产方面，从企业选址到投资兴建，从产品种类到生产规模，从原料采购到成品销售全部按计划执行，三产企业和单位在社会经济生活中有其特定的角色任务与功能定位，经济生活主体之间呈点

---

① 指我国发生在 20 世纪 60 年代中期的以保护重点工业和军事备战为目的的全国性工业大迁移。三条线路主要覆盖中国西北和西南的 13 个省及自治区，工业资源的战略迁移客观上促进了这些地区的工业建设及整个经济与社会发展。

对点的单线程关系。① 这种经济运行模式对于有着众多国有大中型工业企业的哈尔滨市来说不能不说是一种天然的经济发展优势，使其在体制庇护下长期保持资源竞争优势和良好的经济发展态势。

二、哈尔滨经济的转型调整期

哈尔滨经济的转型调整期主要指改革开放后到 21 世纪初（1978—2000 年）。这一时期也是哈尔滨自中华人民共和国成立以来经济发展过程中经历的主要震荡期。这种震荡总体表现为经济总量持续增加，但增速放缓，地区生产总值在全国经济总量中所占比重下降，城市经济排名后移。同时，传统优势产业工业在中期工业化即国家全面工业化阶段提早进入衰退期，工业增加值在地区生产总值和全国工业增加值中所占比重明显下降。1978—1999 年，哈尔滨地区生产总值由 39.3 亿元增长到 883.3 亿元，增长了 22 倍，而同期全国国民生产总值由 3645.2 亿元增长到 89677.1 亿元，增长了 25 倍，地区生产总值占全国 GDP 的比重由 1978 年的 1.078% 下降到 1999 年的 0.985%，下降了 0.093 个百分点，自 1981 年首次下降到 1% 以下之后再未反弹。1999 年哈尔滨市人均地区生产总值为 9142 元，虽仍高于全国 27.7 个百分点，但比 1978 年下降了 4.8 个百分点。从哈尔滨在全国的经济地位变化情况来看，1999 年哈尔滨经济总量在 15 个副省级城市中排名第 11 名，比 1978 年后移了 6 位，与广州市 1999 年地区生产总值的比率为 1:2.42，而这一比率在 1978 年仅为 1:1.10，与同级别城市间发展差距进一步拉大。

从 1978—1999 年哈尔滨市产业结构内部变化情况来看，三次产业由原先的二打头的"山形"结构逐渐转变为三打头的"三二一"结构。这一转折点发生在 1990 年，当年第三产业增加值为 74.1 亿元，首次超过第二产业增加值，并连续第二年超过工业增加值，三大产业结构比例由 1978 年的 24.9:51.3:23.8 调整为 1990 年的 22:37（其中工业 33.6）:41。1978—1990 年三大产业年均增长速度

---

① 行政命令对生产性资源配置的影响从 1978 年国务院组成部门设置中可见一斑，在 76 个组成部门中，与工业生产直接相关的就有 15 个部委办局，仅机械工业部就有 7 个，外加第八机械工业总局作为直属机构。

分别为9.15%、7.32%（其中工业7.21%）和13.94%，此阶段地区生产总值年均增长9.26%。哈尔滨20世纪80年代初期出现的工业增长乏力态势一直持续到90年代末期，自1989年工业增加值被第三产业赶超之后，产业间增长差距不断拉大。到1999年，三次产业结构比例又从1990年的22：37（其中工业33.6）：41进一步变动为19.9:31.3（其中工业25.7）:48.8。工业增加值占地区生产总值比重由1978年的近1/2下降到1999年的1/4，而1990年和1999年全国工业增加值占GDP的比重分别为36.4%和39.7%，分别高出哈尔滨2.8个百分点和14个百分点，表明哈尔滨的工业经济在全面工业化阶段提早进入了衰退期。从哈尔滨工业增加值对全国工业经济增长贡献来看，1978年占比为1.17%，1990年占比为0.89%，到1999年占比仅为0.63%。显然，工业增速放缓是这一时期影响哈尔滨经济发展和全国经济排名的直接原因。哈尔滨原先全国工业强市、经济强市的地位在工业过早衰退的形势下受到严峻挑战。

此阶段哈尔滨经济发展表现出的总体特征与全国经济体制改革背景下哈尔滨在经济体制转型过程中所遇到的诸多困境，特别是对新型经济体制表现出的不适应性和机体排斥性密切相关。20世纪的后20年，既是我国由计划经济体制向社会主义市场经济体制的转型过渡期，也是政府与企业、市场、社会之间关系的重大调整期，对于各地方经济发展来说，这种体制上的转型既是机遇，也是挑战。1978年党的十一届三中全会胜利召开，强调要把党和政府的中心工作调整到经济建设上，大力发展生产力，改革不适应生产力发展需要的生产关系，改革阻碍经济发展的上层建筑。由此，围绕经济建设这个中心，经济体制改革、行政体制改革、政府与企业和中央与地方之间的关系调整成为内在统一相互促进的有机整体。1984年党的十二届三中全会通过了《关于经济体制改革的决定》，提出了"公有制基础上的有计划的商品经济"这一制度性概念，首次明确了政府经济管理的职能范围，重新诠释了"计划"的行政内涵和经济发展意义，并提出政府应厘清与企业之间的关系，原则上不应直接干预企业的经营活动。在以此为背景的1988年我国政府机构改革过程中，与经济体制改革工作密切相关的经济管理类组成部门成为机构改革的重点。在七届全国人大一次会议通过的机构改革方案中，煤炭工业部、石油工业部、核工业部合并组建为能源部；国家机械工业委员会和电子工业部合并组建机械电子工业部；撤销航空工业部、航天工业部合并组建航空航天工业部（1993 年转为经济实体——航空工业总公司和航天工业总公司）。1992 年邓小平同志在南方谈话时再次强调了他本人在改革开放之初就曾提出过的一个对中国后来改革发展意义重大影响深远的观点，"计划多一点还是市场多一点，不是社会主义和资本主义的本质区别。计划经济不等于社会主义，资本主义也有计划；市场经济不等于资本主义，社会主义也有市场。计划和市场都是经济手段。"① 同年 10 月，党的十四大正式确立了社会主义市场经济体制，由此，中国全面开启了社会主义市场经济道路新征程。党的十四大所提出的经济体制改革目标和基本原则，在 1993 年十四届三中全会通过的《中共中央关于建立社会主义市场经济体制若干问题的决定》中得以系统化和具体化，明确指出市场应该在国家宏观调控下对资源配置起到基础性作用，走市场经济道路就要理顺政企关系，建立现代企业制度，政府在经济生活中的角色和经济职能定位应该是为经济发展创造良好的环境，包括制定和执行宏观调控政策，加强基础设施建设，培育市场体系，加强市场监管，维护公平竞争，调节收入分配，保护自然环境，等等。

　　从地方经济发展的宏观环境来看，此阶段国家进行的宏观经济体制改革和行政体制改革对我国地方经济发展的影响是深远的，各地方经济社会发展在此期间逐渐拉开了档次。凡在此期间经济发展形势较好的地区和城市，除国家层面政策直接影响外，② 都是因为能够迅速摆脱传统计划经济体制，快速适应新体制、新机制，充分发挥了市场在资源配置中的重要作用，确立起了新型的政府与企业、政府与市场、政府与社会间关系。哈尔滨恰恰处于全国进入计划经济最早、实际退出计划经济最晚的东北地区，进入早曾给哈尔滨的经济发展带来过优势和繁荣，退出晚则给哈尔滨的经济发展带来诸多掣肘，埋下诸多隐患。从经济体制类型和资源配置方式的比较优势来看，退出计划经济较晚肯定是影响哈尔滨经济发展的一个重要原因，但将哈尔滨退出计划经济体制较晚作为一个问题来看待时，它所反映的仍然是一种经济和社会发展现象，其背后仍然存

---

① 邓小平．邓小平文选：第三卷［M］．北京：人民出版社，1993：373.
② 如此阶段国家划定的"经济特区"和"沿海开放城市"抓住了历史发展机遇，发展外向型经济，进出口贸易、工业和服务业对地方经济发展的贡献显著提升。

在着一系列原因，这些原因也在根本意义上影响着哈尔滨的经济社会发展。正如前文所述，计划经济体制下权力和行政命令配置资源的方式的确给当时的哈尔滨经济发展奠定了良好的基础，带来了环境优势，提供了体制、机制和制度保障，但同时也带来了一些现在看来的转型不利影响，例如，国有经济比重高，从业人员基数大，国企改革的涉及面较大，社会成本相对较高；工业基础虽好，但优势工业产业过于集中，设备逐渐老化，技术日趋落后，产能逐渐下降，能耗逐渐升高，无法满足市场对产品质量和价格的双重要求，产业改造提档升级的资金压力较大。这些因素从客观上制约着哈尔滨经济体制改革进程和整体经济发展。主观因素更为关键，长期的计划经济运行模式使人们在处理宏观和微观经济问题时容易产生思维定式，形成思维惯性，在面对现实生活世界经济领域出现的新生事物如市场经济、公平竞争、价值规律等时，要么因惧怕而选择逃避，要么因排斥而选择抵制，要么因怀疑而选择观望，总之，主观上表现为思维惯性、思维惰性和思维"弹性"的主体创新意识不足，在客观上就会削弱改革发展动力，错过经济转型发展的最佳机遇。客观地说，哈尔滨市在这20年间也曾有过良好的历史发展机遇，如1984年被国务院批准为经济体制改革综合试点城市，1992年被国家确定为综合配套改革试点城市，但正是因为上述主客观因素的制约，使得哈尔滨不仅在经济体制改革关键期没能顺利完成体制转身，而且传统经济体制下的资源和发展优势反而成为新型经济体制下的经济发展劣势，工业增长乏力加之区位优势日渐消退，给哈尔滨的经济体制改革和经济发展蒙上了一层阴影。

三、哈尔滨经济的复苏跟进期

哈尔滨自21世纪初以来进入了经济的复苏跟进期（2000年至今）。改革开放后的相当长时间里，特别是在全国开启了轰轰烈烈的经济体制改革后，包括哈尔滨在内的东北老工业城市却长期处于工业企业亏损经济低迷状态的现实，引起了党中央国务院和社会各界的普遍关注。1991年三位新华社媒体人士赵玉庆、刘广军和马义针对东北国有大中型工业企业在经济体制转轨中普遍出现效益下滑、工业生产步履维艰的事实，经过长期跟踪走访调研，在全国"两会"前夕联合撰写发表了《"东北现象"引起各方关注》一文，触目惊心的经济增长数字一时间在全社会引起轰动和广泛热议，同时也引起党和国家领导人的高度关注。面对新的经济体制下全国一片大好的经济发展形势，人们不禁要对东北地区画上一系列大大的问号，东北怎么了？什么原因？应该怎么办？经济学界纷纷给东北地区"诊脉开药方"，党和国家领导人也纷纷到东北地区视察、调研，耐心细致地帮助地方分析问题、凝心聚力地化解难题。自党的十六大提出"支持东北地区等老工业基地加快调整改造"这一重要的区域发展战略任务后，2003 年，国家关于解决东北振兴发展问题的战略性政策——《中共中央国务院关于实施东北地区等老工业基地振兴战略的若干意见》（中发〔2003〕11 号）出台。该政策的出台不仅为东北三省、黑龙江特别是哈尔滨市的经济社会发展工作鼓舞了士气，带来了千载难逢的发展机遇，而且指明了今后的努力方向，布置了未来一个阶段的具体任务。① 最为关键的是中央在扶持战略的具体方式方法选择上，一方面加大对农业、社保、公共事业、环保等领域的专项资金投入，一方面鼓励地方加强体制、机制与制度创新，增强内部造血功能和发展的内生动力，是一种基于专项投入的"开发式"中央政策扶持方式。

此后，围绕东北地区等老工业基地振兴发展问题，中央及有关部门陆续发布了《国务院关于进一步实施东北地区等老工业基地振兴战略的若干意见》（国发〔2009〕33 号）、《国务院关于近期支持东北振兴若干重大政策举措的意见》（国发〔2014〕28 号）、《中共中央国务院关于全面振兴东北地区等老工业基地的若干意见》（中发〔2016〕7 号）、《关于推进东北地区民营经济发展改革的指导意见》（发改振兴〔2016〕623 号）、《东北振兴"十三五"规划》（发改振兴〔2016〕2139 号）等一系列政策文件。这些后续政策的出台表明新一届中央领

---

① 该意见首先肯定了老工业基地在过去 50 多年新中国现代化建设中取得的伟大成绩和做出的重大贡献，同时指出了其在市场化程度、经济发展活力、所有制结构、产业结构、生产力基础、国有企业负担、资源型城市发展、接续产业发展、劳动和社会保障等方面所存在的问题，指出了加快体制创新和机制创新、全面推进工业结构优化升级、大力发展现代农业、积极发展第三产业、推进资源型城市经济转型、加强基础设施建设、扩大对外对内开放、加快发展科教文化事业等八个方面的重点任务。为指导推进各项任务落实，同年 12 月，国务院专门成立了"振兴东北地区等老工业基地领导小组"，由时任国务院总理温家宝同志挂帅，国家发改委、财政部、税务总局、银监会等 26 个组成部门行政负责人作为成员参加。此机构一直保留至今，组成人员根据国务院机构设置、人员变动情况和工作需要进行适时调整。

导集体对东北地区发展问题的高度关切。习近平同志多次亲临辽宁、吉林、黑龙江各地方考察调研，极度关心关注东北老工业基地的振兴发展问题。他在2015年7月走访长春大型国有企业后与黑、吉、辽、蒙四省区主要领导同志亲切座谈并指出，东北老工业基地振兴工作已经到了"滚石上山"、"爬坡过坎"的关键阶段，只有一方面加大国家支持力度，一方面增强东北地区自身发展活力，才能加快东北老工业基地振兴发展。

实践证明，中央对东北老工业基地的扶持是切实有效的。① "东北地区等老工业基地振兴战略"实施后的第一个5年即2008年年末，东北三省累计实现地区生产总值10.33万亿，占同期全国GDP的8.99%，其中2008年东北三省实现地区生产总值合计2.84万亿，占当年全国GDP的8.96%，三省同比增长分别为辽宁22.4%、吉林21.6%、黑龙江17.0%，三省总体增速超过全国2个百分点。到"十二五"中期，也就是"东北地区等老工业基地振兴战略"实施后的第二个5年末的2012年，东北三省地区生产总值合计达到5.04万亿元，占全国GDP比重为9.44%，较2008年进一步上升了0.45个百分点，三省同比增长分别为辽宁9.5%、吉林12%、黑龙江10%。总的来看，2003—2012年，是东北经济在中央老工业基地振兴战略实施背景下迅速回暖的10年。2012年东北三省地区生产总值比2002年的1.14万亿翻了两番。这10年东北三省年均增长率为12.7%，其中辽宁年均增长12.8%，吉林年均增长13.8%，黑龙江年均增长11.7%，均高于全国同期水平（10.7%）。

新华社东北三省分社多年来持续关注东北经济发展，也是最早注意到东北地区出现经济回暖迹象的媒体单位。新华社早在1999年针对当时东北局部地区国有及国有控股企业出现扭亏为盈的现象就曾组织编发了《政策作用显现　攻坚措施得力　东北工业出现重大转机》一文。2003年以后持续跟踪东北等老工业基地振兴战略在东北地区的实施效果，于2006年以后相继组织发表了《东北振兴战略让黑土地再现生机》《东北不间断贡献新的中国第一》《东北加速沿海

---

① 有效扶持指的是被扶持对象在资源投入增加速率比其他部门或地区高时，能促使被扶持对象在短时间内得到迅速发展和壮大。转引自隋舵．中国区域经济发展报告——东北老工业基地复兴研究［M］．红旗出版社，2004：475.

大开放寻求发展新触角》《东北老工业基地初步成长为新的"经济增长极"》《东北区域经济一体化进程提速"版块经济"竞争优势显现》《经济增速连续四年超过东北沿海——东北成为中国发展新引擎》《东北振兴打造创业沃土　人才惊现"孔雀东北飞"》等一批直观反映国家政策引领下的东北发展出现新气象的稿件。

2000 年以来哈尔滨的经济发展在黑龙江和东北整体经济形势回暖的大环境下也呈现出较好的发展态势。在地区生产总值方面，2015 年实现地区生产总值5751.2 亿元，比 2010 年的 3664.9 亿元增长了 54%，是 2005 年 1796.4 亿元的3.2 倍，比 2000 年的 1002.73 亿元翻了两番多，超额完成经济翻番目标。2010年至 2015 年中，除 2007 年和 2014 年外，其余各年哈尔滨地区生产总值的同比增长速度均高于全国 GDP 同比增长速度。同时，在人口总数持续增加的情况下，人均地区生产总值仍然保持较快速度增长。2015 年末全市人口总数为 961.37 万人，比 2000 年末增长了 2.13%，净增加 20.04 万人，2015 年哈尔滨市人均地区生产总值为 59027 元，相比 2000 年的 10322 元增长了 471.9%，同样翻了两番多。

在人均可支配收入方面，2000 年以来，哈尔滨市城乡居民人均可支配收入逐年增加，特别是 2003 年以后增速更加明显，仅"十二五"期间，哈尔滨市城镇居民人均可支配收入由 20960 元增长到 30978 元，增长了 47.8%，略低于全国（31195 元）0.7 个百分点，高于东北地区（27400 元）13.1 个百分点；农村居民人均可支配收入也由 8184 元增长到 13375 元，增长了 63.4%，高于全国（11422 元）17.1 个百分点，同时高于东北地区（11490 元）16.4 个百分点，略低于东部地区（14297 元）6.5 个百分点。在收入增加的同时，市民消费支出结构有所改变，较为明显地体现在食品消费支出所占比例由 2000 年的 43% 下降到2015 年的 23%，相应的居住、交通、通信、教育、医疗、文化、娱乐、旅游等项目支出均有不同程度的增加，由此表明城市居民消费结构向更加健康、理性的方向发展，普遍追求更高层次生活需要的满足，人民生活向更加幸福的方向发展。

在三次产业对地区生产总值增长的贡献率方面，2003 年以后虽然始终保持"三二一"结构，但第二产业连续 11 年（2003—2013）保持 40% 左右的贡献率，其中工业连续 12 年（2003—2014）保持 30% 左右的贡献率，分别低于全国 10 个百分点左右。在农业对经济增长的贡献率与全国水平基本相当的情况下，第三产业对地区生产总值增长的贡献率反而超出全国 5 至 10 个百分点。

在城市建设和旅游经济发展方面，2000 年以后，随着经济发展形势的好转，地方公共财政显著增加，哈尔滨市基础设施建设进一步完善。2015 年实有道路铺装面积 4915 万平方米，比 2000 年增加了 3771 万平方米，仅"十二五"期间新增道路面积 1619 万平方米，相当于中华人民共和国成立后到 2002 年道路铺装面积的总和。2000 年至 2015 年，全市新增公共绿地面积 3086 公顷，增加了 242%。城市基础设施和整体人居环境的改善刺激了哈尔滨市旅游经济的发展，数据显示，"十二五"期间海外来哈旅游人数年均 229125 人，较 2000 年的 155083 人增长了 47.7%；国内来哈旅游人数逐年增加，2015 年为 6496 万人次，较 2010 年增长了 57.5%。2015 年全市实现旅游总收入 908 亿元，占地区生产总值达 15.8%，同比增长 15.4%，较 2010 年增长 137.7%，其中旅游外汇收入 11421 万美元，较 2000 年增长 97.9%。以健康、绿色、生态、养老、冰雪等为主题的特色旅游产业的快速发展带动了交通、餐饮、住宿等服务业发展，为哈尔滨经济发展注入了新的活力。

工业振兴发展方面，2000 年哈尔滨工业总产值首次突破 1000 亿元（1011.10 亿元），分别是 1978 年的 14.5 倍、1980 年的 11.4 倍、1985 年的 6.6 倍、1990 年的 5.3 倍、1995 年的 1.9 倍、1999 年的 1.2 倍。市属工业全行业实现扭亏为盈，结束了连续 9 年工业全行业亏损的历史。21 世纪的前 10 年，哈尔滨工业总产值持续快速增长，到 2010 年增长到 3389.7 亿元，是 2000 年的 3.4 倍，年均增速达 13.3%。在国家政策引导下，其中增速最为旺盛的 2003—2005 年，环比增速分别达到 21.2%、21.5% 和 25.4%。2010 年工业增加值在哈尔滨地区生产总值中占比为 27.9%，比 1999 年的 25.7% 提升了 2.2 个百分点，相当于当年全国工业增长占 GDP 比重的 70% 左右。2003 年以后，全市工业固定资产投资规模迅速扩大，"十一五"期间总投资达到 2105.2 亿元，是"十五"时期的 4.16 倍，是"八五"和"九五"10 年间总和的 5.35 倍，仅 2010 年工业固定资产投资就达到 748 亿元。21 世纪前 10 年全市工业固定资产投资年平均增速为 31.3%，高于同期工业增加值平均增长速度 15.2 个百分点。这说明东北振兴战略的实施为哈尔滨工业发展注入了新活力，外部资金吸引力不断增强，新增投资已成为能够有效拉动工业增长的新动力，一度断裂的工业化发展进程在产业政策和投资的带动下得到一定程度的接续。

2000 年至 2015 年哈尔滨市国企改革持续推进，国有及国有控股工业企业实力不断增强，工业企业所有制结构得到进一步优化。截至 2010 年，全市共有规模以上国有工业企业 85 家（其中央企 19 家），占内资企业总数的 6.5%，占全部企业总数的 5.9%。85 家企业当年实现工业总产值 412.8 亿元，占当年全市规模以上工业总产值的 17.9%。与东北老工业基地振兴战略提出的 2003 年相比，当时哈尔滨共有规模以上国有工业企业 328 家（其中央企 52 家），亏损企业 137 家（其中央企 17 家），占到总单位数的 41.8%。当年全市共有规模以上工业企业 764 家，其中内资企业 695 家，国有工业企业分别占到 42.9% 和 47.2%。328 家国有工业企业 2003 年实现工业总产值仅为 171.5 亿元，实现增加值 62.9 亿元，分别占当年全市规模以上工业总产值和增加值的 23.8% 和 29.8%。到"十二五"末年即 2015 年，规模以上国有工业企业数量进一步缩减为 42 家（其中央企 14 家），占内资企业总数的 3.2%，占全部企业总数的 3.0%。42 家企业 2015 年实现工业总产值 331.9 亿元，占当年全市规模以上工业总产值的 8.7%。

服务业发展方面，2000 年以来哈尔滨市服务业一直保持较好的发展态势。哈尔滨市服务业占比首次超过第二产业发生在 1990 年，"三二一"产业格局一直保持至今。1990 年至 1999 年哈尔滨市工业最低迷的 10 年也是服务业发展最为迅猛的时期。自 1992 年国家出台《关于加快发展第三产业的决定》，哈尔滨市当即专门编制了服务业发展规划，把发展服务业提升到城市发展的重要战略高度。1992 年当年实现第三产业增加值 115 亿元，首次突破百亿元，2006 年第三产业增加值首次突破千亿元，达到 1010.8 亿元。2007 年国务院出台了《关于加快发展服务业若干意见》，在意见中指出要"提高服务业在三次产业结构中的比重，尽快使服务业成为国民经济的主导产业"。2009 年《哈尔滨市人民政府关于加快发展服务业的实施意见》（以下简称《意见》）正式出台，此意见有三大亮点：其一，"法无禁止即可进入"，不仅降低市场准入门槛，而且强调了除国家法律、法规禁止进入的领域外，投资主体可以自由进入服务业领域，特别鼓励其进入公共事业、文化、旅游等领域；其二，简化审批降低税费，《意见》

规定，政府各部门在不违反规定的前提下要尽量简化服务业企业设立审批程序，行政事业性收费有下限标准的按下限收费，税务部门对技术先进型企业的所得税执行 15% 的低税率，在哈企业离哈从事服务收入免征营业税；其三，实行奖补贷政策，《意见》规定，市政府对全国和地方名优特产品和企业给予奖励，对服务业企业在规划区域内建设或购置经营用房给予不同程度的财政补贴，对从事服务业的下岗职工、城镇登记失业人员给予贷款扶持。此外，《意见》还明确了包括旅游、社区服务、金融等在内的 10 个领域为未来服务业发展的重点领域。在国家和地方政策的强力推动下，哈尔滨市第三产业发展迅速，2010 年增加值超过 2000 亿元，2015 年超过 3000 亿元，基本第 5 年便上了一个新台阶。2007 年至 2014 年服务业年均增速 11.8%，高于同期地区生产总值年均增速 0.4 个百分点。2015 年第三产业占地区生产总值比重由 2000 年的 48.6%、2005 年的 50.1%、2010 年的 50.9% 进一步跃升至 55.9%。2015 年第三产业对哈尔滨地区生产总值增长的贡献率由 2005 年的 48.5%、2010 年的 49.5% 进一步跃升至 67.1%。除总量和贡献率持续增长外，近年来哈尔滨市服务业结构也有所优化，云计算、电子商务等一批以技术研发与创新为特点和服务内容的高端服务平台不断涌现，为哈尔滨市传统服务业提档升级，由劳动密集型向知识科技密集型转化，拓展外埠市场，多领域产业融合发展等，提供了强有力的技术支持。在发展速度方面，虽然传统服务业和现代服务业增加值均呈逐年上升趋势，但金融、科学研究与技术服务、信息等现代服务业增速明显快速于交通运输、批发零售、餐饮、住宿等传统服务业。从所占比重来看，现代服务业比重自 2008 年起逐年上升，2014 年占比已达 62.2%。

第二节　哈尔滨经济发展的横向比较

从前文对哈尔滨经济发展历程的历史性梳理可以看到，哈尔滨的经济发展经历过计划经济体制下的辉煌时期，也经历过经济体制转型过程中的低迷时期，现已进入全新的复兴发展阶段。由于受到改革开放后经济体制转型进程、国有经济特别是国有工业企业改革进程等因素的影响，哈尔滨市的经济社会发展水平在 20 世纪后 20 年逐渐与其他主要副省级城市拉开了一定的差距。这种差距的客观存在决定了在 21 世纪国家振兴东北老工业基地的重要战略机遇期，哈尔滨市在经济发展问题上必须要面对底子薄、基础弱的客观现实。在这样的经济社会发展基础上既要跟上全国经济发展的整体步伐，又要逐步缩小与其他主要副省级城市的经济发展差距，是有一定难度的，但并非没有可能。除转换理念、坚定信念、付出努力外，还应对城市间实际发展差距、具体差距所在、造成差距的原因进行充分的了解，从而准确把握努力的方向，结合自身优势与不足，找到解决问题的方法。

从地区生产总值来看，2016 年哈尔滨市实现地区生产总值 6101.6 亿元，位居 15 个副省级城市的第 12 位①，仅高于厦门、沈阳和长春，与排在第 10 名的济南市和排在第 11 名的西安市分别相差 434.5 亿元和 155.6 亿元，与 7 个超万亿元城市的平均值相差 7434.3 亿元，仅相当于其平均值的 45.1%，与排名第 1 的广州市相比差距为 2.21 倍。2016 年末哈尔滨市的户籍人口为 962.1 万人，在 15 个副省级市中人口数量最多，相当于长春和厦门人口数量之和，所以从人均地区生产总值来看，哈尔滨排在了长春和厦门之后，位列第 15 位。

在人均可支配收入方面，2016 年哈尔滨市城镇居民人均可支配收入为 33190 元，位列第 14 位，仅高于长春 2121 元，低于 15 个副省级城市平均值 42611 元 22.1 个百分点，低于东北 4 市平均值 35404 元 6.3 个百分点。2016 年哈尔滨市农村居民人均可支配收入为 14439 元，排在长春之前，位列第 14 位，低于除深圳外的 14 个副省级城市平均值 18675 元 22.7 个百分点，略高于东北 4 市平均值 14305 元 0.9 个百分点。

在固定资产投资方面，2016 年哈尔滨市完成固定资产投资 5040.1 亿元，位列 15 个副省级城市第 8 位，位列东北 4 市首位，高于东部沿海 8 个城市平均值 1.5 个百分点，高于东北 4 市平均值 57.3 个百分点，表现出较好的投资吸引力。在固定资产投资产业结构方面，哈尔滨市与其他主要副省级市表现出明显的差

---

① 15 个副省级城市分布在东部沿海地区的有 8 个，分别是南京、杭州、青岛、济南、宁波、厦门、广州和深圳；分布在中西部地区的有 3 个，分别是武汉、成都和西安；分布在东北地区的有 4 个，分别是沈阳、大连、长春和哈尔滨，其中除青岛、宁波、厦门、深圳、大连外，其余全部为省会城市。

异。在 2016 年哈尔滨固定资产投资总额中，第三产业占到 57.1%，第二产业占 35.7%，其中房地产开发投资为 512.1 亿元，仅占固定资产投资总额的 10.2%，这与近年来哈尔滨市执行国家政策，主动平抑房价，加大去库存力度，限制住宅用地使用和房地产开发整体进程等举措直接相关。相比之下，沈阳市房地产开发投资占投资总额的 43.5%，大连为 37.3%，长春为 12.7%，东部沿海 8 个城市房地产开发投资占固定资产投资总额的平均值为 33.5%。

在社会消费需求方面，2016 年哈尔滨市实现社会消费品零售总额 3744.2 亿元，位列 15 个副省级城市第 10 位，位列东北 4 市中的第 2 位，低于沈阳市 6.1 个百分点，高于东部沿海 8 个城市社会消费品零售总额平均值 4663.1 亿元 8.1 个百分点，高于东北 4 市平均值 8.6 个百分点。在城镇居民消费支出结构方面，食品烟酒类占 32.6%，较 2011 年下降 2.7 个百分点，衣着服饰支出占 10.7%，较 2011 年下降了 3.4 个百分点，住宅需求与 2011 年基本持平，交通通信支出占比为 14.9%，较 2011 年上升了 5.2 个百分点，教育文化娱乐支出占 12.3%，较 2011 年上升了 1.6 个百分点，医疗保健占比为 8.4%，较 2011 年上升了 0.4 个百分点。

在对外经济贸易方面，2016 年哈尔滨市实现进出口总额 39.7 亿美元，位列 15 个副省级城市最后一位，与排名第 1 位的深圳市相差 99.4 倍，约为排名第 14 位的沈阳市的 35%，约为东部沿海 8 个城市平均值的 3.6%，约为中西部 3 个副省级城市平均值的 12.9%，东北 4 市平均值的 19.6%。但从实际利用外资情况来看，哈尔滨依托在哈兴办多年的"中俄博览会""新博会"、"哈洽会""冰洽会"等对外经贸合作交流平台，在 2016 年实现实际利用外资金额 32.1 亿美元，排在 15 个副省级城市的第 11 位，与排名第 1 位的成都市相差 54.1 亿美元，低于 15 个副省级城市平均值 34.8 个百分点，在东北地区 4 市中排名第 2 位，低于东北 4 市平均值 5 个百分点。

在产业结构方面，2016 年数据显示，哈尔滨同除长春和宁波以外的 12 个副省级城市一样，均呈现"三二一"产业增长序列，第二产业和第三产业比值为 1:1.85，二、三产业发展差距除小于广州（1:2.36）外，大于其他 11 个副省级市。由高到低依次为西安 1:1.74、杭州 1:1.67、济南 1:1.63、深圳 1:1.5、南京 1:1.49、沈阳和厦门 1:1.43、青岛 1:1.32、大连和成都 1:1.24、武汉 1:1.2。这意味着哈尔滨市提振工业的任务仍然比较艰巨。

在农业农村发展方面，2016 年哈尔滨实现农业增加值 691.2 亿元，不仅位居 15 个副省级城市首位，同时也排在全国省会城市首位，占 15 个副省级城市农业增加值的 14.8%，占全国农业增加值的 1.09%。农业增加值占当年地区生产总值比重为 11.34%，同样居于副省级城市和省会城市首位。多年来，哈尔滨市认真贯彻执行中央 "一号文件" 关于农业农村发展的各项重大改革措施，坚持统筹城乡、四化同步的战略指导思想，严格落实 "多予少取放活" "工业反哺农业" "城市支持农村"、全面取消农业税、增加农业直补及农产品保护价格等重大政策，同时把农田水利基础设施建设、农业科技化机械化、农业产业化市场化作为现代化农业发展的主要任务和重点方向。因此，哈尔滨市农业生产综合能力得到很大程度提升，农产品种类、数量、质量全面改善，农产品深加工产业得到快速发展，农民收入显著增加，消费能力增强，消费结构更加合理，农村基础设施和社会事业快速发展，村容村貌大面积改观。2016 年年末，哈尔滨共有常用耕地面积 1977565 公顷，居副省级城市首位，其中水旱比例为 1:2.44，蔬菜菌类种植面积为 11637 公顷，占全部耕地的 0.58%，瓜果类种植面积为 2731 公顷，占全部耕地的 0.14%。虽然纬度较高，但依托广阔的耕地面积，哈尔滨市 2016 年粮食总产量为 13293452 吨，同样位居副省级城市首位，其中谷物占比 97%，谷类农作物中玉米占比 68.8%，水稻占比 30.6%，同时油料、水果、蔬菜、麻类等经济作物种植面积和产量严重不足，特别是蔬菜生产受地理区位影响，总产量仅为 397930 吨，位列副省级城市末位①，无法实现自给自足。在农业发展质量方面，全市机械化播种率为 95.9%，收获率为 87.1%，农业机械化水平位居副省级市第 12 位；机电井拥有率为每公顷 0.327 眼，农田有效灌溉率为 39.6%，水利化水平居第 11 位；农药化肥施用量合计 469562 吨，平均每公顷 0.24 吨。通过比较可以看出，哈尔滨市农业生产资源丰富、基础较好、规模较大、总体产量较高，但高附加值农作物播种面积小，总产量较低。同时，农业现代化水平不高，较低水平机械化率和农田灌溉设施与技术影响了农业发展的总体质量。此外，农业生产过程中对农药化肥的过度依赖，加大了农业生产的

---

① 由于深圳和厦门 2 个城市的城市化率极高，故未参与农产品产量比较。

生态环境成本，威胁农业可持续发展潜力。2013 年 6 月，国务院批复了黑龙江省"两大平原"现代农业综合配套改革试验总体方案，这是哈尔滨市农业经济发展历史上迎来的又一次重大历史机遇。

在工业发展方面，2016 年哈尔滨市实现工业增加值 1285.4 亿元，其中规模以上工业增加值 1001.6 亿元，工业增加值占当年地区生产总值的 21.1%，占全国工业增加值的 0.52%，在 15 个副省级市中排名第 14 位，仅高于厦门市，约为广州的 23.9%、成都的 28.5%、武汉的 30.3%、长春的 52.8%、大连的 62.0%。在沈阳市 2016 年第二产业增加值同比下降 13.6%，规模以上工业增加值同比下降 19.7% 的情况下，哈尔滨市的年度工业增加值仍仅相当于沈阳市工业增加值的 74.5%。工业增加值占地区生产总值的比重位居副省级市第 15 位，比排在第 14 位的西安市低 1.2 个百分点。从工业增长速度来看，哈尔滨 2016 年同比增长 5.4%，高于沈阳、杭州、武汉，与厦门市并列第 11 位。

在第三产业发展方面，2016 年哈尔滨市第三产业增加值为 3513.8 亿元，占当年地区生产总值的 57.6%，同比增长 7.9%，在增速方面是三大产业中唯一超过地区生产总值增速的产业，超过当年地区生产总值增速 0.6 个百分点。第三产业增加值居 15 个副省级城市的第 11 位，位列东北 4 市之首，与排名第 1 位的广州市相差 2.83 倍。第三产业增速位列第 13 位，高于沈阳市 5.6 个百分点、大连市 1.3 个百分点，低于长春市 1.5 个百分点，与增长最快的杭州市相差 5.1 个百分点。2016 年哈尔滨市第三产业固定资产投资为 2877.6 亿元，同比上涨 15.5%。从行业来看，传统服务业中的住宿和餐饮业，现代服务业中的金融业两个行业固定资产投资增长最快，前者为 161.8%，后者为 111.5%。此外，信息传输、计算机服务和软件业固定资产投资同比增长 51.2%，租赁和商务服务业增长 39.2%，科学研究、技术服务和地质勘查业增长 38.6%，居民服务和其他服务业增长 27.1%。

在地方公共财政预算收入和支出方面，横向比较收入较少，排名靠后，支出较多，排名相对靠前，表现出明显的收支差距和支出整体向县（市）倾斜的特征。哈尔滨市 2016 年公共财政预算收入为 376.2 亿元，同比回落 7.7 个百分点，居副省级城市末位；公共财政预算支出为 876.3 亿元，同比增长 6.2%，财政预算支出额和支出增速均居副省级市第 10 位。哈尔滨市 2016 年公共财政预算支出与收入之比为 2.33，在 15 个副省级城市中收支差距最大，其次为长春 1.85、西安 1.47、大连 1.42。公共财政预算收支差距最小的是杭州市，比值为 1.00，东北 4 市平均值为 1.74，中西部 3 市平均值为 1.33，东部沿海 8 个城市平均值为 1.18。从哈尔滨市 2016 年公共财政预算收支内部结构来看，市区与县（市）收入比为 10:1，支出比为 2.5:1；在税收增长方面，市区税收收入同比下降 13%，县（市）税收收入同比下降更加明显，为 22.8%；在支出增长方面，县（市）整体高于市区 1.8 个百分点，县（市）在教育、科学技术、文化体育、节能环保、农林水等具体领域的支出增长速度均高于市区，分别相差 1.0、31.9、24.7、58.3 和 46.4 个百分点。

在社会事业发展方面，截至 2016 年年底，哈尔滨市实有医院、卫生院 471 个，仅次于成都，居 15 个副省级城市第 2 位；执业医师 23819 人，居 15 个副省级城市第 11 位，高于大连市、长春市、宁波市和厦门市。从人均数量来看，哈尔滨市每万人拥有医院、卫生院数量约为 0.5 个，每万人拥有执业医师数量约为 25 人，分别排在 15 个副省级城市的第 5 位和第 15 位。由此组数字来看，虽然哈尔滨市医疗机构数量较多，但执业医师数量相比较而言严重不足。从横向比较结果看，在 15 个副省级城市中，每万人拥有执业医师数量超过 50 人的城市就有 5 个，深圳市最高，达到 80 人，几乎每百人就能拥有一名专业执业医师。2016 年哈尔滨市职工基本养老保险参保人数为 257.9 万人，较 2011 年增长了 21.4%，城乡居民养老保险参保人数 214.6 万人，较 2011 年增长了 51.2%，两项合计占全市总人口的 49.1%；城镇基本医疗保险参保人数为 373.3 万人，较 2011 年增长了 3.7%，占城镇总人口数的 79.8%。从国家教育发展研究中心 2016 年公布的《全国 15 个副省级城市教育现代化监测评价与比较研究报告》来看，该项评测共设置了教育普及率、教育公平、教育质量、教育服务贡献、教育条件保障、教育治理现代化等 6 个一级指标，义务教育巩固率、市域义务教育校际均衡、生师比、人均受教育年限、经费投入、教育政策实施有效性等 27 个二级指标，以及更加细致的 76 个三级指标。在由"教育普及水平"和"教育质量" 2 个一级指标中各 3 项共 6 项二级指标构成的教育发展水平测量评价中，哈尔滨市的指数为 0.873，在 15 个副省级城市中排名第 10 位，其中一年级小学生中接受过一年以上学前教育比例一项，哈尔滨市排名第 8，同比前进 2 名；九年义务教育巩固率一项，哈尔滨排名第8，与上年持平；初中毕业生升学率排名第14，仅次于长春而优于深圳；生师比排名第3位，同比前进2名；达标班额比例排名第12位，同比回落2位；学生体质健康优良率排名第3位，仅次于广州和深圳。在教育公平一级指标评价方面，哈尔滨市总指数为0.62，排在15个副省级城市末位，其中市域义务教育校际均衡排名第14位，县际均衡排名第15位，困难学生资助水平排名第13位。在教育条件保障一级指标评价方面，哈尔滨市总指数为0.557，排在长春市之前，位列第14位，其中经费投入排名第10位，装备投入排名第15位，教育信息化排名第14位，师资投入排名第8位。总的来看，哈尔滨市与其他副省级城市相比，社会事业发展水平有待进一步提高。

第三节　哈尔滨经济发展的环境辨析

正如前文所述，地方经济发展需要依托特定的环境，这种环境既包括自然环境，也包括社会环境；既与经济活动系统内部诸要素相关，也受到经济活动系统外部要素的深刻影响。通过对哈尔滨经济发展的纵向历史梳理和横向城市间比较我们发现，哈尔滨在经济发展方面原本是具有资源优势和环境优势的，但在外部环境变化过程中，没有很好地适应外部环境的变化，也没有充分挖掘内部资源潜力并扩大外部资源吸引力，导致资源优势逐渐消退，经济发展环境改善进程相对滞后。优化经济发展环境，挖掘资源潜力，创新发展优势应当成为当前和今后一个时期哈尔滨市各级地方政府经济服务职能的主要内容和重要任务。因此，有必要对哈尔滨当前经济发展的整体环境进行一次系统的梳理与研析，从而为地方政府更好地履行经济发展环境优化职能提供基本的依据。

哈尔滨经济发展有其独特的环境优势，受地理区位影响，四季分明，极适宜消夏旅游和冰雪旅游产业发展，同时，土壤肥沃，林业、矿产资源丰富，具备农业和工业生产发展的基础要素条件。同时，哈尔滨作为黑龙江省省会城市，有着悠久的对俄经贸往来和民间交往历史，国家"一带一路"倡议和"东北老工业基地振兴战略"为哈尔滨经济发展带来了政策机遇和良好的政策环境。此外，近年来哈尔滨市持续推进政府改革工作，为地方经济发展创造了较好的体制机制环境。

一、自然生态环境

在自然环境方面，独特的自然条件为哈尔滨市产业经济发展特别是农业和旅游业发展提供了天然的资源优势。哈尔滨市位于北纬44°04′~46°40′，地处中国东北地区最北端省份黑龙江省的南部，南面与吉林省接壤，属温带季风气候，年平均气温一般在4至5摄氏度之间，全年冰冻期长达4个月，5至9份月平均气温一般能够保证在15摄氏度以上，农作物生长周期为150天左右，全年降水的70%也集中在5至9月份。哈尔滨市辖区总面积53100平方千米，其中常用耕地面积197.76公顷，占全省耕地面积的12.5%，全市主要包括平原、山地和丘陵三种地貌，分别占总面积的45.3%、34%和20.7%。市区平坦开阔，北部和东部多山地丘陵，北部与伊春市接壤部分为小兴安岭腹地，东部与牡丹江市接壤部分为张广才岭支脉丘陵，全市森林覆盖率为46%。2016年哈尔滨水资源总量为843.7亿立方米，因松花江横贯城市东西，使得哈尔滨市地表水总量（不与地下水相重复部分）占水资源总量的85.3%。随着磨盘山、西泉眼两大水库供水工程建设、改造与升级工作的完成，哈尔滨市水资源系统可以在质和量方面保证城市经济社会发展所需的生产和生活用水。在土壤条件方面，哈尔滨市常用耕地主要土壤类型为黑钙土，土壤中有机质含量较高，土壤表层为肥沃的腐殖质层所覆盖，中下层碳酸钙沉积层，极适宜农作物生长。在矿产资源方面，全市探明矿产资源25种，能源矿产主要为煤矿，2016年基础储量为7262.1万吨。在林木资源方面，主要有红松、落叶松、樟子松、黄菠萝等名贵树种10余种，2016年活立木总蓄积量达9152万立方米。哈尔滨市独有的自然环境使全市拥有五常市凤凰山、阿城区金龙山等8个国家级森林公园，拥有尚志市亚布力、宾县吉华长寿山等4家5S级滑雪场，拥有太阳岛、白渔泡、呼兰河口等12个国家级湿地公园。良好的自然环境成为哈尔滨市旅游产业发展必不可少的自然资源基础。

在生态环境建设与保护方面，针对近年来哈尔滨市出现的空气质量下降、①雾霾天数增加、水生态结构恶化等局部问题，哈尔滨市在全面掌握污染源和污染物情况基础上有针对性地开展生态环境综合治理，陆续开展了治理雾霾保卫蓝天、治理污染净化水质、保土护田等专项治理工作。市政府相继发布了《哈尔滨市人民政府关于禁止焚烧农作物秸秆的通告》《哈尔滨市 2017 年淘汰燃煤小锅炉攻坚战役实施方案》《哈尔滨市重点污染物排放总量指标交易办法》《哈尔滨市环境保护信用体系建设实施方案》等环境治理相关文件。从治理成效来看，仅 2017 年就淘汰燃煤小锅炉 2074 台，数量达到 2011 年至 2016 年的总和；2017 年全年发现并处理环境污染事件共计 3397 件，对涉及污染企业给予"黄牌"警告，同时对"红牌"企业实行"黑名单"管理，落实生态环境污染一票否决制。同时，在生态环境净化能力核定基础上对污染物实行严格的总量控制，2017 年达成排污权交易 133 笔，交易额达 1300 余万元。此外，黑龙江省在 2018 年预备统筹 10 亿元左右的秸秆综合利用资金，用于解决占全国秸秆资源总量 1/8 的农业大省黑龙江的秸秆处理难问题，此举将为哈尔滨市秸秆沼气发电、秸秆有机肥料、秸秆饲料加工等项目的推进实施提供有利契机。

二、政策区位环境

在宏观政策与区位环境方面，哈尔滨因其独有的地理区位和城市功能在国家"一带一路"宏观发展战略版图中占有重要位置，这将为哈尔滨未来的经济发展带来政策环境和区位环境的双重优势。哈尔滨市位于中国版图的东北部，是东北边疆省份黑龙江省的省会，同时也是我国距离邻国俄罗斯最近的区域中心城市。因此，哈尔滨不仅是黑龙江省内的交通枢纽，而且是黑龙江省与国内其他省份之间公路、铁路和航空联络的重要枢纽，更是我国与俄罗斯特别是远东地区开展商贸往来和经济合作的重要窗口与交通节点。随着哈尔滨西站、北站、南站、新机场相继建成投入使用，以及哈尔滨火车站、京哈高速长春至拉

---

① 据《2015 年国民经济和社会发展公报》显示，2014 年我国 15 个副省级城市空气质量为优良的天数平均为 234 天，哈尔滨市低于平均值，总排名第 9 位。从空气质量同比变化趋势来看，哈尔滨与沈阳、长春、宁波、厦门、深圳一样，属于空气质量优良天数同比减少序列，6 个城市同比平均降幅为 22.48%。

林河段等重要交通改扩建工程的完工，哈尔滨区域中心城市和交通枢纽城市的地位与功能将得到进一步提升。2013年9月和10月，习近平总书记分别出访了哈萨克斯坦和印度尼西亚，在《弘扬人民友谊　共创美好未来》和《携手建设中国—东盟命运共同体》两场演讲中，相继提出了"新丝绸之路经济带"和"21世纪海上丝绸之路"，即"一带一路"的国际合作倡议。之后，黑龙江省委省政府积极响应国家顶层的对外开放合作倡议，充分结合黑龙江省的地理区位特征并剖析自身对外合作优势，快速制定出台了《"中蒙俄经济走廊"黑龙江陆海丝绸之路经济带建设规划》，在路线规划设计上充分体现了哈尔滨的节点地位和枢纽功能。线路整体呈东西走向，国内部分呈南北走向，出港线路东起辽宁大连港，中经哈尔滨节点，再通过哈同、绥满、哈黑等陆路干线交通分别抵达黑龙江省同江市、抚远市、绥芬河市、漠河县连峇，以及内蒙古自治区东部城市满洲里市等口岸，出港后分别抵达比罗比詹、哈巴罗夫斯克、符拉迪沃斯托克、斯科沃罗季诺、赤塔等俄罗斯口岸，再通过俄罗斯通往欧洲大陆。可以说，黑龙江省的"陆海丝绸之路经济带建设规划"路线设计完全符合国家"一带一路"倡议规划设计思路，① 充分突显了黑龙江省的区位价值和口岸优势。同样，国家"一带一路"倡议和黑龙江省的"陆海丝绸之路经济带建设规划"有利于哈尔滨市区位优势和战略价值的突显，客观上优化了哈尔滨经济发展的区位环境。

三、行政体制环境

在行政体制环境方面，近年来哈尔滨市不断深化行政体制改革，积极转变政府职能，缩减行政审批事项，简化并优化办事流程，破除制约经济发展的体制机制障碍，使经济发展的行政体制环境得到不断优化。在行政审批权力清理方面，哈尔滨市遵循依法审批的基本原则，全面清理无法律依据部门自设的行政审批事项，由此成为全国有立法权的城市中第一个完全取消了自设审批权的

---

① 国家"丝绸之路经济带"共规划了4条经济合作走廊，包括"新欧亚大陆桥""中蒙俄经济合作走廊""中国—中亚—西亚经济合作走廊""中国—中南半岛经济合作走廊"。其中，"新欧亚大陆桥"和"中蒙俄经济合作走廊"两条路线设计与黑龙江省和哈尔滨市关系最为密切。

城市。在行政审批职能实现机制的优化设计方面，哈尔滨市推出"三个集中"的重要举措，即拥有审批权的部门其审批职能向一个处室集中，负责审批的处室办公地点向窗口服务大厅集中，行政审批流程向网上办公系统集中，使政府组成部门承担行政审批职能的处室总数进一步缩减至 32 个，分管负责人相应地减少至 32 人，分别减少了 81.4% 和 67%，300 多名工作人员离开了审批岗位转向事中事后监管与服务岗位，极大地提高了政府审批效率，节约了政府行政成本和企业及公众的办事成本。在营造公平、有序的行政审批环境方面，哈尔滨市于 2015 年制定并实施了《关于进一步清理规范涉及行政审批中介服务机构和中介服务市场的工作方案》，对不具备资质、涉嫌违规经营、破坏公平竞争秩序的中介机构进行了集中清理整顿。同时，积极推进中介服务机构与存在行政隶属关系的行政主管部门脱钩，严禁公务人员在中介服务性质机构兼职，实行行政审批中介服务项目目录管理制度，中介服务事项及收费标准与依据向社会公开，实现依法审批、公平审批、透明服务。在政府职能整合与机构重组方面，哈尔滨市自"十三五"以来，为了更好地发挥市场在资源配置中的决定性作用，更好地厘清政府与市场、政府与社会之间的关系，结合哈尔滨经济社会发展实际及其对政府管理的实际需要，在贯彻依法行政基本理念的基础上，积极转变政府职能，转换政府在经济社会发展中的角色，将社会可以承担并且由社会承担更好的公共服务职能转移给社会，政府自身保留有限和必要的权力，从合法性和合理性双重维度对政府权力清单和责任清单进行了认真的梳理并不断加以完善，仅 2017 年哈尔滨市就精简了市本级行政权力 816 项，进一步巩固了前 5 年政府事权精简 52.5% 的行政体制改革成果。同时，哈尔滨市在全省率先推行了以社会需求为导向，以职能优化为目标的"大处室制"改革，对政府组成部门间的相似职能进行合并，内设机构进行优化重组，截止十九届三中全会之前共精简发改委等 38 个部门的内设处室达 151 个，从管理岗位上精简下来的原部门领导和工作人员经过培训更多地充实到了服务岗位，从而提高了地方政府的行政效能和服务质量。

四、环境问题剖析

经过与国内其他同类城市比较我们发现，哈尔滨的经济发展的确面临一些亟需解决的具体环境问题，主要体现在人力资本、公共服务和市场秩序三个方面。哈尔滨经济发展的人力资本困境集中体现在人口增长停滞，人口老龄化趋势严重，劳动力人口占比下降，劳动力人口学历普遍偏低，受教育年限较短，高学历、高素质人才流失严重等。哈尔滨经济发展的公共服务困境主要体现在义务教育服务和养老服务两个方面，区域义务教育发展不均衡和养老服务体系不健全在一定程度上也会影响劳动力人口主体性发挥，导致人力资本环境恶化。在市场秩序环境方面，2017 年年底至 2018 年年初，哈尔滨连续发生了几起因旅游市场从业者的违规行为而损害消费者利益的事件，① 一时间在网上引起热议，给城市旅游品牌及整体形象造成了极坏影响，虽然在舆论压力和地方政府、市场监督管理部门、消费者协会等多方介入下事件相继得以平息，但客观上却对哈尔滨冬季旅游产业发展造成了极大影响，涉事地区游客门可罗雀，哈尔滨旅游景区在专业旅游网站的热度直线下降。

　　这三个环境因素之间彼此联系，相互影响，导致哈尔滨市在经济发展过程中出现劳动力人口和人才短缺、内生动力和创新发展能力相对不足、社会投资和消费吸引力相对较弱、资源配置效能相对偏低等问题，制约着哈尔滨的经济发展。基于问题阐述的逻辑需要，这三方面环境问题的具体表现，对哈尔滨经济发展的影响，本书将在下面的具体章节中结合服务型地方政府的经济发展环境优化职能进行更加明晰的阐述。

---

① 　这些事件主要包括 2017 年 12 月发生的雪乡赵家大院宰客事件、2018 年 1 月雪乡大巴多名导游胁迫消费事件、2018 年 1 月哈尔滨冰上娱乐项目经营者间殴斗并暴力驱逐游客事件。

第五章

优化人力资本环境：智识力启动经济力

人力资本是地方经济发展的重要软实力，人力资本的存量、质量、结构决定着地方经济发展的内生驱动力和创新发展潜能。同时，人力资本环境与地方经济发展之间又是互为因果、相互影响、相互制约的关系，只有率先优化人力资本环境，才能打破人力资本环境与地方经济发展之间的恶性循环。为此，地方政府应加大政策与财政投入，本着发展人的目的，做好人才"引、用、留"相结合的综合协调工作，积极优化人力资本年龄、知识等方面结构，提高地方人力资本的存量与整体质量。优化人力资本环境是地方政府的一项重要且核心的经济发展环境优化职能。

第一节　人力资本：地方经济发展的内生动力

人力资本是以人为载体的资本特殊表现形式，具有资本一般的回报属性，即能够给其拥有者带来回报。这里的"拥有者"不仅指微观的个体的人，还包括中观意义上的个体人所归属的组织和宏观层面上的组织所存在和活跃的领域及社会。人力资本对地方经济发展的影响业已得到理论与实践领域的双重验证。

一、人力资本：从物到人的资本形态演进

美国学者西奥多·舒尔茨（Theodore W. Schultz）和加里·贝克尔（Gary S. Becker）对人力资本理论的研究做出了重要贡献。1960 年，舒尔茨以学会会长身份提交给美国经济学年会的一篇名为《人力资本的投资》的论文引起了人

们对人力资本这一重要的资本形式的关注。舒尔茨认为，传统的理论过分强调实物资本的作用而忽略了人力资本在现代经济发展中的作用①，在后来出版的同名著作中，舒尔茨指出，能够带来价值增殖的不仅是有形的物力资本，还包括无形的人力资本，物力资本的价值增殖过程在物质资料生产及流通中完成，人力资本的价值增殖过程则在人的劳动过程中实现。从资本的概念意义上来看，他主张人力资本同物力资本一样都需要投资，人力资本通过教育等形式凝结在劳动者身上，包括劳动者的专业技能、科学知识、环境适应力、强健的体魄等等。这一观点似乎与古希腊雅典对城邦公民的基本素质要求和公民教育观有着异曲同工之妙。客观上看，国家或社会所进行的人力资本投资所产出的技能与知识增长直接固化在了个体的人身上，个体的人成为人力资本投资的直接受益者，家庭、企业或其他组织为此担负一定的成本，占用一部分短期看来投入其他领域更有可能获益的资金，但从长期来看，长期积累的人力资本一经投入使用，一定会给其投资者带来更多数量和多种形式的回报。丹尼逊（E. F. Denison）以美国华盛顿区 1929 年至 1982 年间的数据实证得出，受教育水平对该区经济增长的贡献率约占 25%。② 由此可以充分证明人力资本的资本属性以及进行人力资本投资的必要性。在舒尔茨提出人力资本概念及问题之前，包括行为科学研究者在内，学界普遍把"人"视为一种无异于"物"的生产资料，而忽视了人这种能动要素对经济社会发展来说具有极大的生产性。在缺乏对人进行系统的、有规划的、有目的的投资的情况下，人在经济社会发展中的主体性事实上是长期受到压制的，人是物化的，人只能作为一种生产性资源，而无法通过释放内在潜能而在社会生产实践这一人的固有存在方式中转化为有利于人的发展和社会进步的人力资本。据舒尔茨等人测算，20 世纪上半叶的美国，人力资本投资对经济增长的贡献率是物力资本投资的 4.5 倍，经济增长的近一半是由人力资本投资创造的。以投资教育等方式所进行的人力资本投资成为影响美国国民经济增长的重要因素。因此他主张，企业应改变以往不重视人力资本投资的态度，

---

① 〔美〕舒尔茨. 论人力资本投资［M］. 北京：经济学院出版社，1990：237－238.

② 何刚，等. 人力资本对区域经济发展的贡献率研究：以安徽省为例［J］. 江淮论坛，2015（3）：76.

给予人的知识、教育、技能等方面的发展需求以更多的支持，并不惜耗费一些资源甚至是稀缺性资源，包括物质、时间、空间资源等。舒尔茨的深入研究及其所倡导的人力资本革命给 20 世纪中后期美国经济发展注射了强心剂，之后 20 年的理论实践也使其获得了诺贝尔经济学奖的殊荣。

　　经过考证我们发现，在舒尔茨提出人力资本的概念之前，在 19 世纪上半叶的英国经济学界已有学者对人力资源对经济发展的贡献问题进行过研究，典型代表是经济学家威廉·西尼尔（William Senior）。他在 1836 年出版的《政治经济学大纲》中，鲜明地强调了人力资本在经济发展中的重要作用。在西尼尔的话语体系中，人力资本经常被表述为个体资本或无形资本，以区别于以有形的物质为载体的物力资本，并竭尽全力地去论证以使大家明白此种无形资本在推动有形资本价值增殖和整个社会经济增长中的独特作用。

　　　　就我们现在的文化形态说——比较起来这已经算是很高的，但是跟我们可以想象得到的、甚至跟我们自信可以盼望得到的状态比起来，还差得很远——我们智力和精神的资本，不但在重要意义上，甚至在生产力上，都已经远远超过有形资本……大部分的国民收入是利润；而利润中单是属于有形资本的利息的那个部分大概不到三分之一，其余是个人资本（也就是教育）的成果……决定国家的财富的并不是土壤或气候的偶然性，也不是生产的有形手段的现有积累，而是这种无形资本的量及其普及程度。……小亚细亚、叙利亚、埃及和非洲北部沿海一带一度是世界上最富足的地区，如今却要算是最困难的地区，这只是由于掌握着这些地区的各族人民没有足够的无形资源以保持有形资源。①

　　同时，为了突显教育在个人财富积累中的重要作用，他本人参照培根的提法，提出"据说知识就是力量；但是我们可以有更强得多的理由说知识就是财

---

① 〔英〕西尼尔. 政治经济学大纲［M］. 蔡受百，译. 北京：商务印书馆，1977：202 – 204.

富"①，"一切事业中最重要的是教育"②。总体来看，西尼尔对无形资本可以促进经济增长的分析是较为深刻的，从某种意义上说并不逊于100多年之后的舒尔茨，并且个人资本、无形资本与人力资本虽然概念使用不同，但其内涵指向基本一致，均是通过人力资本投资，并在人力资本的使用过程中实现资本的增殖。

人力资本的发现、认识、投资与使用与人类认识世界和改造世界的实践活动的目的性价值具有部分重叠性。虽然人力资本从发现到使用的全过程产生于资本主义生产实践，并且从工具理性视角来看，资本家投资于广大劳动者的直接的和原初的目的在于更好地发挥其作为生产要素的功能，以创造更多的个人财富和社会财富，由此在这一人类生产实践中，劳动者所承载的人力资本成为促进人类生产实践发展的重要工具，但同时，人力资本的投资过程客观上促成了教育人、发展人的结果，与人类认识世界改造世界的最终所要达到的发展人的目的具有一定的重叠性。但并不能据此形成资本主义生产关系下的人力资本投资行为属于人本主义的结论。根本理由在于资本主义生产力和生产关系形成并服务于具有剥削本质的资本主义制度，在这样的制度下，奴役人、剥削人以获得少部分人的发展才是目的，而广大劳动者即便从中获得了知识、健康、技术，也只是服务于少部分人发展目的的工具，劳动者获得能力提升的客观结果也只是在创造更多终将被剥夺走的剩余价值过程中的副产品。这样的制度决定了人在此种存在方式下所获得的发展不可能是马克思所说的自由全面的发展。正如袁闯教授所表达的，凡不是以发展人为直接和最终目的的关心人和发展人的行为都不是真正的人本主义，都是伪人本主义。③ 即便如此，舒尔茨和贝克尔等人所提出的人力资本理论对人类社会生产发展来说仍然具有重要的推动作用。从生产力发展的角度来说，凝结在劳动者身上的知识和技术成为推动生产力发展的全新力量，劳动者作为重要的生产要素其素质和能力的全面提高更直接作用于生产力的发展。从生产关系发展的角度来看，无论最终目的如何，人

---

① 〔英〕西尼尔. 政治经济学大纲［M］. 蔡受百，译. 北京：商务印书馆，1977：204.
② 〔英〕西尼尔. 政治经济学大纲［M］. 蔡受百，译. 北京：商务印书馆，1977：323.
③ 袁闯. 管理哲学［M］. 上海：复旦大学出版社，2004：207.

力资本理论的主张有助于在人类社会生产实践过程中形成以关心人、尊重人、重视人为基础的良好人际关系，使承载着人力资本的劳动者在劳动过程中满足自身对尊重和自我价值实现的需要。

人力资本与物力资本相比较既有共同点，也存在区别。其共同点体现在资本属性、耗散性，其区别体现在载体不同、形态不同、专属性不同。资本（Capital）与资源（Resource）的显著区别在于其生产性、回报性和增殖性。资源转化为资本是有条件的，实际或潜在存在的资源如果没有被认识、重视并得到合理的开发和使用，并不能发挥其本身的资源价值，也不能给其拥有者（个人或组织）带来不同形式的回报，更不能实现资源本身的价值增殖。人力资本同物力资本一样需要在社会生产实践过程中通过使用彰显其作为资本的价值与力量。同时，人力资本和物力资本一样也会在使用过程中被消耗，为了补偿这种消耗，从而维系当前并更好地满足未来社会生产实践对人力资本的数量和质量需要，就需要个人或组织，国家或社会追加人力资本投资。人力资本同物力资本的区别也是比较明显的，从载体来看，物力资本的载体是物，货币、材料、场地等物力资本的具体表现常常就是物力资源本身；人力资本的载体不是物而是人，人只是人力资本的载体，而不是资源本身，正如舒尔茨所表达的，人力资本是固化在劳动者身上的知识、体力、技能，以及所表现出的人的综合行为能力。表现为劳动者综合能力的人力资本是由不同形式的资源经过特殊过程转化聚合而形成的，例如教育资源经过教育培训过程转化为劳动者的丰富的专业知识与技能，医疗资源经过专门服务过程转化为劳动者充沛的精力和体力等。从形态来看，物力资本是有形的，易于量化计算和度量的，而人力资本是无形的，其丰富程度、消耗程度等不太容易进行量化统计，只能通过载体人的行为能力的强弱，以及对社会生产角色胜任程度等外在行为表现，或者以劳动者资源承载量如受教育程度与年限等等加以估量和评价。与载体相关，人力资本与物力资本在专属性与流动性方面表现出较为明显的差异。物力资本的载体是物，其出资人和所有者往往具有同一性，资本的所有权转移过程往往伴随着对前期投资的货币等形式补偿；而人力资本的载体是人，教育、医疗等资源完全固化在具体劳动者身上，无论由谁出资，劳动者都是最直接受益者，人力资本的出资人和所有者也可能是非同一的。正是因为人力资本的载体是人，在现代职业体系下，人员的跨组织、跨部门、跨地区流动将直接导致其所承载的人力资本的空间转移，这也正是许多组织特别是企业更愿意选聘技术熟练人员，以减少人力资本投资从而降低相应风险的原因。

宏观地考察和评价一个国家或地区的人力资本状况，虽然不像分析一个微观组织那样相对容易，但并非完全不可能，关键在于选准分析问题的视角，科学地确定能够反映客观实际的且具有主体间可比性的指标体系。除了前文我们所提及的人的综合能力及人的行为结果这一评价标准外，国外学者丹尼逊曾于1985年从受教育水平来衡量美国华盛顿区的人力资本状况，曼昆（Nicholas Gregory Mankiw）等人也曾于1992年从入学率来衡量一个地区的人力资本状况。总的来看，目前国内外关于人力资本问题的分析中所使用的研究方法主要有：教育年限法、物质投入法、生产函数法、人力资本回报法、人力资本特征与收入法以及J－F终生收入法等。① 出于数据全面性的考虑，国内学者在实证研究中大多会选用教育年限这一指标来衡量某一区域范围内的人力资本状况。

除教育因素外，有的学者还会选取健康指标作为分析重点，如关权教授所言：

> 人力资源涉及广泛的内容，既包括营养和健康，也包括教育和培训，还包括一些制度和文化、习惯问题。营养和健康直接关系到人口和劳动力的身体素质，甚至关系到预期寿命。发展中国家的预期寿命普遍比发达国家短，这显然是由于营养、医疗、卫生、环境等不良因素影响所致。不仅寿命长短问题，更重要的是在有限的生命过程中是否健康。如果人口当中很多人都不够健康，那么人们的体力、智力和生产力就会低下。影响健康的因素很多，包括饮食和饮用水的卫生，生活环境的好坏，医疗体制的健全程度和医疗水平的高低，是否缺医少药，甚至社会和谐程度都会影响人们的健康。②

---

① 何刚，等. 人力资本对区域经济发展的贡献率研究：以安徽省为例［J］. 江淮论坛，2015（3）：78.
② 关权. 发展经济学——中国经济发展［M］. 清华大学出版社，2014：255.

又如，马春文教授等人的研究不仅印证了健康因素、营养投资对人力资本存量与质量的实际影响，而且基于此基本观点又提出了一些更为细致的思考：

> 拥有良好的身体素质的劳动力能保证生产的顺利进行，但是当营养和医疗投入达到一定程度之后，其边际收益开始递减，直至为负。因此，在制定营养和医疗方案时，不能只从总体上判断，而应该注重营养健康状况最差的群体的营养条件。另一方面还要区别对待不同年龄段的营养投资。儿童时期的营养情况不仅对其生长发育有明显影响，对其以后在学习过程中的接受能力也具有重要影响。①

综合国内外学者在人力资本问题上的分析视角，结合人口经济学的相关观点，在尊重人力资本概念提出者本意的基础上，我们认为，衡量一个国家或地区的人力资本状况应选取这样几个视角：首先，从人力资本的载体来看，应考察该区域人口数量与人口年龄结构及其变动趋势；其次，从人力资本的资源构成来看，应考察该区域人口的受教育程度与学历结构及其变化趋势；再次，从人力资本的价值生成路径来看，应考察该区域劳动力人口的实际就业情况及变化趋势。此外，从人力资本对区域经济社会发展的实际或潜在贡献来看，人力资本可以分为核心人力资本和外围人力资本。核心人力资本的承载者不分年龄、性别、专业与行业领域等可以统称为优秀人才，特指那些因自身聚合了优质资源而具有认识世界和改造世界的非凡能力，对该区域经济社会发展曾经、正在或即将做出突出贡献的人。优秀人才的保有量及其流动趋势也应当成为考察某一区域人力资本状况的重要指标。

二、人力资本对地方经济发展的影响

人力资本不仅是一个地方宝贵的社会财富，而且是推动地方经济发展和财

---

① 马春文，等. 发展经济学［M］. 北京：高等教育出版社，2016：105 – 106.

富积累的重要推动力量。随着经济内生增长理论①的发展，特别是知识经济时代的到来，人力资本被普遍地作为一个影响经济发展的重要变量引入经济发展相关问题的分析过程。人力资本的存量与质量、人力资本的投资与收益、人力资本促进区域经济发展及造成地区间经济发展不平衡的内在机理等问题受到学界理论研究与实证研究者的广泛关注。"二战"结束以后的 70 余年间，世界经济格局发生了较大的变化。一部分老牌资本主义经济强国的经济衰落除受到战争创伤影响外，与人力资本投资不足、人才流失并最终导致人力资本存量与质量整体下降不无关系。世界科技中心、教育中心与文化中心的转移势必带来世界范围内人力资本重心的偏移，并最终导致经济中心向欧洲大陆以外地区的分散和转移。同时，战争、疾病、贫困始终困扰着一部分发展中国家，第三世界国家的经济贫困背后隐藏着更深层次的人力资本贫困问题。中国改革开放 40 年来，已发展为世界第二大经济体，经济建设领域所取得的伟大成就得益于中国共产党先进的执政理念、科学的发展理念，特别是立足长远的人才建设理念与储备发展战略。40 年来，我国国民教育事业、高等教育事业、医疗卫生事业、科技事业等均得到了长足的发展。这些事业的快速发展为我国高精尖人才的培养与吸储、国民素质和劳动者素质的全面提升奠定了坚实的基础，使得我国整体上人力资本的存量与质量状况得到了明显的改善。但是不得不承认，我国各地区之间教育、医疗等公共事业发展并不均衡，正如党的十九大对我国当前社会主要矛盾的全新判断一样，人民日益增长的美好生活需要同发展的不平衡不充分之间存在着一定的距离，这里的人民需要就包括了接受优质教育、享受优质医疗服务以获取知识与技能和健康的普遍需要，所谓发展的不平衡不充分自然也包括了因教育资源、医疗资源，特别是其中优质资源分布的不均衡所带来的公共事业发展的不平衡不充分。从人力资本投资角度来看，与人力资本积累

---

① 内生增长理论也称为新增长理论，产生于 20 世纪 80 年代中期，以罗默、卢卡斯、斯科特等为代表的一批经济学家，在舒尔茨 1960 年发表《人力资本投资》一文和贝克尔 1964 年出版《人力资本》一书并明确阐明人力资本对经济增长的重要作用与贡献之后，提出了以"内生技术变化"为核心的新增长理论。他们坚定地认为人的特殊知识的积累和专业化人力资本的积累不仅可以提高劳动生产率，而且可以提升物力资本的价值，明确了人力资本对经济增长的引擎式作用，从而对未来经济保持长期持续增长持有积极的乐观态度。

相关的公共事业发展不平衡背后所反映出来的，是人力资本投资理念与意识的不均衡，人力资本投资能力与水平的不均衡，这些不均衡所导致的直接结果是各地方通过培育所获得的人力资本存量与质量的不均衡，并最终导致经济社会发展的不均衡。经济社会发展的不均衡意味着本已呈现人力资本贫困的经济社会发展欠发达地区对人力资源和人才的吸附能力相对较弱，人力资本的流动使部分地区的人力资本状况进一步恶化。以人为载体的人力资本的流动成为人力资本地域分布不均衡的主要原因。由此，在地方经济社会发展与人力资本存量与质量之间形成潜在的恶性循环。所以，要转变部分地方人力资本与经济发展之间的互损关系为互馈关系，必须从长远利益考虑首先设法改善地方人力资本状况，只有这样才能为地方经济社会发展积累力量，提升竞争软实力，以缩小与发达地区之间的人力资本差距、经济社会发展差距和竞争力差距，促进各地方平衡且充分地发展。

　　人力资本的存量和质量与地方经济发展进程之间的正相关关系，近年来在国内部分学者的实证分析中逐渐得到了确切的验证。自舒尔茨于 20 世纪 60 年代正式提出人力资本概念并指明人力资本是促进现代经济增长的主要因素之后，前文我们提到过的丹尼逊、曼昆，以及罗默、贝克尔、韦尔等尝试从不同角度验证和补充证明人力资本与经济增长的正相关关系。① 我国在这方面的研究起步较晚，大致兴起于世纪之交，并且客观来说早期的研究因不同学者对人力资本内涵理解上的不同，以及所选取的人力资本评价指标的不同，并没有取得一致性的结论。② 当然，大部分国内学者还是取得了证实性的结论，即人力资本

---

① 何刚，等. 人力资本对区域经济发展的贡献率研究：以安徽省为例［J］. 江淮论坛，2015（3）：76.

② 较早研究此问题的学者中，少部分学者得出了在中国人力资本对经济增长作用并不明显的结论。如沈坤荣、耿强发表在 2001 年第 1 期《中国社会科学》上的《外商直接投资、技术外溢与内生经济增长》一文指出，人力资本存量对人均 GDP 的拉动作用并不显著，在中国人力资本对经济增长的促进作用仍未显现。持有类似观点的还有林毅夫、刘培林，他们以改革开放后到 2000 年中国的人力资本状况及经济发展历程作为研究背景，得出了类似的结论。此外，徐现祥和舒元在 2005 年的《物质资本、人力资本与中国地区双峰趋同》一文中，经过对沿海地区与内陆地区在人力资本、物质资本与经济发展速度方面的比较研究后，同样得出了地区间发展差距主要是由物质资本而非人力资本因素所导致的结论。

存量及质量与地方经济增长正相关，并且是推动地方经济和社会发展的重要因素。①

这一时期在该问题方面的国内研究中，南开大学中国城市与区域经济研究中心的金相郁和段浩的研究是较为科学、深入且客观的。他们选取了最容易获取数据、最具可比性且能够最为直接反映人力资本状况的"受教育程度"作为衡量地区人力资本状况的指标，同时把人力资本存量和质量作为人力资本状态分析的两个不同视角加以区分，此外还以受教育程度为标准将人力资本区分为基础教育程度人力资本、中等教育程度人力资本和高等教育程度人力资本。在抽取了1997年至2004年全国31个省市区相关样本后，运用卢卡斯模型，对人力资本与区域经济发展的相关性问题进行了实证性研究，基本结论包括：

> 其一，此间全国各地教育事业得到不同程度发展，人力资本存量也相应地增加，全国存量增长16.48%，其中高等教育程度人力资本增长幅度最大，约为117.07%，中等教育程度人力资本存量增长28.37%，初等教育程度人力资本存量则以－19.90%增长率进入负增长序列。三类人力资本存量占总量的比重由1997年的9.39：48.71：41.89调整为2004年的17.51：53.68：28.81；其二，1997年至2004年间，人力资本对区域经济发展的作用仍然小于物质资本，但高等教育程度人力资本对区域经济发展具有显著的推动作用；其三，1997年至2004年间，中国发达地区的经济增长主要依靠人力资本存量的增加，而人力资本质量对经济增长的促进作用相对较小。

此后，李海峥教授等人基于上海、广东、河北、湖南、甘肃、贵州六省市面板数据的研究，对于确证人力资本在城乡间、省际分布不均衡是导致经济社

---

① 持有此观点的学者比较有代表性的有蔡昉、都阳，他们于2000年发表在《经济研究》上的一篇名为《中国地区经济增长的趋同与差异——对西部启示》的文章，以改革开放22年的中国区域经济发展为研究背景，以地区原始人力资本对地方经济发展的作用为研究对象，得出了两者之间存在正相关关系的结论。周英章和孙崎岖在发表于2002年《中国软科学》上的一篇名为《我国教育投入对实际经济增长的贡献实证分析》的文章中，认为教育投入与经济增长之间存在互持互馈关系。同期，闫淑敏、秦江萍、边雅静、沈利生、赖明勇、张新等人的研究也均得出了积极的结论。

会发展不均衡的主要原因来说，是极富建设性的。他们选取的六个省市分别代表了经济发展意义上的东部、中部、西部三类地区，在人力资本度量方法上选用了更为复杂的"Jorgenson – Fraumeni"（J – F）终生收入法①，最后所得出的结论主要包括：

> 第一，人力资本是决定我国省际经济能否趋同的重要因素，落后地区较低的初期收入所产生的后发优势几乎可以完全被人力资本的相对落后所抵消。第二，目前发达地区人力资本水平显著高于落后地区，可以预见我国地区经济差异仍会继续扩大。第三，初期人力资本对地区经济增长表现出显著的促进作用……平均受教育年限增加 1 年，地区经济增长率预期增加 2.3 个百分点……第四，人力资本对地区经济趋同的影响表现为双刃剑，即当期地区经济差距扩大的主要原因是人力资本，而要实现地区经济趋同也需要依靠人力资本。②

所以，应对目前我国地区之间、城乡之间经济社会发展差距的主要方法之一在于经济社会发展相对滞后的区域要通过加大教育投入、加快城镇化建设等方式追加人力资本投资。

人力资本与地方经济发展之间相互影响，后者对前者的影响更为显性和直接，而前者对后者的影响往往是潜移默化的，并且是更为深远的。正如前文所

---

① 此方法由乔根森（Jorgenson）和弗拉梅尼（Fraumeni）于 1989 年创设，现已被世界上重视人力资本问题的一些发达国家在度量和监测人力资本状况时所广泛采用。例如，美国经济分析局、加拿大和澳大利亚统计局等均已实施或计划实施人力资本测试计划，并使用"J – F"法建构本国的人力资本账户。"终生收入法"是以个人预期生命期的终生收入的现值来衡量人力资本水平，采用该方法度量人力资本能够更加准确合理地反映出教育、健康等长期投资对人力资本积累的重要作用。该方法假设人力资本与物质资本一样，可以在市场交易，交易价格用预期生命的未来终生收入现值来衡量。通过使用生存率、升学率和就业率，并考虑不变劳动收入增长率和折现率，运用倒推的方式估计预期未来收入现值。方法实际应用过程可参见李海峥等发表在《中央财经大学学报》2014 年第 5 期的题为《中国人力资本的度量：方法、结果及应用》一文。

② 李海峥，等 . 中国人力资本的度量：方法、结果及应用 ［J］. 中央财经大学学报，2014（5）：76 – 77.

述，人力资本数量和质量所标示的人力资本状况与经济发展之间呈现或是互馈或是互损的正相关关系。上述实证研究也充分表明，凡是经济社会发展相对滞后的地区，其人力资本总体状况也欠佳，并且地区之间经济社会发展差距的逐渐拉大，也与部分地区人力资本状况长期得不到有效改善直接相关。这其中的影响因素最主要来自地方财力制约的公共财政投资能力偏弱，一方面表现在教育性投资方面，另一方面表现在引进性投资方面。为改善人力资本状况所进行的教育性投资一般具有周期长、起效慢的特点，在财力有效的前提下，地方政府更容易理性地选择物力资本投资。同时，由于人力资本因其特殊载体形式而具有流动性，给人力资本教育性投资带来极大的风险，甚至是不确定性，在一定程度上折损投资信心。因此，部分经济社会发展尚不发达的地方在财力允许的情况下宁可选择可以更为迅速改善地方人力资本状况的引进性投资方案。对于社会家庭和个体来说，人力资本的投资额度与投资指向在不受腐朽理念干扰的情况下与家庭可支配收入水平直接相关，毕竟我国现阶段国民教育序列中的中等及以上人力资本投资主要依靠家庭的投资能力，对于家庭来说这种投资的回报不仅同样需要经历较长周期，而且同时要承担未来社会就业结构性变动带来的投资风险。魁奈曾经这样认识人口数量增加与社会财富积累之间的逻辑关系：

> 构成国家强大的因素是人……要使不断在恢复和更新的国家财富维持下支并加以扩大，这决定于人们的劳动力的使用和人口的增长……不论什么地方，只要人们能够取得财富，过富足的生活，安逸地作为所有主享有以其劳动和精力获得的一切东西，他们就会在那里聚居，并不断孳生……财富和人口只有在由财富本身造成的富足生活条件下才可能维持。[①]

由此可见，地方政府扩大社会财富总量积累同时做好社会财富分配工作对于地方人力资本存量与质量的全面提升来说十分重要。相比较而言，人力资

---

① 〔法〕魁奈. 人口论［M］//吴斐丹，张草纫，译. 魁奈经济著作选集. 北京：商务印书馆，1997：103，132，135.

对地方经济发展的影响却是长期而深远的，同时是持续而潜移默化的。由于人力资本是以人为载体的资源集合体，最终表达为人认识世界和改造世界的综合行为能力，而经济发展的内涵正如开篇我们所探讨过的既基于经济增长同时又不限于经济增长，是极其丰富的，所以，构成人力资本的人口数量、人口结构、知识结构、健康水平等因素既从各自的角度又同时以一个整体的姿态，对地方经济发展产生或积极或消极的重要影响。

（一）地方人口数量和质量影响本地经济发展

横向比较来看，凡是经济较发达的地区或城市都呈现人口大量流入的现象和趋势，反之则表现为常住人口特别是劳动力人口的大量迁出。从适度人口论角度来看，人口数量并不是越多越好，超量人口会增加城市资源和环境压力，导致城市失业率上升，突破边际收益后不仅无助于经济增长反而造成边际收益递减。

这种适度人口思想最早可以追溯到魁奈①，他认为，"人及劳动力与自然条件相适应是财富增加的条件……人口过多或者无限制的增长对一个国家也是不利的"②。当然，人口过多的问题并不是我们在这里所要探讨的重点，我们所关心的是对于一部分经济欠发达、社会生产发展缓慢，甚至属于资源枯竭型的地区和城市来说，其所面临的困境恰恰相反，产业转型升级、社会生产和地方经济发展面临着极大的人口缺口，特别是缺少相应数量和质量的劳动力人口作为

---

① 适度人口思想或者说是适度人口论产生于 19 世纪末、20 世纪初，是资本主义经济走向垄断，生产力快速发展，出现大量剩余劳动力，同时给城市带来巨大的就业压力、资源压力、环境压力时所提出的。核心主张在于人口规模与社会生产发展应该相适应，既不能过剩，也不能不足，而应该以社会经济发展需要为依据，保持适度人口规模。代表人物包括最早把边际效用分析引入人口规模研究的瑞典经济学家克努特·维克塞尔（Knut Wicksell）和早期适度人口论的提出者英国经济学家 E. 坎南（Edwin Cannan）。维克塞尔最先提出了"适度人口"的概念，即人口达到其应有的数量后，稍微增加就会影响经济繁荣，导致收益减少。这种收益影响分为两个阶段，人口突破适度值后首先影响人均自然资源收益，持续增加人口则降低人均财富和人均收入。坎南在其《初级政治经济学》一书中，从边际收益角度认为，产业获得最大收益时的人口数量就是经济适度人口。随后在其 1928 年出版的《财富论》一书中进一步阐释该观点，在特定时期，特定生产规模和特定人口素质前提下，劳动力人口超过了"最大收益点"，产业收益将出现递减趋势。

② 孙久文. 城市经济学［M］. 北京：中国人民大学出版社，2016：53.

有力支撑。对于因经济欠发达、劳动力人口大量流出的地方来说，人口数量与质量在相当程度上制约着其经济发展。人口对于此类地区经济发展的重要性表现在生产和消费两个环节。从生产环节来看，实际或潜在存在的劳动力人口可以满足地方三次产业发展对劳动力数量和质量的需要，如果劳动力资源匮乏将直接导致生产成本因劳动力价格上涨而上升，影响生产和经济发展。从消费环节来看，长期稳定的居住人口可以给地方经济发展提供稳定的社会消费市场，拉动地方经济增长。正如魁奈所指出的，"人口增长会扩大消费，从而引起生产和收入的增长。"①

古典经济学家威廉·配第（William Petty）也较早地阐述了人口数量与财富积累之间的内在联系。他提出了著名的"劳动是财富的源泉"这一观点，他认为，"土地为财富之母，而劳动则为财富之父和能动的要素。"② 配第生活的时代是新兴资本主义经济早期发展时期，经济的发展离不开丰富的劳动力资源基础，因此他从劳动价值论出发主张，国家财富的生产与积累要依托一定数量的劳动人口，不仅要增加劳动人口的自然数量，而且要增加其社会数量，这里的"社会数量"指的劳动者创造财富的能力与实际生产价值。从人力资本角度来看，配第不仅关心人力资本的存量，而且关心人力资本的实际质量。③ 马克思将人类社会生产实践分为两类，即物质资料的生产和人类自身的生产，前者是财富的积累方式，并通过财富分配使人们的生活质量得以提高，生存状态得以改善；后者则成为扩大人口规模的主要途径。

此外，马克思从辩证唯物主义和历史唯物主义出发，把人口规模与经济发展的关系放到经济基础与上层建筑的逻辑关系中加以考察，从而得出了物质资

---

① 孙久文. 城市经济学［M］. 北京：中国人民大学出版社，2016：53.
② 〔英〕威廉·配第. 赋税论 献给英明人士 货币略论［M］. 陈冬野，等，译. 北京：商务印书馆，1978：66.
③ 在古典经济学家中，除威廉·配第和魁奈外，亚当·斯密、大卫·李嘉图也都表达了人口是经济发展关键要素的观点。斯密在《国富论》中表达了这样的人口经济逻辑：国民收入的增长会带来人口的增加，居民人数的增长不仅是一国繁荣的明显标志，而且会扩大市场规模，增加储蓄，扩大了劳动基金和投资，进一步扩大了社会生产和对劳动力的需求，从而通过劳动专业化扩大市场，刺激技术进步，使劳动生产率进一步提高，使经济得到持久良性发展。

料生产是人类自身生产的前提，人口规模扩大推动着物质资料生产的重要结论。在人口规模的限度问题上，马克思借用恩格斯的过剩人口理论，结合其对资本结构两重性的分析认为，随着资本主义生产力的发展，相对过剩人口是其经济社会发展的必然产物。

（二）地方人口结构影响本地经济发展

人口结构是经济学、社会学等诸多学科共同探讨的话题，一般包括人口的年龄结构、人口的学历与教育结构、人口的性别结构等。这其中，从人力资本构成来看，对地方经济发展产生显著影响的是人口的年龄结构和学历与教育结构。从人口年龄结构来看，一个地方的人口可以分为两部分，即劳动年龄人口和非劳动年龄人口。劳动年龄人口主要指处于国家《劳动法》所规定的劳动年龄段的人口总数，在我国这一年龄段的人口主要指年满 16 周岁且未达到法定退休年龄的人口，也称为劳动力人口。非劳动年龄人口主要指未满 16 周岁，或超过法定退休年龄的人口。一般来说，劳动力人口是地方社会生产发展和经济发展的主力军，因此，从适度人口理论来看，劳动力人口在地方总人口中应长期稳定地保持适当的比例和数量，以满足社会生产发展对劳动力的需求。"人口跳跃式发展会造成城市就业某段时期劳动力缺乏、社会设备闲置；而某段时期又过度饱和导致失业，从而制约城市经济的健康发展，带来社会的不稳定。"[1]

导致一个地方人口年龄结构变化，或者说劳动力人口所占比例及劳动力人口内部年龄结构变化的原因是多方面的，主要包括人口出生率、人口死亡率、人口迁徙、生育政策等。现代社会的婚育观念、生活压力等等因素影响了许多城市地区的人口出生率，同时，由于我国医疗水平的提高、人民物质生活的极大改善和人们保健意识的增强，许多地方人口死亡率也呈下降趋势。此外，加上出生率低过死亡率造成的人口自然增长率总体下降，甚至一些地方呈现了负增长态势，以及劳动力人口迁出的影响，许多地方出现不同程度的人口老龄

---

① 孙久文. 城市经济学［M］. 北京：中国人民大学出版社，2016：62.

化①现象及发展趋势。② 人口老龄化成为影响地方经济发展的一个重要因素。综合来看，以人口老龄化为主要特征和趋向的人口年龄结构变动对地方经济发展的影响主要体现在这样几个方面：其一，影响劳动力供给；其二，影响劳动力人口内部年龄结构，从而影响青年劳动力的供给，进而在身体素质意义上影响劳动生产率；其三，老年人口比例过大将提高地方老年人口抚养比，加重劳动力人口抚养负担，同时加重地方养老金支付负担，变相削弱其支付能力，此外，劳动力人口内部存在的"老龄化"趋势也给地方养老事业带来潜在的危机；其四，老年人口比例上升和寿命的延长，从消费需求、消费理念等方面来看会在总量上削弱地方社会消费需求③，此外，老年抚养比的增大在加重财政、社会和劳动力人口养老负担的同时，会影响劳动力人口收入、储蓄能力和消费能力，也会因影响了地方积累资金而影响地方投资。人口年龄结构对那些劳动力人口大量外迁的城市和地区的经济发展的影响更加明显。

从人口的教育与学历结构来看，教育年限较长，学历层次较高的人口在总人口中占有更高的比例，不仅意味着该地区人口质量较高，综合素质较好，而且这一结构将对地方经济发展产生这样一些积极的影响：

---

① 国际上一般认为一个地区 60 岁以上人口（包含本数）占总人口的 10% 以上，或者 65 岁以上人口（包含本数）占总人口的 7% 以上，则可以判定该地区进入老龄化社会。

② 从国家统计局 2017 年数字来看，截至 2016 年年末，我国 65 岁以上人口占全国总人口数的 10.8%，从全国分地区人口年龄结构 0.837‰抽样数据来看，只有西藏自治区 65 岁以上人口所占比例低于 7%，4 个直辖市全部超过 11%，其中重庆市老年人口比例最高，为 13.97%，超过全国平均水平的省市区共有 15 个。东三省平均老年人口比例为 12.00%，东部地区中广东省老年人口比例仅为 7.69%，4 省劳动力人口比例差距不大，处于 75% 至 78% 之间。结合同年出生率、死亡率、人口自然增长率数字来看，广东省出生率远高于东北三省，死亡率不仅低于东北三省，而且低于其他 26 个省市区。虽然广东省人口死亡率较低，但在高出生率和劳动力人口及家庭大量迁入的情况下，仍然成为"富而不老"的典型代表，而东北三省虽然死亡率较高，但出生率更低，人口呈现负增长态势，加上劳动力人口及家庭迁出的影响，进入了"未富先老"的行列。

③ 宏源证券宏观专题报告中梳理了不同年龄段人群的消费特征，研究显示，在 25—30、31—34、35—44、45—54、55—64、65 + 这 6 个年龄段中，处于 65 + 年龄段的老年人的行为特征体现为身体外表继续改变、思维能力和健康状况可能下降、以家庭为中心和以自我为中心的生活方式，其消费特征主要体现为对药品和家庭护理保健的需求。所以，处于此年龄段的老年人其消费需求总体上是偏弱的，老年人口数量的增加不利于社会消费需求总量的增长。

其一，通过向社会提供一支一流的科学技术队伍，来保证生产技术的不断革新和科学研究的重大突破，及在现代科学领域保持领先的地位，由此推动生产力的极大发展；其二，通过向社会提供一支能创造和运用先进生产设备和生产技术队伍，来保证社会生产稳定持续高速增长……其三，通过向社会提供一支适应本国经济发展水平的经济管理队伍，来保证微观和宏观经济运行中人力、物力、财力的最优结合和充分利用，以取得最大的经济效益。①

（三）地方人力资本状况影响本地经济发展的可持续性

经济可持续发展的理念是人们基于人类社会在自我发展过程中逐渐暴露出的人与自然的矛盾、资源与生态环境危机而提出的。人类社会的自我建构过程也是对自然资源的开发甚至掠夺过程，同时也在不同程度上破坏了人类赖以生存的生态环境。这一点在当代资源输出型国家和地区以及资源型城市的经济建设与发展过程中表现得尤其明显。这种以牺牲资源和生态环境换取短暂发展的非可持续性发展行为与现象的产生，与人类认识世界和改造世界的能力水平有很大关系，这一能力状态反映为社会生产过程中人类劳动生产力的总体水平还比较低，而劳动生产力水平主要受到以劳动者知识与技能为核心，以劳动者综合素质为外在表现的人力资本存量与质量的深刻影响。所以，要想改变人的存在状态必须首先改变人的生存方式。通过教育等途径改善人力资本状况，进而提升人改造世界的能力。这种能力在社会生产过程中具体化为科技创新能力、知识向现实生产力的转化能力、经济和社会发展方式的转变能力等。高水平的人力资本可以在相当程度上减少人类社会发展对物质资本投入的过度依赖，从而减少对自然和生态环境的破坏，使人与自然和谐相处，彰显人力资本在经济社会发展中的积极外部效应，推动地方经济发展方式的转换和可持续发展目标的实现。

---

① 孙久文．城市经济学［M］．北京：中国人民大学出版社，2016：66．

（四）地方人力资本状况影响本地经济发展的外部竞争力

这种影响一方面体现在资源性竞争优势地位的获得，另一方面体现在地方产业运行质量与产业对外竞争力的提升。

首先，在资源性竞争优势地位创造方面，一个地方的经济发展离不开以物力和人力等形式存在的资源，一般水平的资源只能保证一个地方在市场经济条件下不会处于以发展为目的的竞争劣势地位，大多可以保持一种竞争均势状态，而竞争优势地位的获得则与该地方所保有的资源的比较数量、质量及性质有关。巴尼（Barney）和克拉克在研究企业竞争优势问题时曾指出："如果某企业比产业中的边际企业（收支相抵企业）能创造更多的经济价值，则该企业就被视为具有竞争优势。"① 他们进一步区分了竞争优势与持续竞争优势，意在说明企业的竞争优势不仅要创立，而且要保持下去。"在资源观的逻辑里，企业被称为具有持续竞争优势要满足两个条件，一是它比产业中的边际企业创造了更多的经济价值，二是其他企业无法复制这种战略收益……如果这种优势并不能随着其他企业模仿具有该竞争优势企业的战略而被竞争耗散掉，则此竞争优势仍是持续的。"② "战略收益"在这里指有价值的稀缺性企业资源。企业要保持竞争优势，就要保证至少复制这种资源的成本是较高的。在人力资本方面，如果人口数量相同，但本地方人口结构更优；如果人力资本存量相同，但本地方人力资本质量更高，中高级人力资本所占比例更大；如果中高级人力资本质量相同，但本地方数量更多；如果人口数量、人口结构、人力资本的整体存量与质量均相同，但本地方人力资本特别是高级人力资本的专业布局和行业分布更广泛，内部异质化程度更高，同时包含着垄断专业技术的稀缺性人才，那么，该地方在经济发展中将处于人力资本方面的竞争优势地位。

其次，在地方产业运行质量与产业对外竞争力的提升方面，产业运行质量一般取决于生产要素之间的匹配程度，生产要素匹配程度越高，意味着生产过程中资源浪费越少，资源利用率和资源效能越高，在生产力水平一定的前提下，

① 〔美〕巴尼，〔新西兰〕克拉克. 资源基础理论——创建并保持竞争优势［M］. 张书军，苏晓华，译. 格致出版社·上海三联书店·上海人民出版社，2011：58.

② 〔美〕巴尼，〔新西兰〕克拉克. 资源基础理论——创建并保持竞争优势［M］. 张书军，苏晓华，译. 格致出版社·上海三联书店·上海人民出版社，2011：58－59.

生产效率得以提升，生产成本得以节约，从而对企业及产业发展和对外竞争力产生积极的影响。生产要素之间不匹配的情况在现实生产实践中是极可能存在的。从数量关系来看，人力资本在数量众多的物力资本面前可能表现出存量的不足；从质量关系来看，人力资本在高质量的物力资本，如生产工具面前可能表现出质量、水平与驾驭能力的不足，反之亦然。人力资本作为重要的生产要素，其数量与质量对于生产要素之间的匹配，以及生产资源的综合转换率来说是极为重要的影响因素。

加强人力资本建设将对经济发展终极目标的实现产生积极的影响。正如前文所述，人类社会经济发展的终极目标在于人的自身发展，在人的发展这一目的面前，经济发展只是手段，从事生产实践等经济活动也只是人为了不断改变自身的生存状态并最终达到发展的目的而选择的一种存在方式。人们为了改变人力资本存量与质量所进行的人力资本投资行为，从发展人的意义上，客观上丰富了人的知识，增长了人的实践技能，从而扩展了人的理性认知能力、逻辑判断与推理能力，最终提升了人认识外部世界和改造世界的整体能力；从尊重人的意义上，是对人之社会实践主体地位的尊重，主体能力的肯定，同时也是对人之实践主体性价值的高扬和主体性价值生成的有益实践。人力资本建设与经济发展最终统一于人的发展这一重要的人学理论内核。

第二节　现实困惑：区域内人力资本存量与质量的结构性失衡

哈尔滨市作为黑龙江省的省会城市，是黑龙江省的经济中心、政治中心和文化中心。从城市规模、经济规模、产业结构、经济活跃度、就业岗位数量与机会、公共事业与公共服务的发展水平等方面来看，哈尔滨市与省内其他主要城市相比更具人口承载力、人才吸引力和人力资源竞争力，人力资本整体的存量和质量要好于省内其他地市。但从全国范围来看，哈尔滨市与国内其他欠发达地区主要城市一样，面临着经济发展的人力资本困境。这种困境在哈尔滨市更集中地表现为人口增长停滞，人口老龄化趋势严重，劳动力人口占比下降，劳动力人口学历普遍偏低，受教育年限较短，高学历、高素质人才流失严重。

造成这一困境的原因，正如前面我们所分析的，主要来自地方经济社会发展水平的局限，无论是人力资本的生产性投资、教育性投资还是吸引性投资，根本上都受到经济因素的严重制约。

一、区域人口老龄化趋势明显

在人口数量与人口年龄结构方面，哈尔滨市人口数量总体较多，但老龄化趋势也较为明显，劳动力人口减少，社会养老负担加重，人口年龄结构影响了地方经济发展。哈尔滨市属于人口大市，在 15 个副省级市中排名比较靠前。截止到 2016 年末，哈尔滨市户籍总人口数为 962.05 万，位居 15 个副省级城市第二位，仅次于成都市。但从人口数量变动趋势来看，自 1992 年至今，人口数量增长缓慢，25 年间由 912.12 万增长到 962.05 万，仅增长了 5.47%，特别是 2014 年和 2015 年，出现负增长现象，较上年同期人口增长率分别为 -0.80% 和 -2.63%，2016 年有小幅回升，增长率为 0.07%。从人口年龄结构来看，哈尔滨市人口老龄化进程较快，趋势较为明显，低龄人口、劳动力人口所占人口比例均呈下降趋势，劳动力人口内部"老龄化"现象也比较明显。2016 年全市 18 岁以下人口占总人口的 13.9%，18 岁至 60 岁人口占比 66.1%，其中 35 岁以上，60 岁以下人口占此年龄段人口总数的 66%，60 岁以上人口占比 20%。相比较而言，这组数字在 2010 年分别为 18 岁以下占比 14.1%，18 岁至 60 岁人口占比 71.5%，其中 35 岁以上，60 岁以下人口占此年龄段人口总数的 61%，60 岁以上人口占比 14.4%；2005 年分别为 18 岁以下占比 17.4%，18 岁至 60 岁人口占比 71.3%，其中 35 岁以上，60 岁以下人口占此年龄段人口总数的 56%，60 岁以上人口占比 11.2%。由此组数字来看，哈尔滨市不仅早已进入老龄化社会（60 + 标准），而且近 10 年间在人口总数基本稳定的前提下，老龄人口数量和所占比例均翻了将近一番，同时，劳动力人口呈现高龄化趋势，35 岁以上劳动力人口占总人口比重由 2005 年的 39.8% 上升到 2016 年的 43.6%，低龄劳动力人口和潜在劳动力人口均有所减少。以教育行业为例，2015 年哈尔滨市小学专任教师总数为 31555 人，其中 35 岁以下专业教师为 7827 人，占总数的 24.80%，35 岁以上教师占到总数的 75.20%，45 岁以上教师占比 39.44%；初中专任教师总数为 24032 人，其中 35 岁以上教师数为 18685 人，占总数的 77.75%，45 岁以上教师占比 30.73%；高中专任教师总数为 10530 人，其中 35 岁以上教师数为 6791 人，占总数的 64.49%，45 岁以上教师占比 22.13%。① 城区教师队伍"老龄化"现象较郊县更为明显。从老年人口抚养比来看，2016 年哈尔滨市老年人口抚养比按 60 + 标准②计算为 30.3%，这一数字在 2010 年为 20.1%，在 2005 年为 15.7%。据 2010 年第六次全国人口普查数据预测显示，到 2020 年，哈尔滨市新增劳动力人口数量将低于退出劳动力人口数量，劳动力人口总数、所占人口比重将进一步下降，同时老龄人口数量和比重将进一步上升，社会养老负担将进一步加重，人口年龄结构将进一步向不利于产生人口红利的方向和类型转变，由此将对哈尔滨市经济发展活力与质量产生更加消极的影响。

　　哈尔滨市人口数量与年龄结构受到人口自然增长率和人口迁徙所带来的机械变动的直接影响。2016 年哈尔滨市新出生人口 66864 人，出生率为 7.0%；死亡人口 45128 人，死亡率为 4.7%；自然增加人口 21736 人，人口自然增长率为 2.3%。自 1995 年至今，哈尔滨市人口自然增长率除少数年份外，基本维持在 5% 以下，2012 年和 2015 年甚至出现了人口负增长的情况。受家庭经济压力、工作压力、现代生活理念等方面的综合影响，哈尔滨市高龄生育、少子化现象较为普遍，婚后长期无子家庭的数量也在增长。从二胎政策实施效果来看，哈尔滨市 2016 年全市共生育二胎人口 3574 人，其中市区 1826 人，9 个行政区中二胎生育率最低的平房区全年仅出生二胎人口 7 人，同时，经济基础较好且人口基数最大的南岗区③全年也仅出生二胎人口 206 人。结合 2016 年哈尔滨市人口增长率来看，2016 年哈尔滨市人口增长率为 0.07%，而自然增长率为 2.3%，意味着在哈尔滨市人口数量增长方面受人口外迁的影响比较大。统计部门数字显示，2016 年哈尔滨市迁入户籍人口 86279 人，迁出户籍人口 97618 人，户籍人口机械变动人数为 - 11339 人。哈尔滨市的人口流出情况可以被认为是黑龙江省在这个方面的一个缩影，从某种意义来说，作为副省级省会城市的哈尔滨已

---

① 此部分相关教育统计数据均来源于杨海东等编写的《哈尔滨市教育统计资料 2015》。

② 60 + 即将 60 岁以上人口视为老龄人口，老年人口抚养比计算方法为 P60 + /P18 - 59 × 100%。

③ 截至 2016 年年底，哈尔滨市南岗区共有户籍人口 101.84 万，是哈尔滨市 9 区 7 县 2 市中唯一一个人口过百万的行政区，人口数量约为市区人口总数的五分之一。

经成为本省人口流入其他省份的一个缓冲区和通道。人口普查数字显示，在东北三省之中，只有辽宁省在第五次和第六次人口普查区间内表现为人口净流入，累计迁入 178.65 万人，迁出 101.40 万人，净流入 77.25 万人。流入辽宁省人口中，48.68% 来自黑、吉两省，而流出人口中 88% 流向东三省以外地区，所以从东北片区来看，辽宁也是东三省人口南下的缓冲区和通道。在东三省中人口流出最为明显的是黑龙江省，两次人口普查期间净流出人口 204.73 万，流出至外省的 255.36 万人中有 185.35 万人流向东三省以外省份，占东三省外流人口总数的 50.12%。① 从迁出人口年龄结构来看，哈尔滨市近些年迁出人口中绝大部分年龄在 19 岁至 40 岁之间，属于劳动力人口中较为年轻的部分。由此，人口迁徙不仅对哈尔滨市人口数量造成反向影响，而且对人口年龄结构和劳动力人口内部年龄结构造成不良影响，在人口因素方面影响着哈尔滨市劳动生产率和经济发展。

二、区域人口学历层次偏低

在人口学历结构方面，哈尔滨市整体表现为高学历人群占比较小，平均受教育年限较短，这在一定程度上反映了人力资本的质量。从中国城市竞争力研究会、中商产业研究院发布的 2017 年中国城市综合竞争力排行榜来看，哈尔滨市未进入前 30，这是自 2012 年哈尔滨排名进入前 30 名之后首次跌出前 30 名②，没有进入前 30 的副省级城市中只有哈尔滨和长春。哈尔滨没能进入全国城市综合竞争力前 30 名显然与其副省级城市的身份地位是不相符合的，排在哈尔滨之前的城市包括了河南郑州、湖南长沙、云南昆明、福建福州等省会城市，以及广东东莞和佛山、江苏南通、山东烟台等一般地级城市。从评价指标体系来看，一级评价指标共包含综合经济竞争力、人力资本教育竞争力、科技竞争力、环境/资源/区位竞争力、基础设施竞争力、公共行政效率竞争力、企业竞争力等10 项内容，二级指标具体包括国内与国际经济竞争力、公共财政与政策、人口

---

① 王晓峰，张正云. 东北地区人力资本问题及其对经济发展的长期影响研究［J］. 经济纵横，2016（1）：62.

② 2012 至 2014 年间，哈尔滨市在全国城市综合竞争力排行榜中始终在 27 名和 28 名之间徘徊。

与就业情况、劳动生产率、健康与环境、教育事业发展、劳动力受教育情况、科技基础投入与产出等 50 项内容。可见，其中多项评价指标与人的因素有关，特别涉及人力资本的质量及人力资本向现实生产力的转化问题。权威机构对城市综合竞争力的评价更趋向于对人所承载的教育、科技等影响竞争力的稀缺性资源数量与质量的评价。这也从一个侧面反映出当代城市间竞争的实质是人力资本的竞争，在形式和内容上已经开始由物力资本逐渐转化为一种以人力资本为标志的软实力的较量，人力资本存量特别是质量已经成为影响城市综合竞争力和发展潜力的关键性因素。从哈尔滨市 2008 年到 2012 年五年"科教兴市"战略实施情况看，哈尔滨市科技领域中研究人员所占比重在 5 年间依次是 79.7%、73.0%、69.8%、68.9% 和 63.6%，5 年内下降了 16.1 个百分点。在大型国有企业中，本科学历、中级职称、中级技术人才比例较大，而硕士以上学历、高级专业技术人才所占比较明显偏低，专业领军人才和拔尖人才严重短缺，影响了企业创新力、技术推广力。在哈尔滨市劳动力人口学历情况方面，据可考数据，1970 年至 2010 年，哈尔滨市小学校共毕业学生 360.11 万人；1973 年至 2014 年普通中学（初中和高中）共毕业学生 429.57 万人，普通中专共毕业学生 37.71 万人，职业高中共毕业学生 27.43 万人，技工学校共毕业学生 24.75 万人，鉴于初高中毕业生人数为合并计算，故此阶段中等学历学校实际毕业人数约为 304.67 万人。① 在高等教育方面，目前在哈高校总计 62 所，其中民办高校 14 所，部属院校 3 所，省属院校 49 所，省属重点院校 7 所，职业院校 22 所，专科学校 2 所，电大与职工大学 8 所，目前在校生规模万人以上的有 21 所，专任教师数在千人以上的有 11 所。1978 年恢复高考后在哈高校累计培养大专以上学历毕业生 255.82 万人。但从高校招生计划和生源结构来看，3 所部属院校在黑龙江省的招生人数不足当年计划的 10%，自 1999 年高校扩招以来，在哈省属重点院校逐步扩大在外省招生规模，例如 2016 年黑龙江大学普通本科招生数为 7576 人，其中本省招生计划为 4043 人；哈尔滨师范大学计划招生约 8000 人，其中本省招生约 5700 人；黑龙江中医药大学计划招生 3128 人，其中

---

① 为便于数据统计，劳动力人口采用（18－59）标准，截至 2017 年，59 周岁人口小学毕业年份为 1970 年。统计数据来源于杨海东等编写的《哈尔滨市教育统计资料 2015》。

本省招生 1326 人。综合高校生源结构、黑龙江省地理区位、经济社会发展水平等因素，在哈高校毕业的外省籍学生留哈工作的概率和所占比例较小，本省籍学生毕业后出省读研、就业的比例近年来也在不断增加①，所以哈尔滨市劳动力人口中拥有高等学历的实际人数远低于改革开放 40 年来的实际毕业人数。

哈尔滨市人口学历结构同样受到人口外迁的影响。据人口部门调查数据显示，2005 至 2014 年 10 年间，从哈尔滨市累计迁出户籍人口 135.32 万，其中本科及以上学历占 90% 以上，主要包括本市高校毕业生、本市户籍省外求学人员、本市科技创新创业人才等。他们以深造求学、投资创业、技术入股与服务等形式流向经济发达地区。相当一部分哈市常住户籍的学生无论是在哈还是在外省市就读高校，毕业后选择了异地就业和长期居住。高学历专业技术人才也向经济更为发达、薪资待遇更为优厚、生活条件更为优越的地区迁徙。而迁入哈尔滨市的人口主要来自省内，特别是哈尔滨周边地区，调研资料显示，其学历结构初高中占 46%，大专以上占 42%，高学历者选择在哈就业主要缘于在哈就读高校，同时不能排除其将来外迁的风险。与迁出人口学历层次与结构相比，迁入人口平均受教育年限较短，高学历人员所占比例较低。由此，迁入人口更多在哈从事低端服务业、建筑业等劳动密集型产业，虽然拉动消费，对哈尔滨经济社会发展做出了重要贡献，但受迁入群体整体上的人力资本水平影响，其对哈尔滨市劳动生产率提升、产业转型升级改造等的实际贡献率还存在相当的局限。由自然和社会因素所造成的人口迁徙，对哈尔滨市人口学历结构、高层次人才数量、人力资本整体的存量、质量与结构等方面均产生不小的影响。特别是高层次人才的流失，不仅造成其自身所累积和承载的各种资源的流失，而且极大程度上影响了哈尔滨市的人力资本软实力、城市综合竞争力和未来发展潜力。

综上来看，哈尔滨市人力资本存量不足、质量下降的原因及所产生的影响是多方面的。从影响因素来看，既有自然因素，也有社会因素。自然因素方面主要包括人口出生率和自然增长率的下降，人口老龄化加剧，劳动力人口减少

---

① 以黑龙江大学公共管理类专业毕业生为例，毕业后在省内读研的学生不足继续深造学生数的 10%，在历年保研学生中，选择"外保"的学生占保研总数的 80% 以上。

等；社会因素主要在于经济社会发展水平，以及由此带来的社会工资与福利水平、就业与发展空间等，此外还与市场经济宏观环境下的地方人才理念、人才政策等相关。社会因素在一定程度上影响着自然因素，并直接诱发年轻的、高学历、高素质人口的大量外迁，已成为导致哈尔滨市人力资本环境不断恶化的首要原因。同时，哈尔滨市人力资本存量与质量的变化对经济社会发展的影响也是多方面的。王晓峰教授在谈及人力资本对东北经济发展的影响时曾指出：

> 东北地区经济增速下滑的原因，短期看，是由于国际经济形势对东北经济不利、东北没有地缘经济优势、东北老工业基地国有企业改制及产业结构调整尚未取得有效进展。长期看，是由于人力资本特别是人口规模、人口结构变化而导致的人力资本存量和人力资本流失对经济发展造成的影响，同时人口惯性的作用将在相当长的时期存在，并持续影响地区经济发展。[①]

同时，王晓峰教授将人力资本对经济发展的影响具体归纳为四个方面，即影响经济增长、影响消费需求、影响劳动生产率和技术进步、影响社会保障体系的平衡运行。从哈尔滨的情况来看，劳动力人口的减少导致劳动力价格上涨和生产成本增加，削减了人口红利，老年人口抚养比的持续上升加重了社会整体养老负担，劳动力人口的低学历化严重影响劳动生产率、产业升级能力、社会创新力、城市软实力、综合竞争力和潜在发展力。

第三节　逻辑重构：以先导式投入建立引育结合的长效性机制

改善人力资本环境对哈尔滨经济发展来说至关重要。人力资本存量不足，质量不高，整体环境趋于恶化，已明显制约了哈尔滨的经济发展。所以，提升

[①] 王晓峰，张正云 . 东北地区人力资本问题及其对经济发展的长期影响研究［J］. 经济纵横，2016（1）：62.

经济发展质量，改善经济发展环境，走出"经济低效——人才流失"的恶性循环，首先就要着力改善人力资本环境，通过人力资本投资和积极的人才政策，促进人力资本内部结构的优化调整，提升人力资本的整体质量，发挥人力资本要素在经济发展中实际推动力，特别是高层次人才对创新发展的驱动力。对于哈尔滨来说，应充分结合宏观人才环境和自身特点制定符合地方经济发展规律和人力资本结构变动规律的人力资本战略。

一、区域人力资本战略实施的环境考量

哈尔滨等老工业基地城市人力资本战略的制定与实施应准确把握宏观环境。这种环境首先是市场经济环境，其次是国家宏观人才战略环境，再次是国家开放发展战略环境。

首先，在市场经济环境的把握方面应明确，地方人力资本战略的设计与实施必须与宏观经济体制相适应，结合我国实际来看，就是要与社会主义市场经济体制相适应，尊重市场规律，尊重市场经济条件下人的主体权利，实现社会主义市场经济体制下人的自由全面发展的目的。市场经济在本质上是一种主体型经济，是一种开放型经济，是一种资源自由流动和主体间公平竞争的经济。走社会主义市场经济道路就是要让市场在资源配置中发挥决定性作用，破除行业垄断、地方行政垄断，实现经济社会发展资源跨行业、跨部门、跨地区自由流动，人力资源也不例外。在社会主义市场经济条件下，理应充分尊重作为社会生产活动主体性要素的人的主体地位，充分保障其包括职业选择权在内的主体权利，正确认识并准确把握人的需求、人才流动规律，只有这样才能掌握人力资本结构变动的规律和优化人力资本结构的主动权，从而使包括主动性、积极性和创造性在内的人的主体性在社会生产活动中得到更好的发挥。可以说，社会主义市场经济为人力资源的自由流动提供了最基本的体制保障，也为不同人才需求主体间的公平竞争创造了宽松的体制环境，地方之间公平地开展人力资源竞争的市场化条件已经具备，关键是如何提升人力资源吸引力、附着力和综合竞争力的问题。事实上，随着人力资本生产力效用的日益显现，产能地位的不断上升，劳动力资源，特别是稀缺性的核心人力资源早已成为不同地方、不同行业与部门之间争夺的焦点，以提升地方人力资本存量与质量、优化地方人力资本结构、提升发展软实力和综合竞争力为目的的人力资源竞争的局面已经形成。

其次，在国家宏观人才战略把握方面应明确，地方的人力资本战略是国家宏观人才储备与发展战略的组成部分，以习近平同志为核心的党中央十分重视人才工作，人才强市与人才强省、人才强国战略在基本出发点和最终目标上具有根本上的一致性，加强哈尔滨市的人力资本储备建设既利于地方，也利于全国；既利于当前，也利于长远；既利于经济发展，也利于社会进步；既是一项重要的经济任务，同时也是一项重要的政治任务。习近平同志在不同场合、从不同角度阐释过其对人才工作重要性的认识。习近平同志在早年主政正定县期间就曾经提出了"人才账""招贤榜"的人才思想和"人才强县"的经济发展和人才优先发展战略。

> 人才是发展经济的根本，应该把人才的开发视为战略重点来抓。没有人才，民不能富，县不能强，翻两番的目标就不能实现……看待人才贵乎正，使用人才贵乎当，培养人才贵乎周，招聘人才贵乎广，才集贤众，方能振兴经济。①

在人才储备与国家综合国力之间的关系方面，习近平同志指出：

> "致天下之治者在人才"人才是衡量一个国家综合国力的重要指标……综合国力竞争说到底是人才竞争。作为经济社会发展第一资源的特征和作用更加明显，人才竞争已经成为综合国力竞争的核心。谁能培养和吸引更多优秀人才，谁就能在竞争中占据优势。②

在人才队伍建设与创新驱动发展之间的关系方面，习近平同志强调：

---

① 程宝怀，等.习近平同志在正定［N］.河北日报，2014－01－02（01）.
② 习近平在欧美同学会成立100周年庆祝大会上的讲话［N］.人民日报，2013－10－22（01）.

　　实施创新驱动发展战略，要强化激励，大力集聚创新人才。创新驱动实质上是人才驱动。为了加快形成一支规模宏大、富有创新精神、敢于承担风险的创新型人才队伍，要重点在用好、吸引、培养上下功夫。要用好科学家、科技人员、企业家，激发他们的创新精神。要学会招商引资、招人聚才并举，择天下英才而用之，广泛吸引各类创新人才特别是最缺的人才。①

在人才、科技、创新三者之间关系认识方面，习近平主张：

　　人才是科技创新最关键的要素，创新的事业呼唤创新的人才。我国经济应从要素驱动、投资规模驱动发展为主向以创新驱动发展为主进行转变……拥有一大批创新型青年人才，是国家创新活力之所在……主要依靠资源等要素投入推动经济增长和规模扩张的粗放型发展方式是不可持续的。②

2016 年 3 月，中共中央印发了《关于深化人才发展体制机制改革的意见》，《意见》首先对人才的价值与地位给予了极高的评价，认为"人才是经济社会发展的第一资源"，并且从人才管理体制、人才培养机制、人才评价机制、人才流动机制、人才激励机制、人才引进与使用机制、人才发展保障机制、人才领导体制等八个具体方面系统地梳理了未来一个阶段人才建设工作的整体思路，最终目的在于通过人才建设工作，"最大限度地激发人才创新创造创业活力"，使高水平的人才队伍成为社会主义现代化强国建设和伟大复兴中国梦实现的保障力量和坚强后盾。

　　再次，在国家开放发展战略的把握方面应明确，地方人力资本战略应与国家开放发展的整体性战略相吻合，以国家宏观人才战略为指导，以社会主义市场经济体制为依托，在国家开放发展战略中积极寻找自身定位，调整产业结构

---

① 习近平. 加快实施创新驱动发展战略　加快推进经济发展方式转变［N］. 人民日报，2014 - 08 - 19（01）.

② 习近平. 习近平谈治国理政：第一卷［M］. 北京：外文出版社，2018：127.

培育新的经济增长点，集聚产业发展相关优秀人才，转变经济发展方式，增强创新发展动能和人才创新活力。从我国当前工作来看，最宏观而重大的开放发展战略即"一带一路"倡议。正如上文所述，哈尔滨市在地理区位、社会人文、传统优势产业、对外合作交流等方面拥有较好的对俄合作基础与进一步开放发展优势，完全有实力有潜力成为我国面向俄罗斯及欧洲大陆实施"一带一路"倡议的重要合作窗口。因此，在未来人力资本投资与建设方面应结合国家开放发展战略的设计、实施与调整，努力改善人力资本结构，特别是符合"一带一路"倡议发展需要的人力资本知识结构，强化对俄合作专业专门人才队伍建设。

二、区域人力资本战略实施的制度建构

哈尔滨等老工业基地城市改善经济发展的人力资本环境应坚持"引、用、育、留"相结合的总体战略原则，即引得进、用得好、育得精、留得住。结合前文我们对人力资本结构和人力资本战略环境问题的分析可以看出，劳动力人口特别是人才的数量和质量对于地方经济发展至关重要，人才作为精英型人力资本其数量的增加和质量的提升将在质的意义上改善地方人力资本结构。以海南省人才工作实践为例，海南省为配合全岛自由贸易区和中国特色自由贸易港建设，于 2018 年 5 月提出了"百万人才进海南"的人才发展战略。在《百万人才进海南行动计划（2018—2025 年）》中，海南省对人才层次和人才类别进行了明确界定，对人才引进、人才使用、人才培养、人才考核、人才退出等人才管理问题进行了详细说明，为人才在生活上提供优厚待遇，在工作上提供发展平台，切实贯彻了习近平总书记在庆祝海南建省办经济特区 30 周年大会上的重要讲话精神和"海南要坚持五湖四海广揽人才"的重要指示，体现了引人、用人、育人、留人相结合的人才发展战略。

"引、用、育、留"相结合的原则体现了人才建设工作的系统性、周期性、动态性和任务的艰巨性。引才和育人是人才生成的重要途径，也是人才工作的起点；能否做到人尽其才，才尽其用不仅关系到人才的工作积极性能否充分发挥，人才工作的实际效能，而且关系到人才能否引得进和留得住等一系列问题；留住人才，特别是经过实践检验确实能对地方经济社会发展起到推动作用的人才，是人才工作的重要环节，引得进，育得出，用得好，但却留不住人才，不仅无助于地方经济社会的可持续发展，而且将直接宣告地方的人力资本战略以失败告终。"引、用、育、留"相结合的人才工作战略的有效实施须以积极的人才政策为前提，唯有此才能使各方面、各环节的人才工作相互支撑，形成良性运转系统，保证人才工作体系的完整性和实效性，彰显人才工作对经济发展的推动作用，发挥人力资本对地方经济社会发展的持久内部驱动力。

（一）加强人才引进力度

人才引进与人才的本土培养相比较具有周期短、见效快的特点，可以在短期内快速改变本地人力资本的知识与技能结构，迅速地为地方经济社会发展补充力量，补齐人才短板。人才引进工作要想达到预期目标应注意这样几个方面的问题。

首先，人才引进工作应从地方经济社会发展的实际需要出发。习近平总书记提出："要坚持把实施人才强国战略，同发展先进生产力、先进文化和满足最广大人民的根本利益结合起来，同实施改革发展的重大战略任务结合起来，加快人才资源开发，用抓好这个第一资源来支撑发展这个第一要务，使人才工作和人才队伍的发展与经济社会的发展更加协调。"[①] 人才引进计划应符合地方经济社会发展规划总体要求，既要从地方发展对人才总量需求出发在量的方面做好人才引进规划，更要从地方发展对人才层次与专业需求出发在质的方面做好规划。总量不足，则无法缓解地方发展的人才压力；总量虽然充足但层次过低，或者专业分布不均衡，则会造成人才的结构性失衡和人才相对过剩，导致人力资源和相应物力资源的浪费，降低人才使用及人才引进工作效能。所以，人才引进工作的目标、方向、进度等要从地方经济社会发展总体进程及其各个阶段对不同数量与质量人才的实际需要出发，从而提升人才的适用性和地方发展贡献率，同时提高人才引进工作的整体质量。哈尔滨市当前所面临的人才困境主要集中在人才结构方面，流出人才层次较高，流入人才层次相对较低，且扎堆现象较明显，在创新力、均衡性、适应性等方面影响着人才系统对地方经济社会发展的实际贡献率，从人才引进角度看，亟需通过制定科学合理的人才引进

---

① 沈荣华．党的人才观的丰富和发展——学习习近平总书记人才思想的体会［J］．人事天地，2015（3）：14.

规划加以调整。

其次，人才引进工作要从人才的实际需要出发。人的需要包含着不同各类、不同层次的内容，人才在生命中的不同年龄阶段、事业上的不同成长阶段都会产生不同的需要，马斯洛将其归纳为从生存到发展的三个方面和五个层次，作为理性的人必然会选择更适合其生存和事业发展，最终更加完美展现其人生价值的存在逻辑。从这一思考角度出发，人才引进政策设计方案理应兼顾生活和生产两方面内容。在生活上为人才提供优厚的待遇，包括稳定舒适的居住环境、便利的出行条件、妥善安置家庭成员就业入学、能够在一定程度上满足其美好生活需要的薪酬水平等；在生产方面，为人才提供施展才华的事业发展空间和创新创业平台，包括创新实践的岗位机会与配套资源体系、功能齐全配套完善的产业平台、畅通的科研成果转化通道等，从而满足其彰显自我存在价值的发展型需要。

最后，人才引进工作要注意人才政策执行的严格性。地方政府、企事业单位和社会组织作为具体用人单位既要敢于对人才做出承诺，又要勇于向人才兑现承诺。拒不兑现承诺失信于人才是人才工作的大忌，不仅有损人才的工作积极性，影响事业发展，而且将损害本地方人才工作口碑，对本地人力资本结构的稳定性和未来优化发展造成难以预估的消极影响。因此，地方政府在人才政策的制定与实施过程中，要从全局性、战略性、发展性角度出发，担负起人才工作的整体性责任，不仅在人才政策兑现方面以身作则，而且要建立畅通的人才工作渠道，特别是引进人才利益诉求表达机制，建立集监督、服务、评价等功能于一体的引进人才跟踪回访制度。以强化人才引进工作为契机，为用好人才、留住人才提供保障。

（二）强化本土人才培养

强化本土人才培养是解决哈尔滨等老工业基地城市人才困境的根本路径。正如前文所述，人才引进和人才培养是人才生成的两个重要渠道。虽然人才培养生成人才的方式历时较长，起效相对较慢，但却因其工作对象的本土化特点而能够从根本上解决地方人力资本结构优化问题。此论依据在于本土人力资源数量较多，分布领域较广，本土实践经验较丰富，乡土情结较为浓重，非理性因素在其创新创业、自我提升发展等动机与行为生成中的价值体现得更为明显。因此，应把本土人才培养工作列为人力资本建设的基础性和长远性战略工程，科学拟定中长期人才培养规划，系统整合人才培养资源力量，建立健全人才培养制度与组织体系，实施系统性、规范性、持久性的人才培养工程。

首先，需要做好人才基本情况和社会对人才需求情况的现阶段调查，并结合未来一个阶段产业结构调整与经济发展趋向，对人才数量与质量需求进行科学预判，在人才引进计划基础上，确定阶段性人才培养的方向、类别、规格、规模及方式等，形成科学的、切合实际的人才培养方案。

其次，以人才需求为导向，广泛动员在哈高等院校、科研院所、职业技术院校、各级党校等人才培养力量，协调整合各级各类教育培训资源，发挥不同办学主体在各级各类人才培养中的资源优势，广泛采取全日制、非全日制、电大、函授、自考、远程教育、专业学位、短期研修等不同培养形式，形成多样化、多层次、系统化、专业化的立体式人才培养格局。

再次，发挥在哈高等院校、中等职业院校的本土人才培养主阵地作用。建立以社会人才需求为依据的学科、专业、层次、类型动态调整机制，加快培养哈尔滨本地重点行业、重要领域、新兴产业亟需的人才，加大科研资金扶持力度，促进有条件的教学型高校、学科、学院向教学科研型和科学型办学主体转型。注重高校人才科研意识、创新意识和创新能力的培养，推动科研成果向现实生产力转化，在普通高校和中高等职业院校探索建立系统的以创新创业为导向的应用复合型人才培养机制，强化实习实训等实践教学环节，鼓励高校与党政机关、企业事业单位、社会组织合作，广泛建立以培养人才创新创业能力和应用技能为目的的学科专业校外实习实训基地，完善产学研用相结合的"校—府—社"协同型人才培养模式。

最后，优化就业创业环境，引导并鼓励本地高校毕业生就地创业就业。在就业安置方面，通过积极的就业政策为本埠高校毕业生提供宽松的本地就业环境，增加就业岗位数量、提供政府贴息创业贷款支持、提供廉价公租住房、兴建创业产业园区向创业大学生开放等等，进一步提高本埠高校毕业生本地就业率。① 鼓励本埠高校毕业生在哈创业就业可以产生"传帮带效应"，促进本埠就业率稳定增长。从东北农业大学高照亮创办生物技术公司、哈尔滨工程大学廉松霖创办网络科技公司等创业就业实例来看，一部分优秀毕业生凭借手中专利技术和实用新型技术在毕业后创办了科技型企业，或者从事科技类高端技术服务行业，不仅自己成功创业，而且主动吸纳校友顶岗实习或者直接就业，人才培养的结果反哺了人才培养过程，围绕本地就业创业形成本地人才培养与地方经济社会发展之间的良性循环。

（三）重组本地人力资本

人力资本重组战略是基于人力资本的流动性、社会资源属性、整合优势效应而提出的系统性人力资本整合观点，具体到地方经济发展实践指的是在本地经济发展总体规划指引下，以产业结构调整、产业融合发展、产业优化升级为契机，依托原有人力资本基础，使现有人力资本与地方经济发展新规划、新方向、新生长点相融合，实现人力资本重新整合，经过适当的磨合实现相互融合并产生新动能，使存量人力资本最大化地转化为生产力价值。沈荣华教授曾指出：

> 未来经济发展要素，主要不是靠资源、靠资金、靠劳动力，而是靠知识、靠人才，人才是整个发展的第一要素……在战略重点上，要从优先考虑规模扩张转到注重素质提升和结构调整上来……要在扩大人才规模的同

---

① 据省高校招生就业部门统计，2014 年以来黑龙江省高校毕业生留省就业率逐年上升，2016 年首次突破半数达到 53.03%，2017 年全省 81 省普通高校共毕业学生 21.45 万人，其留省就业人数为 14.39 万人，留省就业率达到了 67.1% 的历史新高。毕业生本省就业率的显著提升与黑龙江省《关于促进大学生创新创业若干意见》的出台与实施密切相关，全省财政每年安排 1 亿元作为大学生创业"种子资金"，另安排 3000 万元用于支持大学生创新创业基地建设，发挥了较好的就业安置和人才集聚功能，使"毕业即失业""孔雀东南飞"成为历史。

时，更加注重优化人才结构，更加注重提升人才层次，更加注重人才的科学管理。①

国内关心东北地区发展的学者不在少数，但从人力资本而非物力资本角度加以研究的较少，谈及东北地区人力资本配置问题的就更少。有学者认为东北地区的人力资本问题不能靠东北人自己来解决，因为东北人特别是东北的干部计划经济情结过重，只能依靠"换血重组"的方式改善东北地区人力资本结构，进而流入利于经济发展的市场经济因素。例如，调派发达地区干部到东北任职。② 事实上，东北地区的人力资本问题并非只有依靠外援才能解决，通过本土人力资本重组完全可以激发人力资本活力。以哈尔滨工业产业发展为例，经过几十年的工业化发展积累，哈尔滨市当年打造出了诸多高素质的产业工人队伍，高水平的产业技术队伍和产业管理队伍，不失为当时哈尔滨支柱性工业产业发展的重要人力基础和城市经济发展的宝贵财富。随着经济体制转型背景下工业经济规模和工业企业数量的大幅缩减，大批产业工人、技术人才、管理人才离开了原来工作岗位，其中少部分转入其他地区从事相关工作，大部分留在本地转入低端服务业，无形中造成人力资本流失与浪费。事实上，完全可以通过产业融合发展方式，促进生产性、技术性高端服务业发展，实现二、三产业间人力资本的交叉整合，或者第三产业内部旅游、养老、医疗等不同行业间相互融合，实现产业内部人力资本深度整合。同时，积极吸引外流人才返乡创业，实施"人才回归计划"，将外流人才的发展需求与哈尔滨市经济社会发展对人才的需求有机结合，出台返乡人才创业优惠政策，在哈尔滨新区开辟"返乡人员创业园"，以此达到收缩人力资本、减少本土资源损失的人力资本整合目的。

（四）改革人才管理体制

人才管理体制改革的目的是充分调动用人主体和人才两个方面的积极性，激发人才市场活力，激发人才的创新动力，达到集聚人才，改善人力资本结构，

---

① 沈荣华. 解放人才需战略先行［J］. 人事天地，2012（2）：12.
② 安虎森，肖欢. 东北经济问题解决的主要途径：人力资本重置［J］. 南开学报（哲学社会科学版），2017（2）：114－116.

提升人力资本对经济社会发展贡献率的目的。在如何对待人才，以激发其创造力的问题上，习近平同志强调：

> 实施创新驱动发展战略，最根本的是要增强自主创新能力，最紧迫的是要破除体制机制障碍，最大限度解放和激发科技作为第一生产力所蕴藏的巨大潜能……我们要把人才资源开发放在科技创新最优先的位置，改革人才培养、引进、使用等机制……要在全社会积极营造鼓励大胆创新、勇于创新、包容创新的良好氛围，既要重视成功，更要宽容失败，完善好人才评价指挥棒作用，为人才发挥作用、施展才华提供更加广阔的天地。①

首先，转变地方政府人才管理职能实现方式，简化用人审批，赋予用人主体更大的自主权，在党管人才的总体原则下，地方政府重点强化人才管理宏观规划指导职能，加强制度与政策供给，做好人才与用人主体间的对接服务，做好用人信息登记与人才信息登记工作，建立用人主体与人才信用档案，在政策和其他条件允许范围内为用人单位提供人员编制、人才引进与培养资金支持，公安、人社、教育等部门着力解决用人主体及其引进人才在户籍、养老、医疗、子女入学等方面的实际困难，为用人主体及人才做好保障性服务。结合政府权力清单和责任清单梳理工作，逐步削减不利于人力资本战略实施和人才发展的职能，将用人主体可以自行承担，或者由用人主体承担更好的人才管理职能转移给用人主体及社会，提高人才工作效率。

其次，扩大用人主体以人才选用为核心，包括人才评价、薪酬待遇、成果转化收益分配等在内的人才管理自主权。允许用人主体根据事业发展需要，自行拟定用人数量、人才规格、人才聘期等。鼓励用人主体采用聘用制等更加灵活的人才使用方式，广开人才资金渠道，借事业单位改革契机，鼓励公益二类

---

① 习近平. 习近平谈治国理政：第一卷 [M]. 北京：外文出版社，2018：121 – 128.

事业单位推进全员聘用制改革，推行以突显知识价值为目的的岗位绩效工资改革。① 在人才评价方面，尊重用人主体在人才评价组织中的主体地位，发挥其主体作用，政府人社部门应逐步下放专业技术人员职称评审权限，支持用人主体根据事业发展需要合理设置并科学调整岗位结构，对事业发展亟需人才采取职称直评、岗位直聘的方式。积极改变不合理人才评价标准与考核方式，破除唯学历、唯资历、唯论文的人才评价标准，突出人才评价的能力标准、业绩标准、贡献标准，实行德、廉一票否决制，突出同行评价、社会评价、市场评价等在人才评价考核中的地位与价值。习近平同志在评价人才时从不把人的能力视为唯一标准，他强调"要成才，必须先学做人。人而无德，行之不远。没有良好的道德品质和思想修养，即使有丰富的知识、高深的学问，也难成大器"②。

再次，人才管理体制改革应坚持以人为本的原则。在人才工作语境下的以人为本就是以人才在工作与生活中的生存与发展等实际需要为人才管理体制改革的基本出发点。以下放管理权，扩大基层自主权为核心和主要方式的人才管理体制改革过程，就畅通人才利益申诉渠道，完善人才利益保障机制，避免用人主体借人才管理体制改革之机损害人才切身利益③，从而更好地保障人才生活与工作各方面待遇的落实，特别是人才对工作所需要人力、物力、财力资源的支配权，更好地保护人才投身地方建设发展的积极性与创新发展动力，更好地巩固人才管理体制改革及整体人才工作的成果。习近平同志十分重视人才切身利益的保障问题，他强调用人主体应"强化激励，用好人才，使发明者、创新者能够合理分享创新收益，打破妨碍技术成果转化的瓶颈"④。

---

① 绩效工资改革是薪酬制度改革的重要内容，以岗位工作量核算和绩效评价作为薪酬分配的依据，目的在于打破"大锅饭"式的薪酬分配制度，发现优秀人才，激发并保护优秀人才工作积极性，起到人才示范效应。薪酬制度改革中一般会遭遇各种阻力，在制度设计本身具有客观性、科学性前提下，地方政府和主管部门应尊重设计单位的主体权利，支持改革方案实施，鼓励用人主体在人才管理具体措施方面进行探索性实践。

② 习近平．之江新语［M］．杭州：浙江人民出版社，2007：64.

③ 这种现象主要表现为不兑现人才待遇，以工作关系、档案等限制人才流动等。

④ 习近平．加快实施创新驱动发展战略　加快推动经济发展方式转变［N］．人民日报，2014-08-19（01）.

第六章

优化公共服务环境：保障力启动经济力

公共服务环境对地方经济发展来说是重要的基础环境，主要包括基础设施状况和公共事业发展水平。优化公共服务环境可以吸引社会投资，改善投资环境，同时可以满足社会多样化的消费需求，同时，还可以吸引人才，促进人口有序回流，达到优化人力资本结构的目的。此外，地方政府对公共事业的财政投资可以直接拉动地方经济增长。从人的发展目的来看，公共服务所涉及的科、教、文、卫等社会事业直接关系到人的生存与发展，成长与成才，符合经济发展的当代内涵。

第一节　公共服务：公众"用脚投票"的理论根源及其经济外部效应

在公共产品与服务的多元化供给时代，虽然政府不再是公共服务供给的唯一主体，但从地方政府存在的社会历史使命来看，提升公共服务质量，优化公共服务环境仍然是其重要的职责，并且地方政府在此方面也有其天然的制度优势。

一、公共服务环境与地方政府的公共服务保障职能

公共服务环境是由政府牵头并总体负责，由社会力量协同，通过向社会提供一定数量和质量的公共产品与服务而形成的，以基础设施和公共事业为核心内容和重要标志的经济社会发展环境，对社会生产和人民生活起到重要的保障

作用。公共服务，就是公共部门向社会提供公共产品和服务的过程，具体包括提供城乡基础设施、促进社会就业、提供社会保障，发展科技、教育、文化、卫生、体育等公共事业等，为社会生产和人民生活提供保障、创造条件。公共服务从供给主体和供给的产品与服务内容等方面来看，有广义与狭义之分，最狭义上的公共服务一般指"由政府直接出资兴建或直接提供的基础设施和公用事业，如城市公用基础设施、道路、电讯、邮政等"①。在农村公用事业极不发达的岁月，"公用事业通常称为城市公用事业，包括城市公共交通、自来水、煤气等行业，这些行业也是最为基本和传统的城市公用事业行业"②。公用事业只是公共服务的最基本内容，除此之外，由公共财政支持而实现的教育服务、卫生保健服务、社会保障服务等也是公共服务的重要内容。应该认识到，政府的公共性决定了其在公共产品与服务的生产与供给过程中的责任主体角色，政府以公共财力直接投资兴建或兴办也是政府向社会提供公共服务的最基本方式。随着经济社会发展进程的加快，社会公众对其所能享受的公共服务在数量、种类、品质等方面也提出了更高的要求，由此催生了公共服务的市场化、服务供给的多元化、公私合作的多样化等问题。因此，我们更倾向于从更广泛的角度来理解公共服务和公共服务环境建设问题。

为社会提供充足且优质的公共服务，改善公共服务环境是服务型地方政府的基本职能，也是一项十分重要的职能。2014 年 2 月，温家宝总理在省部级主要领导干部"树立和落实科学发展观"专题研究班结业式上的讲话中，首次正式将公共服务职能与经济调节职能、市场监管职能和社会管理职能合并归纳为政府在经济社会发展中需要认真履行的四大职能。与其他职能相比，公共服务职能更能直接地体现服务型政府的本质和特征。地方政府公共服务水平的高低一般以政府能否组织和动员相关资源向社会提供充足优质的公共产品与服务为衡量标准。事实上公共服务从不同角度出发可以分为不同的类型，从地域范围

---

① 刘旭涛. 行政改革新理念：公共服务市场化 [J]. 中国改革，1999 (3)：9.
② 崔运武. 公用事业管理概论 [M]. 北京：高等教育出版社，2002：299.

和服务的对象范围来看，可以分为全国性公共服务和地方性公共服务①；从服务层次水平来看，可以分为基本公共服务和非基本公共服务②；从功能角度来看，可以分为维护性公共服务、经济性公共服务和社会性公共服务。③ 地方政府为社会所提供的主要是地方性公共服务和基本公共服务，这些公共服务的持续有效供给将促进地方稳定、经济繁荣和社会发展。作为公共财政支出和社会福利的重要组成部分，一个地方公共服务水平的高低能够更为直观地反映出地方经济社会发展水平和地方政府财力状况，同时也能客观地反映出该地方人们的普遍生存状态，更能反映出地方政府的执政能力、责任心和对待人民的利益和人民美好生活需要的态度。

在公共服务供给主体多元化的时代，地方政府的公共服务职能有着多种履行方式，既可以直接提供，也可以通过社会力量间接提供，从而决定了地方政府在公共服务职能履行过程中事实上扮演着供给者、组织者、协调者、监督者等多重角色。国内外公共服务供给的常用模式除政府单独供给外，一般还包括BOT（Build – Operate – Transfer）模式、PPP（Public – private Partnership）模式、TOT（Transfer – Operate – Transfer）模式、法人招标模式等。BOT（Build – Operate – Transfer）模式也称为"建设—运营—转让"模式，或"特许经营"模式，是通过政府向公共服务项目中标企业颁发"特许建设经营权协议"，由企业出资或筹资建设，允许其在规定时间内经营以收回成本并获取相应利润，协议期满，政府将以协议规定方式收回公共服务项目所有权和经营权。如果特许协议规定了所有权暂归企业所有，则到期后政府需要向企业赎买，企业也必须将所有权随同经营权一并转让给政府，而不是第三方。此种模式在公共服务供给领域应

---

① 通常情况下，地方公共产品与服务也具有溢出性，即地方公共产品与服务的供给在主要服务于本地居民的同时，也可能使其他地方的民众受益。例如教育事业培养出的人才可能流入其他地区，养老服务业的发展也可能吸引外来老龄人口，道路、通信等基础设施的兴建也服务于本地区以外的居民，等等。

② 非基本公共服务根据李军鹏、吴爱明等学者的观点，主要指混合公共服务或政府为满足更高层次的社会公共需求而提供的公共产品和服务，如社会高福利，以及可供选择的高水平医疗、教育、养老等社会性服务。北京市在"十一五"规划中较早地提出了非基本公共服务的概念，公共服务的多层次供给在一定程度上表征着地方公共服务整体水平，也检验着地方政府的财力和资源状况。

③ 吴爱明，等. 服务型政府职能体系 [M]. 北京：人民出版社，2009：36.

用范围较广，特别是在基础设施兴建方面较为常见，政府特许协议有利于企业融资，经营期限制有利于公共服务工程的快速完工投入使用，极大提高了公共服务供给的效率，但其缺陷在于企业需要单独承担融资风险和建设责任，政府也可能因缺乏对企业不正当融资行为、建设行为和运营行为的有效监管而招致公众的谴责。PPP（Public – private Partnership）模式也称为"公私合作伙伴关系"模式，最早于 1992 年由英国政府提出并实践，在我国台湾地区许多城市的公共服务领域也较早地得到了广泛应用并收到了较好的建设与服务效果。与BOT 模式不同，政府与市场化模式确定的公共服务合作伙伴自始至终保持着更加紧密的合作关系，共同投入，共担风险，共担责任，共同受益。事实上，在公私合作提供公共产品与服务的全过程中，政府承担着公共服务供给的整体性责任，为社会融资提供了较好的信誉担保，从合作方权利角度对公共产品与服务从生产建设到供给经营全过程实施有效监管和参与，可以很好地保证公共产品与服务的信誉和质量，突显了地方政府及其组织供给的公共服务的公共属性和责任价值。连同 TOT 模式和法人招标模式在内，这些公共产品与服务的供给方式有效缓解了地方政府公共服务供给财力不足的问题，有利于公共服务供给方式与制度改革，地方政府通过整合社会资源，实现快速提升本地区公共服务整体水平的目的。"作为一种新型的公共服务模式，基本公共服务社区化注重的是建立'政府、民间组织与公民'之间的合作伙伴关系，强调公共服务的供给责任应该由政府部门、营利部门、非营利部门和社区等主体共同承担，形成一种有效满足社会成员公共需求的服务模式。"①

基本公共服务的有效供给和地方间均衡发展是涉及社会公平的重要问题。正如前文所述，公共服务从层次性和保障水平来看可以分为基本公共服务和非基本公共服务，其中基本公共服务更多地指向社会性服务，以满足社区居民基本生存需要为目的，对地方经济社会发展起到保障性作用，主要体现地方公共服务和公共管理行为的公平性需求。

作为国家治理体系的一部分，建立由政府负责，由社会协同参与的较为完善的基本公共服务体系，使人民享有公平而有质量的基本公共服务是全体人民

---

① 孙久文. 城市经济学 ［M］. 北京：中国人民大学出版社，2016：188.

的共识。各级政府在基本公共服务体系建设中负有不可推卸的责任。2012 年，作为我国第一部国家级层面的公共服务整体性规划——《国家基本公共服务体系"十二五"规划》（以下简称《规划》）的编制出台为新时代我国基本公共服务体系建设和各级政府公共服务能力建设指明了方向，明确了任务。《规划》从公平性、权利性、责任性、基础性、全员参与性等角度诠释了基本公共服务的内涵、范围、重要性和体系建设意义。《规划》在序言部分指出：

> 建立健全基本公共服务体系，促进基本公共服务均等化，是深入贯彻落实科学发展观的重大举措，是构建社会主义和谐社会、维护社会公平正义的迫切需要，是全面建设服务型政府的内在要求，对于推进以保障和改善民生为重点的社会建设，对于切实保障人民群众最关心、最直接、最现实的利益，对于加快经济发展方式转变、扩大内需特别是消费需求，都具有十分重要的意义基本公共服务，指建立在一定社会共识基础上，由政府主导提供的，与经济社会发展水平和阶段相适应，旨在保障全体公民生存和发展基本需求的公共服务。享有基本公共服务属于公民的权利，提供基本公共服务是政府的职责……基本公共服务范围，一般包括保障基本民生需求的教育、就业、社会保障、医疗卫生、计划生育、住房保障、文化体育等领域的公共服务。

从我国国情来看，"经济与社会发展的不平衡造成了公共服务水平的地区失衡、城乡失衡"①，各地经济社会发展水平不同、地方政府财力状况不同，这从根本上决定了地方政府之间在基本公共服务财政供给与组织能力上会有所差异，各地方之间的服务资源存量与质量、社会协同能力等都会有一定的差别。这将在相当程度上影响基本公共服务均衡发展和公平性价值目标的实现。

政府主导公共产品与服务的供给可以有效弥补市场失灵。市场作为一种现代重要的资源配置方式有其灵活性、效率性优势，但单纯的市场机制无法完全将资源配置到与人的发展需求相吻合的最佳状态，这里所谓"人的发展"并不

---

① 石国亮. 服务型政府［M］. 北京：研究出版社，2008：204.

是少数人的发展，满足人的发展需要也绝不只是为了满足少数人的发展需要，同时，"人的发展"也不仅仅是人的物质生活世界的发展，人的发展需要还包含着生活世界中更为精彩的精神内容。

> 发展的目的就是要为它的人民创造一个长期安定、健康有益和富有创造性的生活环境……人类发展是人的选择不断扩大的过程，它不仅包括对不同洗涤剂、电视频道或汽车型号的选择，也包括伴随人的能力增强和活动范围扩大而来的多种多样选择……获得收入是人们希望拥有的选择之一。这无疑是重要的，但不是唯一重要的选择。人类发展包括收入和福利的增加，也包括许多其他重要和宝贵的事物。例如，对于穷人来说，除了需要更多的收入外，还需要有适当的营养、洁净的水、良好的医疗服务、更多更好的学校、廉价的交通、一定数量的避难所、充分的就业、安定的生活和满意的工作。一些非物质利益有时比物质利益更受人重视。①

市场失灵主要表现为以市场作为资源配置方式的资源配置结果的非均衡性，其中以收入分配的两极分化最为典型。由此，使人消费生存与发展所必需的产品与服务的能力呈现不均衡状态。"人类的发展包括两方面的内容：一方面是人类能力的形成……另一方面是人们如何利用已有的能力来工作或享受生活。"②单纯的市场机制与资源配置方式无法保证经济、社会与人的协调发展。政府主导供给的"公共服务是指给公众提供具有如下特征的任何一种服务：在这些服务的提供中存在着潜在、严重的市场失灵，说明了政府干预的合理性，政府干预的方式包括生产、资助和监管"。所以，在社会主义市场经济条件下，向社会提供公平而无差别的、有质量保证的且具有可延展性的公共服务，即是各级政府公共服务职能发展的方向，也是其公共服务职能定位的依据。

加强地方政府基本公共服务能力建设，促进基本公共服务均衡发展需要发挥中央财政的平衡功能。从世界范围来看，大多数国家的政府在基本公共服务

---

① 海燕. 联合国人类发展报告（1999）[J]. 国外社会科学，2001（1）：115.
② 吴爱明，等. 服务型政府职能体系 [M]. 北京：人民出版社，2009：42.

实践中都会不同程度地面临各地方经济社会发展不均衡的问题，并且一般遵循"取之于民，用之于民"、财政收支基本均衡的原则，扩大公共服务的财政支出，通过分级财政体制下的中央转移支付功能，解决地方财力和基本公共服务能力不均衡的问题，保障欠发达地区的基本公共服务支出，缩小地方之间和区域之间基本公共服务差距。"基本公共服务的发展离不开经济增长，只有经济'蛋糕'做大、经济实力增强，才有能力提供更多更好的基本公共服务。因此，经济增长是基本公共服务供给的物质条件和财力基础。"①

　　从各国实践来看，以促进基本公共服务均衡发展，维护社会公平为目的的基本公共服务央地两级政府协同供给，基本形成两种思路和四种主要模式。从保证地方政府基本公共服务供给能力均衡出发，形成了"财政收入均等"和"收支均衡"两种模式；从保证各地方社会公众可以相对公平、均等地享受基本公共服务出发，形成了"基本公共服务标准化"和"基本公共服务最低公平"两种模式。"财政收入均等"模式是以地方人均财政收入水平作为地方基本公共服务财政供给能力的衡量标准，低于全国平均水平的地区将获得中央财政专项拨款用于补足地方公共财政支付基本公共服务项目的缺口。"收支均衡"模式是以地方政府因发展地方基本公共服务项目而造成政府负债的程度作为衡量地方基本公共服务财政供给能力的标准，收支差距越大，意味着地方公共财政无法满足当地社会对基本公共服务的需求，就越需要中央财政转移支付。"基本公共服务标准化"模式则是从社会公众需求出发，由中央政府制定统一的基本公共服务标准，地方参照这一标准组织资源供给基本公共服务，对于因财力不足无法达到基本公共服务标准化建设要求的地方，则由中央财政给予专项转移支付资金帮助。

　　在各地区之间经济社会发展水平差异较大的国家，"基本公共服务最低公平"模式是更为适用的公共服务供给模式。与"基本公共服务标准化"模式相比，此种模式下所制定的服务标准虽然较低，但以公平为前提的公共服务供给目标更易于实现。与"基本公共服务标准化"模式一样，"基本公共服务最低公

① 杨颖，穆荣平. 基本公共服务与经济增长关系的理论与实证研究［J］. 科学学与科学技术管理，2012（11）：98.

平"模式并不反对超标准供给公共服务，鼓励有条件的地区根据社会发展需要提供更高层次可供选择的公共服务。① 我国在中央财政支持地方基本公共服务建设发展方面进行了以健全公共财政体制、完善公共财政制度、调整财政支出结构为中心内容的一系列改革实践，目的是把更多的财政资金投向公共服务领域，使人民在新时代更好地分享改革发展的成果。财政部原部长金人庆在谈及公共财政对基本公共服务均等化目标实现的保障功能时曾指出：

> 在构建社会主义和谐社会的进程中，财政支出必须坚持以人为本，推进公共服务均等化，把更多的财政资金投向公共服务领域，不断加大对重点支出项目的保障力度，向农村倾斜，向社会事业发展的薄弱环节倾斜，向困难地区、困难基层、困难群众倾斜，不断改善人民群众的生产生活条件，满足人们的公共产品需求，让广大群众共享改革发展成果，同沐公共财政阳光。②

二、公共服务环境影响地方经济发展的机理

公共服务的建设投入与质量在地方政府财政收入和支付能力的意义上受制于地方经济发展，但从经济发展的环境意义上却又成为影响地方经济发展的重要环境因素，公共服务环境质量对地方经济发展产生或积极或消极的影响。滕堂伟基于江苏省 13 地市基本公共服务水平与区域经济发展水平相关性分析表明，基本公共服务水平与区域经济发展水平之间存在着显著的相关性，基本公共服务非均等化的主要影响因素是区域经济的非均衡化，经济发展水平对城市基本公共服务的影响主要是通过地方政府的财政能力实现的，同时，地方政府加强基本公共服务建设的目的之一在于满足市场经济发展对公共服务环境的要求，地方政府加强公共服务建设可以促进本地经济又好又快地发展。③ 因此，

---

① 孙久文. 城市经济学［M］. 北京：中国人民大学出版社，2016：189.
② 金人庆. 完善公共财政制度　逐步实现基本公共服务均等化［J］. 求是，2006（22）：7.
③ 滕堂伟，林利剑. 基本公共服务水平与区域经济发展水平的相关性分析——基于江苏省13 个市的实证研究［J］. 当代经济管理，2012（3）：65 - 66.

地方政府着力改善公共服务环境的行为除政治发展意义和社会发展意义外，也被赋予了积极而重要的经济发展意义。从经济发展的环境功能来看，提高公共服务水平和环境质量可以改善投资环境，增强投资吸引力；可以增强人才创业发展信心，增强人力资本吸附力；可以促进服务业发展，直接拉动经济增长，从而对地方经济发展产生积极的影响。

提高公共服务质量可以改善投资环境。"投资环境"一词产生于"二战"后，起源于发达国家进行战略投资选择时对发展中国家进行的广泛性研究。"投资环境"的概念最早由"冷热国对比法"的提出者美国学者伊西阿·利特法克（Isiah A. Litvak）和彼得·班廷（Peter M. Banting）于1968年在其名为"国际商业安排的概念构架"的文章中率先提出，使投资环境问题得到了经济学界的广泛关注。在诸多投资环境定义中较有代表性的包括：投资环境是"投资者进行投资活动所应具备的外部条件，它包括投资硬环境和投资软环境两部分。硬环境是指与物资直接有关的物质条件……软环境是指对投资有重大影响的社会、经济、人文方面的条件"①。此外，中国百科大辞典中这样诠释，"投资环境又称投资气候，指工程项目建设和生产运营所必需的各项条件的综合。根据条件的特性分为：自然的、社会经济的、技术的投资环境等"②。实际上，投资环境是一个内涵和外延丰富的系统，包含了对投资有直接或间接影响的区域范围内的地理区位、自然资源、基础设施、原材料供应、市场化程度、竞争状况、人力资源、信息渠道、资金融通、纳税负担、社会服务、经济政策、法律法规、社会秩序、政治形势等这些有利或不利的条件与因素，涵盖了经济、社会、政治、文化、法律、自然地理、基础设施、信息、服务以及政策等方方面面。③

随着投资环境问题研究的深入，公共服务环境已经越来越广泛地被认为是可以衡量一个国家或地区投资环境、投资潜力、投资价值的重要指标。从较为权威的世界银行投资环境评价标准来看，主要包括三方面内容：城市特征（人

---

① 厉以宁. 市场经济大辞典［M］. 北京：新华出版社，1993：439.
② 梅益，等. 中国百科大辞典：第七卷［M］. 北京：中国大百科全书出版社，1999：5383.
③ 吴玉鸣. 中国区域投资环境评估指标系统的构建及综合评价方法［J］. 南都学坛，2002（3）：109.

均 GDP、经济增长和交通运输费用）、政府效率（税费和销售的比例、企业在娱乐和旅游上的支出、企业与政府打交道的时间、通关速度、私营企业和国有企业之间的平衡、劳动力的灵活性、获得银行贷款的可能性、技术技能、电力和交通运输基础设施的供应）和促进和谐社会建设的努力（环境、医疗卫生和教育）。其中，"运输的成本""企业与政府打交道的时间""电力和交通运输基础设施的供应""环境保护""医疗卫生和教育水平""劳动力状况"等具体指标均直接或间接地指向公共服务质量与环境问题。从 2006 年世界银行发布的关于《中国政治治理、投资环境与和谐社会：中国 120 个城市竞争力的提高》的报告来看，凡是被其认定为最适合国外投资者投资、最具投资价值和投资潜力的城市和地区，都是中国经济社会发展较快，特别是公共服务环境较好的城市和地区。在国际投资者眼中，一个城市如果拥有包括基础设施、公共事业、行政服务在内的良好的公共服务环境，将可以为企业减少生产成本、经营成本、物流成本、行政成本，降低机会成本和管理交易成本，由此提高投资者收益。根据逻辑，公共服务环境较好的城市一般其经济社会发展水平和质量也相对较高，市场也相对繁荣，同时地方政府财力相对雄厚，可以在特定时期内以公共服务优先、持续、优质供给的方式，等值或超额补偿企业所缴纳的税金。此外，李宇教授等人在对俄罗斯、德国、印度等"一带一路"沿线国家进行投资环境评价时，结合考夫曼（Daniel Kaufmann）、克雷（Aart Kraay）等人的投资环境评价指标设计相关研究，选取了社会经济发展水平、交通基础设施建设水平、信息化水平、资源赋存、政治环境和安全环境六方面内容，其中包含了大批公共服务相关指标[1]，以供国内和合作国家投资者参考。

提高公共服务质量可以吸引劳动力人口，凝聚人才，改善地方人力资本结构。在前文关于经济发展的人力资本环境讨论中，我们分析了劳动力人口，特别是人才对地方经济发展具有重要的意义，并且从全国范围来看，此类群体有从经济欠发达地区向经济较发达地区流动的趋向。从行为背后的动机来看，劳动者之所以选择这种流动行为，在很大程度上是受经济理性的驱动，即付出同

---

[1] 李宇，等."一带一路"投资环境综合评估及对策 [J]. 中国科学院院刊，2016（6）：672.

样的劳动可以在经济较发达地区获得更丰厚的回报。但事实情况是，在经济较发达地区，物价水平也相对较高，商品价格高意味着在此社区工作生活的群体要为其选择行为支付更高的税金，承担更高的生活成本。按照常规的理性逻辑，当劳动者在发达地区工作的年总收入与年总支出之差大于原先工作的欠发达地区时，劳动者才会选择流动行为，而在发达地区工作的年净收益等于或小于原先工作的欠发达地区时，这种流动行为是没有实际经济意义的，是不符合经济理性的，也是不应该或不易发生的。但事实情况是，无论在发达地区工作的年净收益大于、等于或小于原先工作的欠发达地区，人们都会选择流动行为，并不惜完全或部分地支付由流动行为所带来的迁徙成本、声誉成本和除薪酬以外其他方面的机会成本，即甘愿为流动行为付出相应的行为选择代价。

这表明，在劳动力、人才由欠发达地区向发达地区流动这一行为和现象的背后，隐藏着除经济利益以外更为复杂的逐利动机，这种流动行为的选择和发生，不仅受主体人的经济理性的影响，同时也受到社会理性的影响和价值理性的影响，新的工作环境可能更能满足其被尊重的需要、发展的需要、体现存在价值的需要等。单从经济理性方面考虑，人们在进行理性计算时，也可能将除薪酬、私人产品质量与价格以外其他因素纳入收益计算之中，比较典型的就是选择在发达地区工作和生活可以使其享受到更高层次与水平、更加全面而丰富的优质公共产品与服务，进一步提高其生活的质量与层次。例如，发达地区可以提供更优质的子女义务教育服务、父母养老服务、社会保障服务、交通出行服务、文化休闲娱乐服务等。况且，从边际收益角度来看，随着劳动力和人才的不断流入，城市特定规模的公共服务成本将不断得到分担，新加入的劳动者使原有劳动者从成本分担中获益，这种获益在形式上也可能表现为财政收入的增加，并用于新增公共服务项目，进一步提升公共服务层次，使劳动者享受到更加优质的公共服务，从而使人的理性需求得到全方位的满足。经济发达地区和城市的优质公共服务环境对劳动力人口，特别是人才所产生的强大吸引力，可以从一个侧面解释现实生活中所发生的"教育移民""养老移民"等人力资本流动现象。

公共选择理论的研究成果有力地验证了人力资本流动的公共服务逻辑。公共选择学派认为，在市场经济条件下，社区居民拥有自由迁徙、自主选择工作和生活地点的权利，在此前提下，人们普遍遵从个体效用最大化原则，不断地向那些地方公共产品与服务质量更高、服务价格（税收）更低的地区迁徙。公共服务对于居民来说是一种由税收经财政而转化得来的收益，服务价格（税收）则是居民在享受财政供给的公共服务的同时所需要支付的成本。公共服务质量的前后差异形成居民的迁徙利益，服务价格（税收）的前后差异则构成居民的迁徙成本。所以，人们更希望通过迁徙以较低的价格成本享受到更为优质的公共服务。社区居民的此种逐利动机和自由迁徙权利增加了地方政府的公共服务压力和危机感，由此，地方政府之间在公共产品与服务供给方面展开竞争，以期赢得更广泛的认同与合法性支持。客观来说，这种政府间的公共服务竞争有利于形成公共服务的买方市场，无论其目的是留住人还是吸引人，都使社区居民成为最终的受益者。当社区居民认为地方政府所提供的公共服务与其所征缴的税金大体平衡时，即地方政府依据其所征缴的税金向居民提供足以令其满意的公共服务时，大多数社区居民则不再选择迁徙而稳定地居住下来。社区居民以享受质优价廉的公共服务为目的的迁徙行为，促使地方政府重视公共产品与服务的有效供给，促进了公共服务资源的优化配置和公共服务整体质量的不断提升。

蒂博特的"用脚投票"理论①较早地阐释了这种社区居民以迁徙促使地方政府满足其公共产品与服务偏好的现象及其内在逻辑，同时强调了地方政府有效供给公共产品与服务对地方发展的必要性。蒂博特的"用脚投票"理论有其成立的前提条件，首先，市场经济条件下不同社区之间所提供的公共产品与服务的相关信息是公开而对称的，普通社区居民可以较容易地获取这些信息；其次，有多个在公共服务方面存在差异的社区客观存在，存在公共服务差异的社区的数量越多，社区居民的选择空间越大，越能突显社区居民选择的权利和这种选择行为对地方公共产品与服务质量提升的影响力；再次，未达到最佳规模的（城市）社区试图通过公共服务的努力达到吸引新的社区居民加入的目的；最后，社区居民自由迁徙的权利可以得到充分保障。正如蒂博特所言：

---

① 也称为"蒂博特模型"，由蒂博特构建并于 1956 年在美国《政治经济学刊》一篇名为《一个关于地方支出的纯理论》的文章中正式提出。

　　只要存在足够的可供选择的社区（地区），消费者们便像选择私人产品一样，可以按自己的偏好自由选择居住社区（地区）。这样，就必然会使有相同偏好，或相近偏好的人选择同一社区（地区）。他们通过'投票行动'来选择地方政府，让地方政府按自己的偏好来供应一定水平的公共产品。这样，从偏好出发的地理选择便形成各个社区（地区）公共产品的最佳供应水平。①

　　经济学家 M·麦圭尔（Martin Mcguire）公共税收、财政收支、成本与收益的角度对蒂博特模型进行了有益的补充。在社区居民迁徙原因分析方面，麦圭尔认为其原因在于人们不断地寻找公共产品与服务的质量与税收之间的差异，税收所反映的公共服务价格越低，公共服务的质量越高，越能激发居民迁徙的意愿，在社区居民终止迁徙的条件研究方面，麦圭尔认为，居民终止迁徙的条件是居民所享受到的公共产品与服务的数量与质量与其因享受此服务而支付的价格（税收）之间达到均衡状态，当人们不再从迁徙行动中获得额外收益时，人们便稳定地居住下来。事实上，社区居民会逐渐普遍地意识到居民数量的增加会带来包括就业岗位在内的资源的日益紧张、环境污染的日益加剧，当人们认为新增加居民所带来的社区治理成本足以抵消甚至超过其所带来的税收均摊收益时，居民内部会达成共识，共同排斥甚至制止新居民的迁入。"最后一名新迁居民"即是布坎南在其"俱乐部理论"中所谈到的分摊收益与拥挤成本的均衡点。②

　　总的来说，公共服务质量对人力资本结构产生重要影响。那些因人口外流而增加的公共服务成本要么由政府买单，要么由没有迁徙的社区成员买单，不可能是承包公共服务的营利性的私人企业买单。所以，提高公共服务水平，有

---

　　①　樊勇明，等.公共经济学［M］.上海：复旦大学出版社，2011：305.
　　②　布坎南假设游泳俱乐部的运行成本是一定的，且须由其会员分担，人数越多，平均成本越低，对会员个体而言的收益在扩大，但随着人数的增加，泳池也变得拥挤，水质及整体游泳环境质量也在下降，所以会员人数应加以限制，毕竟再低的会员价格也无法补偿游泳环境恶化所带来的成本损失。

助于当地居民在生活成本与生活质量衡量中找到平衡，坚定留下来的信心，促进地方消费和经济发展，从恶性循环中走出并走向良性循环。从理性角度来看，人们迁徙不只是为了增加收入，还会考虑支出，两者相减为家庭净收益情况。家庭支出中包含了补偿生产私人产品的企业的生产成本和消费者向其额外支付的企业利润，同时也包含了用于公共产品与服务供给的税金。在收入水平和私人产品价格水平基本持平的两个城市间，人们会选择公共产品质量更高，公共服务质量更好的城市，因为在这样的城市，他可以获得更高的净财政收益。①所以，从自由市场经济条件下人口流动、消费需求变化对经济发展的影响来看，除了薪酬水平和物价水平之外，公共产品与服务的质量与水平同样影响着人们迁徙的动机和城市吸引力。薪酬水平越高，物价水平越低，公共服务质量越好的城市，其吸引力越强，反之，人们最容易从收入低、成本高、公共服务质量差的城市迁出。

三、优化公共服务的经济外部效应

政府通过公共财政改善公共服务环境可以直接拉动经济增长。从服务的提供者和受益者角度出发，服务业可以细分为公共服务业和私人服务业，公共服务业形成于政府及相关公共部门改善公共服务环境的努力，"是依托社会公共设施或公共部门、公共资源为居民提供公共物品的服务业"②。无论是联合国标准产业分类法（ISIC）③、辛格曼（Singelman）的服务业四分法④、世贸组织的现

---

① 所谓净财政收益是指居民从公共产品中得到的收益减去他所负担的税收成本之后的净收益。
② 邢丽娟，等. 服务经济学 ［M］. 天津：南开大学出版社，2014：5－6.
③ 1990 年新修订的产业分类框架包含了公共行政与国防、教育、医疗、社区服务等 11 大类。
④ 1978 年辛格曼将服务业分为流通服务、生产服务、社会服务、个人服务 4 大类，交通、通信、医疗、教育、邮政、家庭服务等 18 个基本行业。

代服务业九分法①，还是我国统计局和统计年鉴上的服务业分类②，公共服务或其核心内容都是服务业的重要组成部分。

服务业作为世界公认的三大产业之一，对于世界各国经济增长具有重要的拉动作用。"里德尔（Riddle）指出，服务业在经济发展中并不是一个被动的角色，从经济史的角度来看，商业革命是工业的前奏与先驱。而服务业的创新成了工业革命的支撑……服务业份额的上升不是经济增长的结果，而是经济增长的原因。"③ 根据顾乃华的研究，服务业目前是吸纳就业人数最多的产业，无论人均 GDP 处于哪个阶段，其增长与否都与服务业就业比重呈正相关关系。公共服务业拉动经济增长的方式既包括直接拉动，也包括间接拉动；既包括短期拉动，也包括长期拉动；既包括单独拉动，也包括联合拉动。国内关于公共服务拉动经济增长的研究是较少的，但从某一领域，如教育、养老产业发展拉动经济增长的研究是相对丰富的。例如以教育事业发展、养老服务业发展刺激社会投资、引导社会消费，从而在短期内可以带动经济发展。再如，前文我们所谈及过的教育对人力资本积累的作用，可以从长期性、间接性的角度对经济发展产生促进作用。正如李军鹏所认为的，在人均 GDP 达到 1000 美元之后，经济增长机制发生了重要的转变，转变为由人力资本投资、社会保障、技术创新三者推动的现代经济增长方式，这一增长方式是以人为本的经济增长方式。④ 格雷戈里·英格拉姆与克里斯廷·凯赛德的研究表明，基础设施的容量与经济产出在所有国家中是同步增长的，基础设施存量每增长 1%，是与 GDP 增长 1% 相联系的。⑤ 地方政府直接投资基础设施，从短期和长期方面来看，均有利于地方经济发展。地方公共财政投入公共服务用于基础设施、人员经费、管理支出等

---

① 九类服务分别是：商业服务、电信服务、建筑及有关工程服务、教育服务、环境服务、金融服务、健康与社会服务、旅游相关服务、娱乐文化与体育服务。

② 中国统计局将服务业划分为流通部门、为生产和生活服务的部门、为提高科学文化和居民素质服务的部门、为社会公共需求服务的部门总计 4 个层次，交通运输、邮电通信、教育、文化广播电视业、卫生、体育、社会福利业等 20 个主要产业。

③ 何德旭，等. 服务经济学［M］. 北京：中国社会科学出版社，2009：128－129.

④ 李军鹏. 公共服务型政府建设指南［M］. 北京：中共党史出版社，2005：61.

⑤ 格雷戈里·英格拉姆，克里斯廷·凯赛德. 有利于发展的基础设施［J］. 经济资料译丛，1996（1）：16.

科目的资金将直接计入当年地区生产总值，同时可以带动建筑业及相关产业的发展。公共服务领域的扩大、层次的提升、整体环境的改善，增加了当前美好生活的确定性和人们对未来美好生活的预期，刺激了人们在公共服务领域和私人服务领域的消费，有利于营造稳定的社会环境，从而在短期和长期意义上促进着经济发展。

公共服务可以通过增加投资和促进消费来直接或间接促进经济增长，即基本公共服务→增加投资、促进消费→经济增长，而且这一作用是即期的，能在短期内收到效果……基本公共服务可以通过增加人力资本积累来促进经济增长，即基本公共服务→增加人力资本积累→经济增长，而且这一影响是长期的……高水平的基本公共服务有利于营造稳定的社会环境，从而促进经济的长期可持续增长，即基本公共服务→稳定社会环境→经济增长。①

第二节　服务焦点之一：促进区域义务教育均衡发展

义务教育是重要的基本公共服务内容。义务教育服务质量不仅关乎社会公平，而且直接影响到国民素质和公民素养。习近平同志指出，"百年大计，教育为本。教育是人类传承文明和知识、培养年轻一代、创造美好生活的根本途径……努力让每个孩子享有受教育的机会，努力让13亿人民享有更好更公平的教育，获得发展自身、奉献社会、造福人民的能力"②。从地方发展意义来看，义务教育事业发展不仅影响本地人才培养，而且从公共选择角度来看，在成本收益大体相当的情况下，人们更希望选择到能够为其子女提供优质义务教育服务的地方工作和生活，由此，它将影响到人口流动和地方对人才的吸引力，进

---

① 杨颖，穆荣平．基本公共服务与经济增长关系的理论与实证研究［J］．科学学与科学技术管理，2012（11）：98.
② 习近平．习近平谈治国理政：第一卷［M］．北京：外文出版社，2018：191.

而影响地区人力资本的知识结构和地方经济发展。区域内义务教育均衡发展是《国家中长期教育改革和发展规划纲要（2010—2020）》提出的关于我国义务教育事业到"十三五"末期所要达到的发展目标，同时也是目前衡量我国地方义务教育公共服务水平与质量的重要标准。从近几年《全国义务教育均衡发展督导评估工作报告》来看，哈尔滨市在推进义务教育均衡发展方面的工作得到了教育部、国务院教育督导委员会等领导部门的充分肯定，先后已经有平房、松北、道里、南岗、香坊五个行政区通过了"义务教育发展基本均衡"的考核与认定。但从"区域"的概念与范围、"均衡"的内涵与标准、"综合差异率"的逻辑内涵、校际发展能力与发展水平的实际差异性等方面来看，哈尔滨市的义务教育事业在实现均衡发展的目标道路上还有许多难题需要攻破。同时，我们也意识到义务教育非均衡发展的现实具有深刻的社会历史性，因此，义务教育均衡发展问题的治理，一要明确各级政府及相关部门在教育公共产品供给中的角色与责任，鼓励社会协同和公众参与；二要从源头抓起，分清内、外因，辨别主、客观，找准主要矛盾；三要充分借助核心理论，发挥供需关系理论和资源配置理论在分析和解决实际问题中的效用；四要以点带面，扎实推进，先城市后农村，先城区后郊县，优先治理资源集中区域，逐步扩大到全市范围。

一、义务教育均衡发展的内涵与衡量标准

义务教育均衡发展是指国家和社会所共同提供的义务教育类公共产品与服务，在全面、充分、高效、理性地满足社会公共需要的同时，产品与服务本身、产品与服务供给的过程及其结果均呈现出一种向上的变化。其中，"发展"是目的，"均衡"是手段，"均衡"是发展中的一种过程性样态，是从公平角度对发展方式提出的具体要求，"均衡"具体体现在以教育类基本公共服务为核心的供需关系均衡和资源配置均衡。基于以上的分析我们认为，现阶段哈尔滨市义务教育均衡发展的衡量标准应主要包括以下几个方面：（1）区域内校际义务教育生源动态分布的相对均衡；（2）区域内校际实际发展能力和发展潜力的相对均衡；（3）区域内校际教育质量的相对均衡。

二、区域义务教育资源配置情况

根据优先治理义务教育均衡发展矛盾集中区域的治理原则，以及"先城市后农村、先城区后郊县"的治理策略，我们把研究重点放在了哈尔滨市 9 个行政区的城区范围内，在问题分析中主要依据市教育局编印的《2015 年哈尔滨市教育统计资料》和各区走访调研数据。根据国家和省教育统计口径，在学校统计归类时，将九年一贯制学校归入初中部分。优质中小学指在校生人数 1200 人以上的学校，薄弱中小学指在校生人数在 300 人以下的学校，特别薄弱的中小学指在校生人数不足 100 人的学校。

（一）学校及办学规模情况

哈尔滨市 9 个行政区①城区共建有小学 183 所，初中 121 所。在 183 所小学中，优质小学共 53 所，占 29.0%，其中在校生 2000 人以上的小学 17 所；薄弱小学共 48 所，占 26.2%，特别薄弱小学 24 所，占薄弱小学的 50%；在 121 所初中当中，优质初中共 33 所，占 27.3%，其中在校生 2000 人以上的初中 14 所；薄弱初中共 21 所，占 17.4%，特别薄弱初中 5 所，占薄弱初中的 23.8%。

（二）生源分布情况

哈尔滨市 9 个行政区城区共有在校生 318332 人，其中小学 193301 人，初中 125031 人。小学校均 1056 人，优质小学校均 1999 人，薄弱小学校均 148 人；初中校均 1033 人，优质初中校均 2323 人，薄弱初中校均 125 人。

（三）教育经费配置情况

哈尔滨市 2015 年教育财政总支出 124.6 亿元，占 GDP 的 2.2%。市本级教育财政支出 10.3 亿元，其中普通教育支出（科目：20502）合计 2.5 亿元，普通教育支出中的义务教育支出为 4004.12 万元，占市本级教育财政支出的 3.9%。城市小学生均公用经费为 590 元，优质小学校均获得公用经费为 118.0 万元，薄弱小学校均获得公用经费为 8.7 万元。城市初中生均公用经费为 790 元，优质初中校均获得公用经费为 183.5 万元，薄弱初中校均获得公用经费为

---

① 为避免数据交叉"哈尔滨新区"暂未列入考察范围，此节涉及数据主要来源于哈尔滨市教育局内部资料《哈尔滨市教育统计（2015）》和哈尔滨市统计局电子版统计年鉴。

9.9 万元。

（四）师资力量配置情况

哈尔滨市 9 个行政区城区现有专任教师 23893 人，其中小学 11774 人，初中 12119 人。城区小学生师比为 16∶1，优质小学生师比为 24∶1，薄弱小学生师比为 5∶1；城区初中生师比为 10∶1，优质初中生师比为 15∶1，薄弱初中生师比为 3∶1。从专任教师的学历、职称情况看，优势学校的师资力量明显强于薄弱学校。

三、区域义务教育的非均衡发展

从均衡发展的角度来看，哈尔滨市义务教育发展中仍然存在一些不均衡现象，受义务教育资源配置不均衡影响，义务教育发展的不均衡首先表现为生源过度集中，在现行义务教育经费分配体制下，不均衡的生源分布直接导致校际发展能力和发展潜力的不均衡，校际办学条件的差异又导致义务教育效果存在校际间的明显差异，这种教育结果上的差异在社会择校行为推动下又反作用于生源分布，由此导致义务教育事业发展陷入恶性循环。

（一）生源向优质学校（学区）集中的现象较为普遍

目前，哈尔滨市义务教育阶段的生源在区域间和校际分布并不均衡，主要向优质学区、学校集中。造成这一现象的原因排除家庭工作和生活需要等正常因素外，主要在于学生家长的"择校行为"，主要通过户籍和学籍变动来实现。择校行为冲击了教育发展规划，导致部分教育资源闲置浪费，催生了"学区房"现象，制造了社会不公平、不和谐因素，加剧了义务教育校际发展的两极分化。学生家长主导下的择校行为的产生，除受"光环效应"、攀比心理、从众心理影响外，也来自哈尔滨市义务教育事业在部分区域间、校际发展不均衡的客观实际。

（二）义务教育学校发展能力两极分化现象较为明显

影响哈尔滨市义务教育学校发展能力的因素主要包括两方面：办学经费和师资力量。从办学经费来看，2015 年全市财政性教育经费较上一年增加了 12%，但占 GDP 的比重仍然低于全国平均水平。同时，市本级教育财政实际用于义务教育阶段的经费所占比例偏低。在经费分配方式上，包含公用经费在内的常规教育事业费与学校在校生数量正相关，这无疑会造成薄弱学校发展资金不足，并直接加剧了校际发展能力的"马太效应"。从师资力量来看，哈尔滨市存在师资队伍整体质量、优秀教师比例校际不均衡的现象。师资队伍质量体现在年龄结构、学历结构、职称结构等几个方面，根本上决定着学校的教育质量和发展后劲。薄弱学校的师资队伍建设工作受到人才吸引力、培养经费、职业成就感等因素制约，并存在优秀人才流失的问题。

（三）义务教育最终效果校际差异较大

义务教育的最终效果部分地反映在中考成绩当中。受上述主要因素影响，从分层抽样数据来看，哈尔滨市义务教育最终效果在区域间、校际呈现一定的差异。优质学校省、市重点高中统招和配额上线学生数、最终录取率均优于其他学校特别是薄弱学校。在配额录取线下浮 25 分的情况下，薄弱学校仍存在上线生源不足并缺乏最终竞争力的问题。

（四）中考"配额制"的均衡化功能有待强化

多地实践证明，"配额制"在一定程度上可以增加考生考入重点高中的机会，可以引导社会选择，扶持薄弱学校并促进义务教育均衡发展。哈尔滨市从2009 年试行中考配额招生制度至今，已实现配额指标占重点高中招生比例的60%。从政策效果看，在一定程度上促进了生源回流，提高了相对薄弱学校的重点高中升学率。但在"配额制"实施中，仍然存在这样一些问题：其一，在配额指标分配方面，仅把"上线学生数"作为配额指标分配的依据，客观上忽略了前期资源配置的校际差异，也忽略了"配额指标"本身的资源属性及后续资源配置效应。其二，在配额志愿填报方面，哈尔滨市实行每生每批次填报一个配额志愿学校，这加大了部分考生的选择风险。其三，在配额志愿录取方面，与统招志愿同样实行分数优先原则，容易导致部分非优质初中上线考生在优质初中相对高分考生志愿下行压力下落选，学校未完成的配额指标在二次补录中易被优质学校侵占。其四，市重点高中配额志愿录取面狭窄且高中分布不均衡。全市 12 所市重点高中只招收本行政区划内的考生（四中、八中、呼兰一中同时招收松北建区前原属道外和呼兰对应乡镇的考生）。阿城、双城两区目前没有市重点高中，呼兰、松北、平房三个行政区也各只有一所市重点高中。

四、促进区域义务教育均衡发展

加快推进哈尔滨市义务教育均衡发展的总体思路可以概括为"一个中心，三个重点"，即以优化义务教育资源均衡配置，促进义务教育供需关系均衡发展为中心，重点推进义务教育生源分布均衡化，重点推进义务教育学校发展能力均衡化，重点推进义务教育质量和效果均衡化。积极优化教育发展环境，制定并落实薄弱学校扶持政策，加快推进义务教育行政和学校管理体制改革，完善相应制度与机制建设。

（一）推进中考配额制度改革，积极引导社会选择行为

从实践经验来看，北京市自 2006 年开始试行将"示范高中"招生计划的 5% 至 10% 分配到本区县相对困难初中校的试验。2014 年，名额分配的比例提高到 30%，涉及的高中也扩大到 83 所"优质高中"。多年来的实践证明，北京市大规模实施的高中招生制度改革，通过发挥中考中招政策向下学段的传导作用，有效地缓解了择校难题，促进了义务教育均衡发展和素质教育的落实，减轻"小升初"择校压力，让更多的初中毕业生有机会享受优质高中教育。结合北京市配额制实践经验，哈尔滨市在配额制中考招生工作中可以尝试分阶段在以下方面进行探索：其一，在配额指标数计算和配额指标分配过程中，适当向薄弱学校倾斜，可将办学及资源使用绩效所涉及的相关因素纳入名额分配参考指标体系，鼓励薄弱学校提高办学质量；协调重点高中，适当下调配额录取控制线，增加薄弱学校配额指标，发挥政策激励和引导功能，建立资源效能视角的公平分配制度。其二，科学合理设置省重点高中的录取批次，建立基于高中周期性高考成绩的录取批次动态调整机制，引导学生理性填报志愿。其三，借鉴北京市"一生多选"经验，扩大配额上线考生在同一批次的选择范围，降低考生的志愿选择风险，同时也有助于降低中招部门的招录成本和工作难度。其四，在各批次配额志愿录取过程中，遵从校内配额指标优先完成的原则，出现校内志愿集中则按综合分数在校内进行高低排序，出现志愿空闲则优先在本校内调剂完成，从而保证薄弱学校配额指标不外流。其五，逐步扩大市重点高中统招志愿招生范围和配额志愿的覆盖面，从而削弱市重点高中区域分布不均衡的消极影响。

（二）进一步加大教育财政支付力度并调整分配结构，提高经费使用效益

继续增加市本级教育财政支付力度。发挥财政性义务教育经费的主渠道作用，发挥市本级教育财政的统筹功能，缓解区（县）经济社会发展不平衡给义务教育均衡发展带来的经费压力。财政预算教育经费的分配应充分体现义务教育优先发展的原则和均衡发展要求。提高义务教育事业费、公用经费、基建经费、教师培训费在预算经费中所占的比例，具体分配适当向薄弱学校倾斜。教育行政部门可继续在经费校际间分配的依据、标准等方面进行探索，建立更加完善科学的义务教育经费分配指标及评价体系。加强经费管理，强化审计监督，提高义务教育经费的整体使用效益。

（三）加强师资队伍建设，实现优质师资配置均衡化

努力把优秀师资队伍建设和师资配置工作有机结合起来。师资建设和配置工作的主体是人，因此要在充分尊重人、发展人的理念指引下，充分发挥教师的主体性，激发其主动性、积极性和创造性，自觉参与到教学改革与实践中，自觉参与到师风师德建设活动中，克服工作惰性，提升教师的事业归属感、职业荣誉感、成就感、获得感。同时，教育行政部门可以充分发挥政策工具优势，为教师经验交流、进修培训、观摩学习等搭建服务平台，并以制度的形式加以固化。道里、南岗、香坊区的集团化办学实践，为师资队伍建设工作提供了有益的经验，此过程可以充分发挥现有优质师资的传递、帮助和带动作用。在机制建设上，教育行政部门和学校可将教师参与师资建设及质量工程建设的过程及结果作为教师工作量核定、绩效考核、职称评聘、评奖推优等工作的重要计算依据。

（四）推进义务教育行政体制改革和事业单位改革，优化义务教育均衡发展的体制环境

教育行政体制改革的工作主要围绕两个方面进行，其一是权力下放，其二是转变职能。在权力下放方面，市级教育行政部门可在充分保障统筹规划、综合协调等基本功能的前提下，进一步将部分人权、事权、财权下放给区（县）级教育行政部门，充分调动基层工作积极性，强化基层行政主体责任。在转变职能方面，市、区（县）两级义务教育行政部门应积极转变理念，寓管理于服务过程之中，积极转变自身在义务教育事业发展中的角色，根据"法无授权不

可为，法定职责必须为"和"管、办、评主体既相互分离又相互协同"的原则，切实尊重学校的办学自主权，通过政府购买服务的方式积极引入社会组织对义务教育发展的第三方评估，支持义务教育特别是薄弱学校的全方位建设与健康快速发展。

积极推进义务教育事业单位改革。建立并逐步完善校党委领导下的义务教育学校校长负责制，将教育资源利用、师资建设、教学质量等指标纳入校长及学校领导集体考核指标，落实管理责任。建立并逐步完善义务教育学校人事制度改革，逐步推行教师岗位责任责、聘任制，拟订教师岗位说明书，细化聘期岗位考核指标体系，施行结构工资改革，坚持奖勤罚懒、奖优罚劣的原则，提高教师工作的积极性和管理工作的灵活性。

第三节　服务焦点之二：推动区域养老事业健康发展

哈尔滨等老工业基地城市正面临巨大的老龄化社会养老压力。民政部和国家发展改革委员会根据党的十八届三中全会精神和《国务院关于加快发展养老服务业的若干意见》（国发〔2013〕35号）要求，于2013年末正式启动了养老服务业综合改革试点工作，哈尔滨市成为全国首批42个试点城市之一。哈尔滨市同其他国内主要城市一样，随着经济社会发展进程的加快和人民物质文化生活水平的提高，以及医药卫生等公共服务环境的不断改善，人口平均寿命也在不断延长，加之劳动力人口外迁和人口自然增长率下降等因素影响，哈尔滨市正逐步进入老龄化社会发展阶段。2005年哈尔滨市"老年人口抚养比"（P60+/P18-59×100%）为15.68%，2010年为20.09%，2016年为30.27%，整个城市面临3个劳动年龄人口负担1名老年人口的巨大社会养老压力。因此，快速建立健全养老服务体系，提高养老服务的针对性和总体质量，将养老服务工作锻造成为融制度、伦理、科技、人文等内涵于一体的幸福产业，成为摆在哈尔滨市各级地方政府、公共服务部门和相关社会力量面前的一项重要工作。

近几年来，哈尔滨市根据实际认真编制并落实《养老服务业十三五发展规划》，鼓励医疗机构、社会力量参与养老机构建设，实施"候鸟养老"计划，从

2014 年初至 2016 年末累计新增养老床位 17000 余张，接待近 200 万人次老年人来哈尔滨市旅游度假。在居家养老服务方面，哈尔滨市先后出台了《社区居家养老服务标准（暂行）》《哈尔滨市居家和社区养老服务规范》等政策文件，建成了一批日间照料中心、居家养老服务站，开办了养老服务管理专业大专班及在岗人员专业培训以解决养老服务专业人才严重短缺问题，并为存在实际困难的特定老年群体购买了居家养老服务。于 2017 年 5 月正式投入运行的 "12349 助老公益服务平台" 更好地整合了哈尔滨市现有居家养老服务资源，提高了哈尔滨市居家养老服务供给主体对老年需求的回应性，提升了哈尔滨市养老服务工作的智能化水平。

　　总体来看，哈尔滨市在养老服务综合改革方面已经取得了重要突破，全方位、立体化、交叉融合式的养老服务供给框架已经初步搭建。但从服务标准、服务覆盖面、专业化与市场化水平、质量监管效能、制度与机制建设等方面来具体考察，哈尔滨市的居家养老服务仍然存在一定的提升空间。特别是在传统养老观念、消费观念束缚下，在收入结构、社会伦理等客观因素作用下，由政府负责、社会协同向本地方老年群体提供有针对性的、多样化的、可靠的居家养老服务，将成为提高地方社会福利水平、提升哈尔滨市老年群体及全体市民幸福感和获得感、促进地方经济与社会发展和加快推进哈尔滨市养老服务业综合改革的重要突破口。

一、城市社区居家养老服务需求的整体情况

　　我们通过抽样调查法、访谈法对哈尔滨市老年群体居家养老需求及主观意愿进行分析，同时参考了《黑龙江省统计年鉴》，以及哈尔滨市统计局、哈尔滨市民政局、上海市民政局、深圳市民政局等职能部门公布的权威数字，在 "老年人" 这一概念界定上，我们选取了 60 岁以上（含 60 岁）这一国际通行标准。"城九区" 指包括双城、呼兰、阿城、松北、平房在内的 9 个城区行政区，因区域交叉暂未考虑 "哈尔滨新区"。

　　（一）老年人口占比及整体分布情况

　　从人口年龄结构来看，截至 2015 年底，哈尔滨市总人口数达到 961.37 万人，60 岁以上老年人口为 184.82 万人，占全市总人口数的 19.2%，这一比例在

2016 年底达到了 20.2%。城九区总人口数为 548.72 万人，60 岁以上老年人口为 111.17 万人，占城九区总人口数的 20.26%。在城九区中，人口老龄化特征最明显的是道里区，老年人口占比为 24.2%，老年人口占比在城九区平均值以上的行政区还包括道外区、平房区和香坊区，老年人口占比最低的行政区是松北区，比值为 17.0%。从老年人口在全市分布的情况来看，整体上表现出较明显的不均衡性，城九区老年人口占全市老年人口总数的 60.15%，南岗、道里、道外、香坊 4 个行政区的老年人口占城九区老年人口总数的 61.05%，松北区和平房区合计仅占城九区老年人口总数的 6.31%。

（二）老年人口内部年龄结构分布情况

如上所述，受医疗条件、社会福利、物质生活水平等诸多因素影响，哈尔滨市市民平均寿命不断延长，在老年群体内部呈现出高龄化的趋势。以城九区为例，70 岁以上人口占到老年人口总数的 38.72% 为 43.05 万人，80 岁以上人口占到老年人口总数的 12.04% 为 13.39 万人。

（三）家庭结构变化情况

随着 20 世纪 80 年代独生子女政策的推行，进入 21 世纪后哈尔滨市呈现出较为明显的"4—2—1"家庭结构特征，加之市民工作节奏的加快，住房制度改革的推进，以及现代家庭居住理念的革新，空巢老年家庭、独居或准独居老年家庭不断出现，那种由代际间同居子女照料老人的传统模式在社会中所占比例日趋减少。2000 年至今，哈尔滨市居民户数增加了 104.63 万，增长比率为 37.04%。目前，哈尔滨市户均人口数量为 2.48 人，较 2000 年减少了 0.85 人，空巢老人数量占到全市老年人总数的 50% 以上。

（四）居家养老意愿分析

从随机抽样访谈了解到的情况来看，接近 90% 的老年人暂时不能接受或没有考虑过到养老机构安度晚年。从行为选择的影响因素分析，老年人考虑最多的仍然是传统伦理和亲友评价，其次是不愿离开业已熟悉的社区和人际关系网络，此外还包括其对自己身体状况的自信，对机构养老费用与服务质量的担忧等等。在受访群体中，超过 80% 的老年人表示在独居、子女在外地工作或本地子女工作较忙等情况下，愿意接受来自社会的居家养老服务。其感兴趣的服务主要集中在紧急救援、医疗保健、情感慰藉、教育文化等几个方面，并大多表示能够接受上门服务的服务方式。从对南岗区佳鹤老年公寓的走访情况来看，在其服务的本社区 5 名老人中，最小的 64 岁，最大的 88 岁，平均年龄为 79.4 岁，80% 的老年人是在 75 岁以后由子女送到养老机构并定期探视。这些老人普遍反映在养老机构生活得比之前在家时更幸福，除可以享受到及时周到的服务外，主要能够避免日常的孤独。但老年人也普遍表示，如果在家能够获得这样的服务与感受，还是愿意在自己家里居住。另据其他几家养老机构负责人介绍，大多数老年人都是在失能或部分失能的情况下才被动性地选择入住到养老机构。

由此可见，哈尔滨市老年群体及家庭的养老观念仍处于转变过程之中，居家养老作为传统家庭养老和现代机构养老的过渡养老方式，在很大程度上将发挥重要的养老服务功能。从哈尔滨市老年人口数量、内部年龄结构、居家养老服务意愿等几个方面来看，居家养老服务在未来存在巨大的潜在市场需求。

二、城市社区居家养老服务业的发展困境

哈尔滨市居家养老服务从纵向比较看已经取得了不少成绩，但从基本市情出发进行横向比较，从需求导向、标准化建设、服务的可靠性和可延展性几方面视角来看，仍然存在可提升的空间。这些发展中面临的困境主要表现在如下几个方面：

（一）社区居家养老服务的专业化水平有待提升

居家养老服务的专业化水平高低取决于专业化的人才储备和专业化的服务队伍建设。哈尔滨市居家养老服务专业化水平的制约因素主要在于服务供给主体内部的结构性失衡。一个重要表现在于更多情况下是由基层社区而不是由更广泛的专门社会组织或企业组织来履行具体的居家养老服务职能。为老服务专业化的前提是专门化。由于担负着较多行政工作的基层社区日常需要处理庞杂的社会事务，加之有限的人力、财力，使之很难形成专门的力量去独立应对庞大的老年群体及其多样化的服务需求。大多数基层社区只能向本社区老年群体提供或传递一些满足共性需求的开放式服务，如免费健康体检、老年活动室、老年课堂、文体娱乐活动等。社区居家养老对于我国来说也是一个舶来品，在国外称之为"老年人社区照顾"（Community Care），这里的社区指代的是社会学意义上的社区，提供社区照顾服务的主体主要是能够提供一项或多项涉老服务的企业、社会组织及其成员。地方政府在居家养老服务中的职责主要体现在供需信息传递、服务资源整合与链接、为供需双方提供法律与政策支持和援助等等，体现为明显的主导者、协调者、监督者角色。因此，调整居家养老服务供给主体的内部结构，转变基层社区组织角色，由专业的社会力量来具体提供专业的居家养老服务成为亟待解决的问题。

哈尔滨市居家养老服务专业化水平不足的另一个表现在于专业性为老居家服务机构及其专业人才储备的不足，以及专业性居家养老服务机构在行政区域间分布的不均衡。从现有服务机构内部结构来看，能够提供日常生活护理、助餐、助洁、代办类服务的机构数量较多，约占总数的90%以上，能够提供助医、精神慰藉、助浴、康复辅助等较高端服务的机构数量较少，能够独立为老年人提供全方位居家服务的机构十分罕见。从人员队伍状况来看，高水平专业护工人才及老年社会工作人才短缺，护理师整体上缺乏系统技能培训且护理经验偏少。同时，哈尔滨市的为老服务机构在空间上分布极不均衡，在城区特别是主城区扎堆建设并提供服务的现象较为明显，能够以社区或街道为单位设立分支服务网点的网络化、规模型居家养老服务机构十分匮乏。受机构总量和分布非均衡性影响，哈尔滨市现有居家养老服务机构的服务成本、运行成本普遍偏高，由此导致上门服务消费价格上扬，加重老年家庭负担，影响了老年人获得质优价廉、及时高效的服务，也不利于哈尔滨市居家养老服务市场的健康发育。以助浴服务为例，哈尔滨市目前为老上门助浴服务的单次价格在160元至240元之间，整体高于北京、上海、江苏、浙江、海南等经济发达地区。

（二）社区居家养老服务的覆盖面有待扩展

居家养老服务既要做到能够普遍地满足老年群体的需要，又要做到能够满足老年群体的普遍需要。前者指养老服务特别是公共免费服务在服务对象上要尽可能地覆盖到实际存在服务需求的人群，后者主要指养老服务特别是社会付费服务在服务内容上要尽可能地覆盖到老年群体不同层次、不同角度的需求，增强服务的针对性。以此做到地方居家养老服务在内容上实现统一性与多样性、共性与个性相结合。首先，从哈尔滨市居家养老服务的供需结构现状来看，一方面表现出总量上的供需结构失衡，另一方面表现出内容上的供需结构失衡。从前者看，快节奏的城市生活酝酿出广阔的养老服务需求市场，养老服务供不应求的特征较为明显，特别是政府购买服务面临提标扩面的社会压力；从后者看，老龄人群的一些实际需求和个体老年人的个性化需要短期内尚得不到有效满足。以"12349助老服务平台"为例，该平台不仅可以为哈市老年人对接家政、洗浴等日间照料类的上门服务，而且可以对接旅游、医疗、蓝手环紧急求助等服务。但是，受到老年人信息数据库不完善的局限，只能在每日电话接待过程中边对接服务边采集完善信息数据库。然而，月均3000左右的电话访问量在服务对象与服务内容双重层面上限制了该智能平台的居家养老服务覆盖面。据平台工作人员介绍，助浴、家政、送药、维修家电几类上门服务占需求的绝大多数，能够满足个别情感照料、临终关怀、法律服务的线下组织较为稀缺。由此，供需信息不能快速有效对接，不仅影响到居家养老服务的覆盖面与层次，而且影响到居家养老服务供给主体的发育成长及整个服务市场的健康发展，高科技的智能化助老服务平台也将陷入被动式服务与发展的困境。

其次，从哈尔滨市居家养老服务需求主体的参与度来看，哈尔滨市老年人对居家养老或者对于从社会购买养老服务这一养老方式的认知度和认同程度仍然较低，普遍缺少规律性、系统化的社区生活体验。他们对亲缘关系的依附感仍然强于地缘关系，对邻里的亲切感仍然强于基层社区，还没有整体完成由"单位人"向"社区人"的心理过渡。当问及紧急求助的对象问题时，78%的老年人会首先想到向家人或邻居求助，仅有5%的老年人会首先选择向所在的社区求助，其余老年人选择区分情况向公安机关等政府部门求助。在受访老年人中，其教育背景、工作经历等因素明显影响到其对社区生活的关心与参与程度，其中49%的老人表示对社区为老年人提供的公共生活空间有一定的了解，接受过社区组织的免费体检服务的老年人仅有23.4%，参与过社区提供的棋牌室、阅览室、老年课堂等文化娱乐活动的老年人仅占10%左右，而医疗和文娱活动已经是哈尔滨市目前开展较为普遍的两项社区为老服务。有此参与意愿却没有参与其中的老年人表示，没有坚持参与主要是因为身体不便、体检项目简单、社区活动空间及开放时间有限等。

（三）社区居家养老服务的质量监管工作有待强化

居家养老服务的质量优劣不仅关系到老年人的切身利益，而且关系到养老服务业的规范化运行与持续健康发展。从哈尔滨市居家养老服务业质量监管工作看，主要面临的问题有：1. 规范化、标准化文件出台较晚，2. 制度运行的效能有待本土化环境检验，3. 服务规范相关制度体系尚不完备，4. 服务质量监管的执行经验较少等。完备的居家养老服务制度是服务监管工作的基础。哈尔滨市于 2016 年由民政部门出台了《哈尔滨市社区居家养老服务标准（暂行）》，但在该《标准》中，所涉及的服务对象、服务供给主体、服务方式、服务内容等方面并未进行足够清晰的类型划分，特别是对服务内容的操作过程要求在表述上过于笼统和模糊，缺少具体程序和细节要求以及量化指标说明。服务质量标准界定的不清晰给哈尔滨市居家养老服务质量监督评价、纠纷处理、消费者与服务供应方维权、服务质量改进等工作带来实践困境，严重影响着哈尔滨市居家养老服务的规范化、标准化与服务质量的进一步提升。为此，哈尔滨市于 2017 年初由民政局会同市场监督管理局、标准化研究院成立了"居家和社区养老服务规范"标准制定工作组，《哈尔滨市居家和社区养老服务规范》（以下简称《规范》）已于 7 月份通过联合专家评审并于 8 月 22 日正式出台，一定程度上解决了《暂行标准》中存在的若干问题。该《规范》目前尚处于试点阶段，需要相关部门扩大对审批执法等监管部门、服务机构及老年社会群体的宣传。同时，由于《规范》的制定借鉴了发达地区的经验，在制定运行过程中，需要接受本土运行环境的检验。因此，《规范》及其实施细则与相关配置政策还需要在制度实践中不断制定、落实与完善。

三、推动城市社区居家养老服务业发展

针对哈尔滨市居家养老服务领域存在的专业化较低、覆盖面较窄、制度不完备等问题，结合哈尔滨市居家养老服务发展实际和养老服务业综合改革实践需要，我们建议从需求导向出发，立足于促进居家养老服务供需关系结构均衡发展，充分发挥市场在居家养老服务资源配置中的决定性作用，加强"依法治养"，充分发挥地方政府在居家养老公共服务中的保障性功能。

（一）逐步建构智能化的立体式协同服务体系

老年群体内部人员结构的多层次化、需求的多样化决定了政府或社会力量都不可能成为居家养老服务的唯一供给主体，居家养老的责任必然由地方政府和社会力量共同承担。因此，有必要逐步建构由地方政府、社会组织、企业、

家庭共同组成的，以信息化、智能化手段为依托的现代立体式协同居家养老服务体系。首先，充分发挥"12349助老服务平台"的信息化优势和服务对接功能，积极探索"互联网＋"居家养老服务方式，拓展服务对接通道，增加服务资源承载量。同时，以行政区划为基础，逐步实现平台线下资源区域分布的均衡化。其次，由民政、公安、卫生、人社等部门协同，建立并逐步完善哈尔滨市社区居家养老服务大数据库，具体包括"老年人数据库""居家养老服务机构数据库""居家养老服务从业人员数据库"等，为日常服务对接、服务监督管理、居家养老发展统计等工作提供有力的数据支撑。再次，转变基层社区组织角色，发挥其基层服务与管理功能，使其成为融直接服务提供者、间接服务推介者、区域服务监督者等多重角色与功能于一身的基层居家养老服务平台。最后，借鉴北京、上海、深圳等地经验，向全市老年家庭发放"居家养老服务手册"，扩大宣传以转变市民养老理念，提高老年家庭对现代社区居家养老服务的认知度和参与度。最终在哈尔滨市建构以"12349"为广域平台，以社区组织为限域平台，以各类居家养老服务机构为主体，以公共财政、互联网络、大数据库为支撑，老年家庭广泛参与的现代智能化、立体式的协同居家养老服务体系。

（二）加强社区居家养老服务人才队伍建设

提升社区居家养老服务质量的关键在于建设一支高素质的居家养老服务队伍。解决目前哈尔滨市居家养老服务专业人才储备不足、服务技能水平不高的基本路径在于走教育与培训相结合的专业化发展道路。首先，将居家养老服务人才培养纳入哈尔滨市教育发展规划，引导并鼓励市属高校、职业技术院校，积极协调省级教育行政部门、驻哈省属院校在条件允许情况下开设（居家）养老服务与管理相关专业，并以社区为平台，为开设此类专业的院校辟建校外实习实训基地。同时，借鉴广东、北京、上海等地经验，制定积极的人才就业政策，不仅育好人才，而且要留住人才并用好人才。在养老专业建设方面，包括哈尔滨民政职业学院、哈尔滨科学技术职业学院、北京社会管理职业学院在内的全国150余所高校开设了老年服务与管理相关专业，但从目前人才培养规模看，与民政部在《全国民政人才中长期发展规划（2010—2020）》中公布的，到2020年全国养老服务人才缺口600万的数字还有较大距离。山东省为全省15所开设了养老服务专业的高校专门制定了人才就业补助政策，除一次性补助本地就业毕业生外，还对养老服务专业毕业生接收单位给予政策扶持。其次，以现有"社区学院"、行业协会、职业教育类民办非企业单位为基础，在高校、职业院校广泛开辟以居家养老服务机构管理者和从业人员为对象的业余培训课堂，地方政府提供专项资金支持。再次，积极组织开展哈尔滨市居家养老服务人才队伍建设相关研究。2017年4月，深圳市通过公开招标的方式委托智睿养老产业研究院（北京）有限公司，就深圳市养老服务人才队伍现状、基本需求方向、相关政策情况等问题组织专项课题研究，以配合即将出台的深圳市《关于加强养老服务人才队伍建设的意见》。

（三）完善社区居家养老服务相关制度

无论是政府提供的免费居家养老服务还是社会力量提供的付费服务，都需要有完备的相关制度作为行动的指导和依据。根据哈尔滨市在居家养老服务方面的制度建设实践，在未来工作，应重点解决执行好制度、在实践中不断完备制度的问题。首先，在制度执行方面，通过制度宣传扩大《哈尔滨市社区和居家养老服务规范》在执法监督主体、社会服务与需求主体中的认知度，使监管主体行为有依据，服务机构服务有明确标准，老年群体接受服务心中有尺度。其次，在制度完善方面，畅通制度反馈渠道，根据群众反馈及时调整服务内容与标准，根据地方制度实践及时调整《规范》内容，必要时出台《规范实施细则》及《服务收费标准》或《服务收费指导意见》等配套政策。上海市政府于2015年出台了《社区居家养老服务规范实施细则（试行）》，与《社区居家养老服务规范》的出台相隔五年时间，在《实施细则》中，上海市将居家养老服务规范在内容上细化到操作动作、操作环境、工作程序、工具使用、误操作后果与危害等方面，更好地实现了对地区居家养老服务的精细化管理与指导。

在社区居家养老服务收费标准方面，建议民政部门会同物价部门、老龄部门、消费者协会、第三方社会组织等有关部门和机构，认真组织调研并在必要时履行听证程序，根据本地相关服务行业收费标准和老年家庭实际消费能力，结合北京、深圳、海口、琼海等地在居家养老服务收费标准核定方面的经验，科学拟定符合本地实际的居家养老服务收费标准或者参考性意见。收费标准的出台是以服务标准为基础的，同时也是对服务标准的必要补充，不仅使居家养老服务消费透明化，降低服务纠纷带来的社会风险，而且有助于避免因同业恶性竞争、行业价格垄断等导致的供需关系断裂和价格秩序混乱，从而有利于保护居家养老服务供需双方的积极性，最终促进哈尔滨市居家养老服务业稳定、健康、快速发展。从各地方经验来看，北京市于2011年较早地出台了《北京市居家养老服务收费标准》，其中划定了电话心理咨询、家庭成员护理培训等八项免费服务项目，并规定老年人接受计算机、法律、书法等培训应为低偿服务项目。海口市在2013年出台的《海口市社区居家养老服务收费标准参考性意见》中，将具体服务项目的收费标准与老年人行为能力分类相结合，视服务工作难度确定合理的收费标准。深圳市民政局定期向社会公布《居家养老服务机构名册及收费标准一览表》，其中包含了服务机构基本信息、提供的服务项目、收费标准、服务区域等，方便消费者根据自身情况比较选择。

（四）引导社会力量投入居家养老服务行业并引入市场竞争机制

鉴于哈尔滨市居家养老服务需求潜力巨大，多样化需求特征明显，居家养老服务机构数量不足且分布不均衡给哈尔滨市居家养老服务未来发展带来巨大阻碍的实际，建议在有效履行基本公共服务职能的同时，进一步放开养老服务市场，鼓励、引导并支持社会力量投入并投身于居家养老服务发展。各级民政部门、市场监督管理部门可以在不降低质量要求的前提下，适当降低居家养老服务行业的准入门槛。特别是对于那些拟在居家养老服务严重不足的区域开展专业居家养老服务的申请机构，政府可以出台扶持性发展政策，鼓励其先设立运行，在后期服务过程中逐步建设发展。建议民政部门继续发挥社区备案制度在社会组织建设上的灵活性、高效性、服务指向明确性等优势，优先扶持社区备案制居家养老服务类社区社会组织发展。在此方面，北京市于2015年初经人大审议通过了《北京市居家养老服务条例》，其中明确规定了各级政府负有扶持居家养老服务组织发展的责任，应当制定鼓励性政策，通过购买服务、签约立项等方式积极引导、支持企业和社会组织、个人开展并参与居家养老服务。2016年，北京市又相继出台了《北京市支持居家养老服务发展十条政策》和《关于贯彻落实 <北京市居家养老服务条例 > 的实施意见》。在引导社会力量进入居家养老服务的实践中，北京市根据居家养老服务机构性质对营利性机构与非营利性机构进行分类登记，对符合条件的居家养老服务机构，依法直接登记为社会组织，取消了挂靠业务主管单位等相关限制性条件。

社区居家养老服务中引入市场竞争机制有利于服务机构提升服务质量，规范服务行为，确立需求导向，最终使老年群体受益，使居家养老服务市场更加有序。引入市场竞争机制的前提是居家养老服务领域内较高的市场开放度、较高的主体参与度和较高的市场活跃度。市场竞争机制确立和运行的关键在于树立顾客导向，赋予老年群体更广阔的选择空间和自主选择权。在居家养老服务的市场化改革方面，深圳市一直走在全国前列。深圳市自 2005 年起开始为居家老人提供养老资助，当年投入资金 5000 余万，覆盖了全市家庭困难的户籍老人共约 17000 人。自 2009 年起，变发放补助金为发放社区居家养老消费券，消费券成为老年人享受政府购买养老服务而支付给相关服务机构，再由服务机构与地方政府进行结算的一种凭证。同时，政府向社会公布居家养老服务机构名册和收费标准，并且定期更新。在同一服务区域（街道或社区）内，老年人就同一服务项目可以根据距离远近、价格高低、机构规模等自由选择服务机构。养老消费券的推行，使老年人在享受公共福利的同时，在服务项目、服务机构、服务频次、服务等级等方面有更多的选择空间，让老人从竞争性市场中获得更为优质和廉价的人性化服务。从政府购买服务角度来看，选择权主体的下移，更好地体现出竞争性购买的内核和优势，既提高了政府购买服务的效能，又大大降低了政府监管的成本。

（五）提高政府购买居家养老服务的标准和覆盖面

地方政府为老年群体购买居家养老服务的项目数量、服务标准和人群覆盖面是一个地方社会福利与社会服务水平高低的重要标志之一。受地方经济社会发展水平、公共财政状况等因素影响，各地方在居家养老服务购买方面的财政投入力度也各不相同。哈尔滨市各区（县、市）在这一方面也表现出明显的不均衡性。因此，首先，应充分调动市、区（县、市）两级政府的积极性，实施优先发展战略，鼓励有条件的地方在政府购买社区居家养老服务方面多投入，市本级财政发挥统筹协调功能，从公共服务均衡性角度向相对薄弱地区予以财政倾斜。其次，实施"分步走"发展战略，即先扩面再提标，再扩面再提标。首先解决经济最为困难且行为能力偏弱的老年群体居家养老问题，将居家养老与精准扶贫、助残助困工作相结合，逐渐扩大到"三无"老人、低保老人、重点优抚老人、失独老人等范围。在地方公共财政支持下，由各级民政部门牵头，通过政府采购、协议立项等方式向社会力量（社会组织、企业）购买居家养老服务，培育社会组织，扶持行业发展。以北京市为例，截至 2016 年，政府为北京户籍 80 岁以上老年人办理可以享受政府购买服务的"北京通——养老助残卡"累计达到 50 多万张，支持了 15000 余家居家养老服务机构的建设与发展。哈尔滨市民政部门可根据需要调整福彩可支配资金的使用方向，结合地方公共财力状况，在以往购买居家养老服务历史经验基础上，借助第三方机构科学评价并最终圈定购买服务的受益人群范围、供给机构范围、服务内容范围，建立科学严格的人员和机构准入与退出机制，服务内容、方式、标准的动态调整机制，避免公共财政浪费现象，尽可能地扩大受益面，发挥地方政府在养老服务事业中的兜底功能。

社区居家养老服务是一项民生工程，同时也是一项系统工程。这项工程的建设需要完备的制度设计、健全的服务体系，更需要包括地方政府、社会组织、企业组织等各方面力量协同建设。各级地方政府应充分履行社会职能，发挥好保障基本公共服务的兜底功能，同时积极培育、引导社会力量满足哈尔滨市老年群体的多样化居家养老服务需求，从而促进哈尔滨市居家养老服务市场的繁荣，提升哈尔滨市老年群体的晚年生活幸福指数，进而推动哈尔滨市养老服务业综合改革工作走向深入。

第七章

优化市场秩序环境：诚信力启动经济力

规范的市场秩序是社会主义市场经济体系得以确立并不断壮大的前提，也是市场经济稳定运行并不断发展的重要基础和根本保障。规范的市场秩序在根本上反映着市场主体竞争行为和交易行为的正当性与合法性、公平性与公正性。规范的市场秩序有助于发挥市场的资源配置功能，有助于维护生产者、经营者和消费者的合法权益、增强其投资信心和消费信心，维护市场的平稳运行，从而促进地方经济的持续健康发展。因此，维护和规范市场秩序，为社会主义市场经济发展提供公平有序的市场秩序环境应该成为地方政府的重要经济服务职能。

第一节 市场秩序：经济繁荣度背后的主体间交易行为与交易关系

市场是主体间交易行为发生的场域和交易关系确立的场域，同时也是主体间的交易行为和交易关系相互作用的场域，因此是一切不同交易主体间交易行为与交易关系的总和。交易是市场经济的核心概念，交易行为是最一般的市场行为，交易关系也是市场关系的最一般表现形式。在人类原始社会末期，随着分工的发展、私有制的产生、剩余劳动产品的出现和多样化生活需求的增强，以物易物的最原始交易行为便在人类社会内部产生，"市场"便拥有了其人们彼此间交换劳动产品的固定场所这一原始概念。古希腊学者亚里士多德（Aristotle）在谈及家庭财产来源及其管理问题时，就曾把交换和零售贸易视为获取生活必需品和财富的一种技术，简称为"致富术"。他认为以交换生活必需品为目的的以物易物并不违背自然规律，而且有利于解决私人物品多寡不均问题，属于必要的和正当的。① 在旧制度经济学那里，约翰·康芒斯（John Commons）这样理解交易：

> 交易发生在古典经济学家所讲的劳动的生产和快乐主义学家所讲的消费的快乐之间，完全因为社会凭借的秩序的规则，管制着对自然势力的所有权以及接近自然势力的机会。交易……不是实际'交货'那种意义的"物品的交换"，它们是个人与个人之间对物质的东西的未来所有权的让与和取得，一切决定于社会集体的业务规则。因此，这些权利的转移，必须按照社会的业务规则先在有关方面之间谈判，然后劳动才能生产，或者消费者才能消费，或者商品才会实际交给其他的人。②

康芒斯依据"交易是所有权的转移"这一基本判定，将交易分为三种基本类型：买卖的交易、管理的交易和限额的交易，后两种交易被其认为反映的是上下级之间而非平等主体之间的交换关系。③ 迄今为止，无论交易的形式和内容如何变幻，市场的基本行为和基本关系没有变，仍然是以满足交易双方各自需要为目的的交易行为作为其基本行为，以彼此订立共识性契约并各自兑现承诺的交易关系作为其基本关系。在市场这一行为场域和关系场域中，最终的主体是人，客体是物，从主客二元关系角度来说，市场交易行为是以客体物为媒介发生在主体人之间的行为，市场交易关系则是以人为主体，以物为客体所形成的"主—客—主"关系或主体际关系。当市场由行为场域演化为关系场域，由以物为中心的场域进化为以人为中心的场域，由一次交易场域发展为重复交

---

① 〔古希腊〕亚里士多德. 政治学［M］. 颜一，秦典华，译. 北京：中国人民大学出版社，2003：15-20.
② 〔美〕约翰·康芒斯. 制度经济学：上册［M］. 于树生，译. 北京：商务印书馆，1962：74.
③ 〔美〕约翰·康芒斯. 制度经济学：上册［M］. 于树生，译. 北京：商务印书馆，1962：74-75.

易场域时，市场内部的行为、关系、过程、结果，以及整体环境变得极为复杂，由此，也为市场交易行为与交易关系的相互作用埋下了伏笔。

一、交易行为决定交易关系

市场主体间的交易行为与交易关系相互影响、相互作用，其中，交易行为是更根本的决定因素。交易行为与交易关系之间的逻辑关系，何者在先是准确理解这一问题的逻辑前提。正如上文所述，交易关系在本质上是不同交易主体间的契约关系，包括契约签订、契约履行、契约完成这样完整的契约关系过程。主体间为了达到各自的目的，满足各自的生产与生活需要而在交易的内容、价格、方式等方面进行相互协商，在达成共识的前提下订立契约，之后双方按事先约定履行契约并兑现各自承诺。只要契约签订，主体间的契约关系便宣告成立。对于交易行为的解读方式有两种，一种是从狭义上仅将其解读为交易双方履行契约的具体行为过程，另一种是从广义上对交易行为进行诠释，认为它包含了主体间接触、意图表达、讨价还价、订立契约、履行契约、监督执行等全部行为过程。从狭义上理解交易行为，意味着交易关系是逻辑在先的，交易行为只是在交易关系确立的前提下各自按契约条款履行契约的过程；从广义上理解交易行为，即把交易行为本身放大到交往行为的视域范围，那么，交易行为则先于交易关系而产生，主要体现在双方在正式订立契约前所发生的讨价还价等协商行为。从发生的瞬时性角度来看，逻辑在先者决定着逻辑在后者能否发生或形成；从发展的历时性角度来看，无论从狭义上还是广义上来理解交易行为，无论交易行为逻辑在先与否，交易行为在根本上都决定着交易关系和整个交易过程。正如前文所述，交易主体的交易行为因主体人的复杂性而具有不确定性，复杂的动机在理性的支配下影响人的价值判断与行为选择。

在交易关系发展问题上，交易行为对其的影响是双向的。如约履行承诺的诚实守信行为使交易关系得以延续，反之，拒不兑现承诺的失信行为则会导致交易关系破裂。交易关系终止、破裂等无法延续的事实，对于一次交易而言意味着交易失败，对于重复交易而言则意味着交易行为无法再次发生，谈判、协商等交易行为再无产生的可能。交易关系的恢复，接续交易行为，其成本将是巨大的。所以，交易行为决定交易关系，交易关系也影响着交易行为，交易行为是交易过程中更根本的决定因素。从市场生命周期的角度来探讨交易行为与交易关系之间的相互影响、相互作用问题，对于理解市场秩序、规范性市场秩序存在的经济发展价值来说，具有重要意义。

二、交易关系反映市场秩序状态

市场秩序是市场规范下的主体行为过程与行为结果的总和。秩序是事物运行的规范性和规律性的表现，描述着事物运行的基本状态，预示着事物未来变化的总体趋势。自然界和人类社会都存在着特定的秩序，前者称为自然秩序，后者称为社会秩序或人为秩序。博登海默认为，秩序"意指在自然进程和社会进程中都存在着某种程度的一致性、连续性和确定性。另一方面，无序（Dis - order）概念则表明存在着断裂（或非连续性）和无规则性的现象，亦即缺乏智识所及的模式——这表现为从一个事态到另一个事态的不可预测的突变情形"①。从博登海默的界定当中可以看出，秩序本身追求的是事物运行和发展的规则性、确定性和连续性。

规则或规范是秩序内涵的第一要义。"所谓'规范'，说到底就是市场经济的一整套制度安排。"② 它为市场中行为主体的行为选择提供了基本的行为框架，同时也为行为过程的秩序性检验提供了基本的标准。秩序并不是规范、规则等制度本身，而是揭示制度被执行的效果。如果说制度规定着行为主体应该做出怎样的行为选择，那么秩序则反映着该主体是否按着制度的规定去选择行为，以及这种行为选择所产生的后果如何。所以说，市场主体按市场规范与规则做出恰当的行为选择是市场秩序生成的重要前提。"如果没有社会规范的存在，人类的社会秩序也就无以产生，人类的社会生活就更无从谈起了。因此，社会秩序的基本标志是社会主体行为的规范性。"③

确定性是秩序内涵的又一规定内容。确定性与规则性相关，当市场主体确

---

① 〔美〕博登海默. 法理学——法律哲学与法律方法〔M〕. 邓正来，译. 北京：中国政法大学出版社，2004：227 - 228.

② 章政. 好的市场监管，其标准是"活而有序"〔J〕. 中国市场监管研究，2016（1）：23.

③ 施惠玲. 制度伦理研究论纲〔M〕. 北京：北京师范大学出版社，2003：184.

定能够按照市场规则去选择行为时，其行为结果是可预见的，确定的行为导致确定的结果，市场秩序随即生成。从确定性角度来看，市场无序或秩序混乱也是因为行为主体行为选择的不确定性的存在，不确定的行为导致不确定的结果。当交易主体的行为偏离了确定的规则时，人们一般会对这一行为选择是否会达到预期的效果产生疑虑，因此，充满不确定性的市场交易过程不能说是有秩序的。

此外，秩序也反映为一种连续性。连续性要求秩序规则可以持续地发挥行为规范作用，行为主体可以持续地依据规范做出恰当的行为选择，恰当的行为选择与其行为结果之间的良性因果关系可以循环出现。总之，市场秩序的连续性是对市场运行、市场规则功能的发挥、市场主体的恰当行为选择所提出的稳定性要求。

市场规则与规范是市场秩序的核心要义，是市场秩序生成的来源，同时也为市场秩序的检验提供了重要的标准与依据。正如上文所述，市场秩序的确定性和连续性要求均与规则性相关，并且在行为本质上反映为规则性与规范性。市场规则与规范在内容上主要来源于两个方面：其一是制度，其二是伦理。学界关于制度与伦理的关系尚存在争议，一种观点认为不存在制度与伦理的区分，伦理本身也是制度的表现形式；另一种观点则认为制度与伦理不同，制度来源于法律法规和规章，具有正式权威和强制力，而伦理来自人们约定俗成，对个体行为只具有道德约束力，而不具有法律强制力。为了讨论方便，我们权且从差异性角度出发选择第二种关系认知方式。持此差异论观点的学者一般认为，"在迄今为止的人类历史发展中，出现了两种主要的社会规范形式：道德规范和法律规范……当社会秩序依赖的控制手段主要是道德和习俗惯例时，道德规范就成为人们政治、经济及社会生活的主要调节方式，由此形成的社会秩序可称之为道德秩序"①。那么，与道德秩序相对应的法律秩序所依赖的法律规范形式更是显而易见的，例如经济生活领域中所常见的《合同法》《广告法》《商标法》《消费者权益保护法》《反不正当竞争法》等，都对经济生活中主体行为提出了具体而明确的要求。制度与伦理作为市场行为规范在内容上的两个重要来

---

① 施惠玲. 制度伦理研究论纲［M］. 北京：北京师范大学出版社，2003：187.

源，彼此之间是相辅相成的，是相互补充、相互影响并共同发挥行为规范作用的关系。伦理规范须经由制度安排上升为法律高度才能产生行为约束的强制力，制度规范一经伦理化，不仅可以在制度体系上更趋完善，而且巩固和增强制度本身的合法性，使制度获得更广泛的认同而易于执行。

制度规范与伦理规范的相互融合趋势在经济生活领域更集中地体现在对经济行为主体的一些同质性行为约定。例如，"公平交易""公平竞争""诚实守信""自愿平等"等。尤以"公平交易"为例，无论是在自然经济还是市场经济，无论是在道德秩序世界还是法律秩序世界，对交易双方来说都是一条基本行为准则。人类社会的原始交易正是担心交易过程的公平性问题，才确立了一般等价物，从早期的贵金属到现如今的电子货币，无论一般等价物的形成如何变化，它所反映的人们期望公平交易的美好愿望始终没有变。除公平交易外，近代以来的自由经济思想家反政府干预的主张，以及干预主义者试图通过政府干预破除行业垄断的思想，也都从不同层面和角度反映了人们在经济生活世界对自由、平等、公正、法治等内在价值的强烈诉求，对规范性经济秩序的美好期待。

三、良好的市场秩序助推地方经济发展

市场秩序对于地方经济发展至关重要。良好的市场秩序可以为市场经济的发展创造公平的交易环境和竞争环境，保证市场交易主体行为的规范性、有序性、确定性，使市场中的生产者与生产者之间、生产者与消费者之间呈现互利共赢、和谐融洽的主体间关系。从而可以提高经济运行的效率，降低交易成本，充分发挥市场在资源配置中的功能，提高生产者与消费者的积极性，促进投资并拉动消费，从而促进地方经济发展。

（一）良好的市场秩序可以提高经济运行效率

市场经济是追求效率的，但并不是说追求效率就可以放弃公平和公正，失去公平、公正的单纯追求效率的市场行为只能导致折损效率的行为结果。效率主义往往夹杂着更多的个体理性行为动机。效率主义者受个体理性动机的支配往往穷尽一切办法使自己在竞争行为和交易行为过程中处于绝对的优势地位、垄断地位、支配地位，并且从中获利。在生产领域，同业竞争优势有时是自然

形成的，如技术改进，降低单位成本，提升服务，提高产品竞争力而占有大量市场份额，形成绝对竞争优势；有时却是人为制造的，如通过不正当竞争手段垄断资源，垄断市场，排斥同业竞争对手。在消费领域，生产者和经营者利用消费者理性的有限性，使消费者在信息非对称的情况下处于交易劣势地位，恶意隐瞒或夸大产品的功能和实际价值，抬高价格；或者拒不兑现服务承诺；或者以极端方式强迫消费，捆绑销售，等等。这些非正当的竞争行为、交易行为违反了市场规则、破坏了市场秩序，即便相关行为主体可以短期受益，但由于恶意垄断压缩了消费者选择的空间，商业欺诈直接损害了消费者利益，市场交易的公平与公正价值受到了严重的威胁和挑战，消费者不会选择为非道德行为所需支付的道德成本埋单，会转而选择其他市场和经营主体，由此带来本地市场和部分生产者与经营者的效率损失问题。所以，市场经济也是消费者的经济，只有保证市场规则有效性，维护好市场秩序，才能保证并提高经济运行效率，促进地方经济发展。

（二）良好的市场秩序可以降低市场交易成本

交易成本的概念由新制度经济学的开创者罗纳德·科斯（Ronald Coase）首先提出。他把交易成本描述为人们为了完成市场交易，有必要发现谁有交易的意愿，有必要获取与交易意愿和交易方式有关的信息，在此基础上双方进行谈判、讨价还价、订立契约文本并保障契约履行，这些活动都需要支付一定的费用，此类费用就是交易成本。诺斯（Douglass C. North）从康芒斯的交易观出发认为，"那些与配置模式相关的成本被称为交易成本。必须将这些成本与交易物品的生产成本区分开来"①。阿罗则从经济制度生成并服务于交易活动，同时又在交易实验场中得到完善和发展这一制度与交易行为的基本关系出发认为，交易活动是经济制度的基本单位，交易成本就是经济制度及相应机制的运行成本。并声称这种利用经济制度所带来的成本有可能妨碍甚至阻止了市场的形成与正常运行，导致所谓的市场失灵。奥利弗·威廉姆森（Oliver Williamson）认为，"与签订合同有关的各种成本都应该受到同样的重视"。他把交易成本分为两种：

① 〔美〕道格拉斯·诺斯，等. 交易费用政治学 [M]. 刘亚平，译. 北京：中国人民大学出版社，2011：85.

一种是"合同签订之前的交易成本"，即事先的交易成本，"指草拟合同、就合同内容进行谈判以及确保合同得以履行所付出的成本"；另一种是"签订合同之后的交易成本"，即事后的交易成本，主要包括："不适应成本""讨价还价成本""建立及运转成本"和"保证成本"①。从科斯等人概念阐释中我们可以看出，交易成本发生在资源与产品的交易过程之中，而非生产过程；交易成本是人们为了更好地实现交易目的而为相关行为所支付的成本；交易成本的产生与制度运行有关。总的来说，市场交易成本可以理解为交易主体在制度性交易过程中所支付的行为选择成本，或者是为其行为选择所付出的代价。正如上文所述，个体理性所导致的复杂的行为动机可能使交易主体在交易过程中发生行为偏离，实际行为与规范、规则的要求偏离越大，人们为纠偏行为所付出的代价就越大，交易成本就越高。因为在市场交易中，这样的偏离行为时有发生，交易主体彼此间总是存有戒心，为了防止对方利用自己在信息对称性方面的弱点而使自己在交易过程中处于不利地位，导致利益损失，人们总是希望通过交易前的附加行为使契约条款更加完善，通过交易中的附加行为保证契约履行，完成交易过程。由此，交易成本因交易主体行为选择的不确定性和追求确定性的附加行为的出现而生成，并可能不断扩大。良好的市场秩序意味着制度权威得以树立，规范与规则得以遵守，对交易主体的行为选择产生强大的约束力，可以增强交易过程与结果的确定性，消解交易主体的疑虑，增强交易信心，从而省去不必要的附加行为，简化交易过程，节省单位交易时间，达到节约交易成本的目的。

（三）良好的市场秩序有利于市场更好地发挥资源配置功能

实践证明，市场是更有效的资源配置方式，市场的资源配置功能是通过价值规律实现的。价值规律的核心内容在于社会必要劳动时间决定商品价值，价值决定商品价格，价格同时受供求关系影响，围绕价值上下波动，商品交易要以价值量为基础，实行等价交换。如果产品市场和要素市场中的"消费者"的实际消费结果总是背离自己的最初消费愿望，即总是以较高的价格购得了较低

---

① 〔美〕奥利弗·E. 威廉姆森. 资本主义经济制度——论企业签约与市场签约［M］. 段毅才，王伟，译. 北京：商务印书馆，2002：33－35.

价值含量的产品与服务，那么这样的交易是不能持续的。所以，利用资源垄断、信息不对称优势恶意改变供求关系，抬高价格，进行产品与服务欺诈，极易损伤消费者的消费热情，影响其消费行为选择。市场经济在本质上是质量经济、公平交易经济，更是消费者主导的经济，市场配置资源实质上是消费者的消费导向在发挥资源配置功能，使资源流向更能发挥其经济价值、社会价值，更能体现公平、公正的价值生成主体、领域与环节。因此，促进市场经济发展，关键是发挥好市场的资源配置功能，要想发挥好市场的资源配置功能，关键在于三个方面：其一是生产者与经营者要改进技术与服务，提升产品与服务的市场实际竞争力，提升市场美誉度；其二是要尊重和保护消费者包括选择权在内的合法权益；其三也是最重要的是要保证公平交易。这些共同反映了市场机制本身对秩序的内在要求。特别对于地方经济发展而言，保护市场的正确做法不应该是偏袒本地企业，排斥外部经济力量，因为市场是无行政边界的，更不应该漠视消费者需求，因为现代市场更大程度上是消费者主导的市场，消费者是重要的交易主体力量。只有建立良好的市场秩序，维护公平竞争和公平交易，维护消费者的合法权益，推动本地生产者与经营者改进技术、延展服务，才能更好地调动市场机制，发挥市场在资源配置中的独特功能，才是真正的保护市场，才能促进地方经济发展。

（四）良好的市场秩序有利于促进投资并拉动消费

投资和消费是促进经济发展的重要因素。对于社会投资者来说，投资的直接目的在于通过投资行为实现资本的增殖，这是马克思所说的资本二重属性中的自然属性的一面，增殖性是资本的基本属性，不会因社会制度差异而不同，缺少了增殖功能也就不能称其为资本。不仅物力资本，包括人力资本等在内的一切资本一般表现形式，之所以能够称其为资本，是因为它们具有资本的一般属性，即能够在使用中实现自我增殖，给其拥有者带来某种形式的回报。为了保证投资行为的有效性，投资者在做出投资行为选择之前，一般要对投资环境进行详细的考察，其中很重要的一个方面就是市场秩序环境，特别是与其项目相关的同业竞争秩序，要素市场与产品市场中的交易秩序。行业竞争领域充满不正当竞争行为直接损害投资者利益，市场交易环节秩序失范，市场交易规则不能被严格执行和遵守，消费市场将日益萎缩，从而间接损害投资者利益。对于社会消费者来说，均理性地追求较高性价比的产品与服务，恶意欺诈、隐瞒等不规范的市场行为使其所获得的产品与服务所内含的实际价值远低于其支付的价格，由此使消费者利益受损。同时，不正当竞争行为的存在，或者使消费者无法清晰辨识各种产品与服务间的质量与实际价值，或者因垄断经济形式的出现而使消费者的消费空间被压缩在极小的范围而无从选择，其结果都是使消费者权益受到侵害。由此来看，社会投资与社会消费两个因素之间在市场秩序意义上是相互影响，相互制约的。规范的交易秩序下形成的活跃的消费市场在一个侧面吸引投资，规范的竞争秩序下形成的广阔消费空间在一个侧面拉动消费。投资与消费在良好市场秩序下实现动态平衡将极大促进地方经济发展。

第二节　市场自为秩序生成的社会资本逻辑

我们在这里所谈的"自为秩序"与哈耶克的"自发秩序"既有联系又有区别。两个概念的联系在于两者都产生于人的社会实践活动，又反作用于人的社会实践。同时，自发与自为又是人们实践活动发展的两个不同阶段。自发过程中孕育着自觉，自觉是人们掌握客观规律后的活动。两个概念的差别在于秩序形成的基础与过程。哈耶克为了论证个体自由是不受外力干预的，把社会秩序的形成描述为渐进的、潜移默化的、自发的过程，导致自发秩序形成的因素是行为习惯与惯性，因此，也就排除了理性因素和预先设计。我们所说的自为秩序是行为主体群体普遍的理性行为选择的结果，理性选择的依据是共识性的制度或伦理规范。同时，自为秩序是建立在行为主体的自觉意识与自觉行为基础上的。从根本上来看，自发秩序是反对制度干预的自然演进论，而我们所说自为秩序却是以制度与伦理的事实存在为前提的，自为秩序的形成过程也是制度与伦理的主体行为内化过程。在市场活动中，自为秩序的出现有一些基本条件。

一、市场自为秩序建构的逻辑前提

首先，市场自为秩序的建立以市场主体间的共识性规范为基础。自为秩序是市场秩序性的重要来源，这一秩序的建立与运行须与市场规则、规范相一致，才能实现提高市场效率，节约市场交易成本的目的。市场规范是人们在长期交易活动中，通过对市场交易规律的摸索与认识所达成的行为规范共识。共识性规范既包括法律、法规、规章等正式的制度性规范，也包括道德原则、习俗等非正式的伦理规范。它确立了哪些是善的行为，哪些是恶的行为，善恶行为的衡量标准在于此行为是否有助于交易目标、双方共同利益及其他社会价值的实现。因此，共识性规范一经确立，便成为市场主体行为选择的重要参照系。参与共识性规范的制定者同时也是共识性规范的实践者，行为主体都以共识性规范作为自己行为选择的依据，在行为选择过程中自觉地践行这一规范，在共同活动中自觉地维护共识性规范的权威。从伦理意义上来说，共识性规范内含着对行为主体的道德责任要求和伦理精神要求。

　　其次，市场自为秩序的建立依托于市场行为主体的理性行为自觉。自为秩序彰显的是行为主体的主体性，而不是"奴性"，主要包括主体意识与主体行为。从行为动机来看，只有当行为主体视交易双方为利益共同体，视自身为共同体的成员时，其行为的出发点才会是互利共赢，其行为选择才会最终指向共同利益实现的最佳行为方式，而不是被动地逃避规范的约束与惩罚，或者是在规范的惩罚下被动地调整自己的行为。传统制度主义正是从人的自我利益最大化的行为选择趋向出发，才把制度视为规范人的行为，并构建经济与社会秩序的最优工具。虽然制度主义在人性解读方面是单向度的，但对人的行为的动机考察却不能抛开个体理性的分析视角。只有当市场主体认识到共识性规范的建立对其是有利的，他才会认同这一规范；只有当他认为利他性行为同时是利己的，他才会自觉地选择此种行为。我们必须看到，共识性的前提是差异性的客观存在，共识性规范的建立、运行与维护都要充分考虑客观存在的主体间差异性及其各自的理性诉求。有差异的行为个体经过理性的得失计算，认为认同规范比不认同规范能给自身带来更多的收益，个体的理性自觉行为才会产生。新制度主义的高明之处在于将行为主体的理性计算置于一个更为广阔的时间和空间范围之中，为行为主体的理性行为选择提供了伦理的维度，诚信的交易行为可以使其从长期的交易行为中获得更多利益。

　　理性的自觉意识与自觉行为的产生也是有一定条件的。首先是人的理性的觉醒。在相当长的时间里，人们对于规范只是一味地服从，这种经验性的知识是从违反规范者的行为后果中习得的，因此而得出感性认识，遵守规范者才能得以生存。除此之外，他们并不知道规范本身与自己有多大关系。规范从何而来？为何要建立规范？规范的建立与执行对我有何益处？随着这些问题的提出，人们开始学会理性地思考规范问题本身与自我行为之间的内在联系。人们开始不再视规范为当然，而是从更深层次上去思考规范之所以然的问题。这其中蕴含着宝贵的探索精神和求真精神。其次是人的主体意识的增强。人的理性觉醒的过程也是人的主体性确立的过程。随着近代以来人文主义精神的普及，人们普遍意识到自身在社会发展中的重要角色和所承担的历史使命。这种主体意识在推翻旧制度建立民主社会的过程中发挥了重要作用。人们不再满足于现有制度的安排，而是积极地要求转变制度客体的身份，参与到规范的制定过程中来。规范的自觉服从与自我利益之间建立起了联系。主体身份的确立与规范角色的转变不仅要求自我的自觉服从，也使其感到有权利、有义务要求他人选择自觉行为。再次，理性自觉意识与行为的产生取决于行为主体对行为结果的预知与预判程度。当人们并不明确从恶的行为与惩罚结果之间存有必然联系，侥幸心理便会产生，行为主体便会甘冒风险理性地选择自利的行为。当他明确意识到在彼此联系的团体中，这种行为很容易被周围关系群体察觉，这种从恶的行为成本将大大增加，自觉从善便成为唯一的理性选择。

最后，市场自为秩序的建立依托于市场行为主体普遍的行为自觉。从市场秩序的规范性内涵来看，市场秩序所规范的不是交易活动过程中的单一主体，而是群体性交易实践中的所有行为主体，单一行为主体的自觉行为并不能构成对共同体自为秩序的广泛影响，而至多是自我秩序。所以，群体普遍的自觉行为是市场自为秩序的基本要求。普遍的行为自觉不仅对失当行为产生群体压力，而且鼓励并支持了遵守规范、维护规范权威的正当市场行为。当自觉遵守规范的行动者认为这在共同体内部是极为平常的事情时，遇到违规行为时他才认为有权力、有义务去制止。当这种群体动力不存在，而个体又认为自觉行为是正当的，他会有两种选择：一种是保持沉默，另一种是收回认同。这两种选择对共同体发展来说都具有危害性，第一种选择将使共同体结构变得松散，第二种选择将使共同体走向解体，严重威胁市场发展。此外，从自为秩序的功能来看，只有普遍的行为自觉才能实现自为秩序对管理效率与管理成本的影响。在缺少普遍行为自觉的情况下，市场秩序仍然要依靠行政控制手段来维持，纳税人和政府都要因此而付出高额的控制成本。

二、社会资本的市场自为秩序建构价值

从上述对市场自为秩序发生的条件性分析我们可以看到，市场自为秩序的形成是基于市场主体依据共识性规范而普遍地采取了理性自觉行为的结果。社会资本作为一种主体间关系资源，对市场行为主体具有重要的行为导向与行为约束功能。社会资本推动市场自为秩序形成有其特定的内在作用机理。

社会资本（Social capital）的概念产生于20世纪70年代的西方社会学，之后被相继引入政治学、经济学、管理学等其他学科领域。概念提出者皮埃尔·布尔迪厄（Pierre Bourdieu）把社会资本描述为："实际的或潜在的资源的集合体，那些资源是同对某种持久的网络的占有密不可分的。这一网络是大家共同熟悉的，得到公认的，而且是一种体制化的关系网络。"① 之后，科尔曼、帕特南、林南等人也从关系、资源、能力等不同角度对社会资本的功能性价值展开了系统性研究。

在经济学领域，学者一般把社会资本视为经济活动主体间关系的固化剂、经济增长的推动力和主体行为的约束力。例如，美国经济学家迈克尔·武考克（Michael Woolcock）认为：

> 人们希望社群通过高存量的社会资本来得以净化，成为比低存量的社群更加安全、更加清洁、更加富有、更有文化、管理更好以及总体上"更幸福愉快"的地方，因为其成员能够找到并维持好的工作，制订为公共利益服务的规划，不需要成本而相互监督，实施契约性协定，更加有效地利用现有资源，更加友好地解决争端，更加迅速地对市民所关切的问题作出反应。②

① 〔法〕皮埃尔·布尔迪厄. 文化资本与社会炼金术：布尔迪厄访谈录［M］. 包亚明，译. 上海：上海人民出版社，1997：202.
② 〔美〕迈克尔·武考克. 社会资本与经济发展：一种理论综合和政策构架［M］//李惠斌，杨雪冬. 社会资本与社会发展. 北京：社会科学文献出版社，2000：248.

简·弗泰恩（Fountain. J. E）和罗伯特·阿特金森（Robert Atkinson）把基于彼此信任的社会资本看作是科技发展与创新的推动力量，他们认为：

> 社会资本表示的是在一个组织网络能够进行团结协作、相互促进生产收益的情况下形成的"库存"。它是公司有效建立合作关系、联邦政府将某些科技职责下放各州的关键。现在同时也是一项更具合作性和积极性的联邦政策。因此，联邦政府需要制定一系列的政策措施，培养企业的相互沟通与相互信任，加快科技创新步伐，促进生产力的发展。①

社会资本的秩序性价值在新制度经济学那里得到了验证。社会资本从主体间关系和主体行为选择的角度，很好地解释了新制度经济学提出的关系契约何以能节约市场交易成本的问题。新制度经济学的重大理论突破在于交易行为中的双方间非完全契约（或称关系契约）关系的建立，从而节约了交易成本。他们普遍认为，在高度信任的交易环境下，交易双方在契约缔结过程中不必费尽心思去试图穷尽所有的条款，或考证对方所提供信息的真实程度。基于信任关系的存在，面对影响合作持续的外部压力时，双方都相信对方与自己一样会致力于维护业已建立的合作关系，而不会采取功利的行为，选择自保却不惜损害对方的利益。在信任社会资本存量较高的市场环境里，交易过程相对简单，交易成本包括物力成本、人力成本、时间成本等在内均得到最大限度的节约。社会资本理论之所以在新制度经济学中得到推崇，除了信任关系的纽带功能外，还有一个重要原因，就是社会资本中所谈及的伦理性"规范"迎合了新制度经济学的思维惯性，或者说经济学本身很看重规范、制度对经济活动有序性的保障作用。正如福山所言：

> 所谓社会资本，则是在社会或其下特定的群体之中，成员之间的信任

---

① 〔美〕简·弗泰恩，罗伯特·阿特金森. 创新、社会资本与新经济［M］//李惠斌，杨雪冬. 社会资本与社会发展. 北京：社会科学文献出版社，2000：212.

普及程度……所谓信任，是在一个社团之中，成员对彼此常态、诚实、合作行为的期待，基础是社团成员共同拥有的规范，以及个体隶属于那个社团的角色……一个社会能够开创什么样的工商经济，和他们的社会资本息息相关，假如同一企业里的员工都因为遵循共通的伦理规范，而对彼此发展出高度的信任，那么企业在此社会中经营的成本不比较低廉，这类社会比较能够井然有序的创新开发，因为高度信任感容许多样化的社会关系产生……反观人们彼此不信任的社会，企业动作只能靠正式的规章和制度，而规章制度的由来则需经过谈判、认可、法制化、执行的程序、有时候还需配合强制的手段。以各种法律措施来取代信任，必然造成经济学家所谓的'交易成本'上升。①

规范社会资本为经济活动的有序性提供了保障机制，同时也为人们分析制度运行的内在机理提供了一个新的视角。所以，彼得·埃文斯（Peter Evans）认为：

在惟一重要的制度是直接推动市场交易的制度的前提下，发展理论一再发挥作用……人们正在开始从更广义的制定上定义发展一词……重新关注信任和互惠的规范以及使它们保持下去的不断互动的网络就要重视思考旧模式之外的发展。这种规范和网络在私人之间和社区范围内起作用，并且遵从完全不同于那种"正常交易关系"（Arms length）的互惠的逻辑。②

社会资本在秩序规范、塑造、维护方面所体现出的功能性价值，是通过主体间关系的能产性价值对主体动机与行为的强烈影响而实现的。社会资本的生成逻辑可以描述为一个以主体间共识为起点，以具有集体行动力的关系资源网络的形成为终点，并循环上升的系统过程。主体间由交往而产生某些共识，包

① 〔美〕弗朗西斯·福山. 信任——社会道德与繁荣的创造 [M]. 李宛蓉，译. 远方出版社，1998：35-37.
② 〔美〕彼得·埃文斯. 跨越公私界线的发展战略 [M]//李惠斌，杨雪冬. 社会资本与社会发展. 北京：社会科学文献出版社，2000：228-229.

括价值目标、价值实现方式、价值行为评判等，基于这些共识，主体间产生信任，信任促进了交往与合作，随着交往与合作的深入，不仅共识得以扩大，信任得以累积，而且主体间的利益共同体关系得以强化，使共同体内部成员因成员身份而在资源性行动中获得便利，在同共同体外部力量竞争中取得资源优势。为了保证这种由共同体成员集体行动所产生的强大支持力能够而且仅能够为全体内部成员所共享，共同体就要对其成员提出一些行为要求，形成共识性行为规范，如：集体理性优先、行为选择的他者视域、资源与行动的普遍互惠①、对外集体排斥以避免资源外流而影响竞争优势，等等。社会资本网络成员要想从关系网络中获得资源性行动支持，就必须遵守共识性规范，否则将成为集体排斥的对象。由于网络成员认识到社会资本网络的强大能产性，所以都特别看重其成员身份，不会轻易违反共识性行为规范，毕竟这样做的后果将受到比制度更严厉的伦理惩罚。由此，秩序得以维护。

个体理性主义的行为动机是否会最终演化为非道德的失范行为，部分地取决于该行为信息的传播速度与范围，特别是侧面信息的快速而广泛传播是否以及在多大程度上给该行为主体带来消极影响。当然，我们这里所说的非道德的失范行为主要指那些不惜损害他者利益而使自己获益的行为，包括利用他人的信任、有意隐瞒事实真相的欺诈、拒不兑现承诺、搭便车等。这些非道德的失范行为在使自己受益的同时却损害着其他市场主体，包括商业合作伙伴或是消费者的利益。当行为主体处于一个关系结构相对松散，彼此互不熟悉，交往频度较低的关系环境中时，这种与非道德失范行为及其结果相关信息的传播速度是较慢的，传播范围也是较小的，非道德行为及其给其他市场主体带来的伤害往往缺乏可知性，这在一定程度上鼓励了非道德的失范行为，使非道德行为主体可以以变换对象、变换领域、变换地域、变换身份等方式不断地从非道德失范行为中获利。

嵌入在主体际关系中社会资本以其网状结构为市场行为主体的行为信息提供了有效的传播通道，增加了主体行为的可预见性和确定性，在社会资本所提供的群体压力下，极大地降低了非道德失范行为的发生概率及其消极影响。网

---

① 普遍互惠不同于均衡互惠，可以使利益往来在时间和空间上得到最大程度的延展。

络是社会资本存在的主要结构特征，与信任、规范一道构成了社会资本的完整结构要素体系。网络记录着主体间交往的轨迹，网络密度则表征着市场主体间交往的频度，网络密度越高，意味着主体间交往越频繁，联系越紧密，同时也意味着网络所覆盖的市场主体的行为是道德而规范的，是可以被信任的，所以，网络在历时性层面记录着市场主体的信誉度和行为的道德规范程度。社会资本存量越高的主体际关系网络，与市场主体行为选择过程与结果相关的积极或消极信息在主体间传播的速度就越快。或者说，社会资本网络越庞大，主体间的交往频度越高，信息传递及分享的效果越明显。"信息分享作用重大，没有这一点，用于解决困难或创造机会的行动力就会不足。"① 非道德失范行为一旦发生，便会快速而准确地为网络内的所有主体成员所周知，非道德的失范行为的制造者要么即刻终止该行为，要么准备接受集体的道德惩罚。网络社会资本给市场主体提供了相互交换信息的机会，破除了信息壁垒，构建了公开透明的交往环境。阿马蒂亚·森（Amartya Sen）认为："我们发现，问题不在于理性社会选择的可能性，而在于运用恰当的信息基础来进行社会判断和决策。"② 可以说，非道德失范行为在社会资本网络内部没有任何的生存空间。短视行为可能在一次交易或短期内满足了其逐利的动机需要，但从长远来看一定与其主观愿望相悖。因为信任社会资本的资源动员整合力、规范社会资本的行为约束惩戒力和网络社会资本的信息传递功能及边界划分功能的共时性存在，怀有非道德行为动机的市场主体在付诸非道德失范行为之前总是怀有畏惧之心，唯恐招致集体排斥的伦理惩罚，所以，其个体理性主义的行为动机转化为非道德失范行为的概率将大大降低。

---

① 〔英〕萨利·毕培，杰里米·克迪. 信任——企业和个人成功的基础 ［M］. 周海琴，译. 北京：经济管理出版社，2011：38.
② 〔英〕阿马蒂亚·森. 以自由看待发展 ［M］. 任赜，于真，译. 北京：中国人民大学出版社，2012：274.

第三节 加强市场秩序环境的政社协同治理

市场秩序环境治理是社会治理的重要内容，也是多年来政府在社会经济领域的一项重要工作。党的十九大在"打造共建共治共享的社会治理格局"问题上突出强调了加强社会治理制度建设，完善党委领导、政府负责、社会协同、公众参与、法治保障的社会治理体制的重要性，并不止一次地提及协同发展问题和社会组织在环境治理等公共事务治理领域中的重要性。从俞可平教授向国内学界所引介的文献来看，"治理"一词最早用于描述那些拯救贫弱国家和地区的国际性联合行动①，之后，这一概念被陆续引入到西方行政改革、社会制度建构、政治发展等话语体系当中。治理的基本内涵在于主体多元化，不是政府一元，而是包括政府、企业、非政府公共部门、公民在内的多元主体共同参与公共事务治理行动。新时代加强和创新社会治理问题的提出，是党中央从行政发展、社会发展、国家与社会融合发展的视角与高度，对政府与社会主体在社会治理联合行动中各自应扮演的角色及各自应担负的任务所进行的科学研判，同时，也是期望社会治理多元主体彼此间在主体合法性上能够深化认同，在价值理性上能够深度融合，在治理行动中能够深入协作，使彼此间的协同性得以增强，使社会治理系统整体的行为能力得以提升，从而以良善的治理满足人民对美好公共生活的需要。可以说，面对日益复杂的经济社会发展环境，仅有多元化的治理主体是不够的，还必须使这些差异性多元主体能够实现彼此间通力合作，治理已经走到了协同时代。政府与社会力量在市场秩序环境治理方面实现有效协同，将极大地提升秩序环境治理的实际效能，实现单凭任何一方力量均无法实现的市场秩序环境治理效果。

一、发挥市场秩序环境治理中的政社主体优势

政府与社会力量之间是有差异的，有着各自的优势，如果在市场秩序环境

---

① 俞可平. 治理与善治［M］. 北京：社会科学文献出版社，2000：1.

治理中能够实现优势互补，将形成环境治理联合行动的强大优势。政府与社会力量之间的差异不言自明，在市场秩序环境治理领域，政府的优势主要体现在政令统一，强大的公共财政，制度制定与执行的法定权力；社会力量的优势主要体现在市场活动领域的广泛性，市场秩序体验的直观性，消费者对市场的选择权，以及灵活的自组织机制。因此，社会力量可以及时而准确地发现市场秩序问题，政府则为这些问题的解决提供了最终的保障。社会力量中的一部分社会组织扮演着制度中介者角色，成为秩序责任人、消费者及政府之间联系的纽带和关系的协调人。例如，在消费市场中，当经营者与消费者之间出现利益纠纷，消费者可能第一时间将情况反映给消费者权益组织和行业协会，在查明情况的前提下，消费者权益组织从保护消费者权益的角度向消费者传达相关政策，向有关政府部门反映情况，与相关责任主体取得联系并进行调解，直至向社会公开披露违法违规行为，或者支持消费者提起诉讼；行业协会从规范行业秩序的角度依据政策、行规和行约向相关责任主体提出行为警告和整改提示，并监督其执行。制度中介组织的存在，不仅提高了环境治理的效率，节约了环境治理的行政成本，而且可以将违法违规市场行为给消费者、企业本身、行业市场及地方经济社会发展带来的损失和负面影响降低到最低程度。

二、理顺市场秩序环境治理中的政社主体间关系

正如上文所述，政府与社会力量分属不同的社会部门，在很多方面都表现出差异性。当有差异的两类主体共同致力于社会治理实践时，首先应将公共利益确立为共识性价值目标，将合作确立为共识性的价值实现方式，以此为前提在具体的价值实现过程中，逐渐理顺两者在职、责、权、利方面的关系，并构建适应于实现、维护和增进公共利益，适应于建设共建共治共享社会治理格局的主体间关系结构。政府与社会力量间关系结构的梳理有利于弥合主体间价值裂缝，形成优势互补，明确责任与任务，促成优质高效的合作。具体来说，在职能关系方面，协同治理不是政府从社会治理领域完全退出，而是在制度引导下的社会力量积极进入，意味着政府与社会力量共同承担社会管理和公共服务职能；在权力关系方面，协同治理并不是要求政府弃权，也不是政府与社会均权，而是赋予社会力量以社会公共事务的部分治权，实现国家公共权力与社会

主体权力的相互呼应；在责任关系方面，政府与社会力量协同治理的制度安排并不是说政府可以通过职能转移和权力让渡来转嫁自身对公共利益实现的主体责任，反而更需要政府承担起公共事务治理的整体性责任；在利益关系方面，政府与社会力量协同治理的制度设计在实践中不应突显彼此间的利益争夺关系，而应突出互惠互利、合作共赢的主体间关系。

三、提升市场秩序环境治理中的责任主体能力

政府与社会力量协同治理的制度格局本身意味着社会治理主体正在由政府一元朝向多元化发展。在这一趋势发展过程中，政府可能在组织规模、职能范围、权力边界等方面表现出规模上的缩小。政府规模的缩小并不意味着政府可以弱化自身能力，降低对自身履职能力的要求，反而这一制度安排的内在运行机理恰恰对协同关系中政府的实践能力提出了超出以往的更高要求。不得不承认，当前我们建构政府与社会力量协同治理制度格局的主张，是在"政府强、社会弱"的现实基础上提出的。这"一强一弱"的能力结构给协同治理带来很大难度。具体来看，"政府强"，也仅限于政府承担着更多的社会治理职能，并不能证明其有足够的经验和能力来应对多元治理格局这一新的制度挑战，或者说能够成功地驾驭这部庞大的社会治理机器。"社会弱"主要指社会力量参与社会治理的广度、深度和效度有待提升，这已经成为制约我国协同治理制度效能的一个重要因素。相对较弱的社会力量是无法有效承接政府转移的社会职能并协同政府向社会提供优质公共服务的。因此，社会主体也需要提升主体意识和服务意识，在协同治理的制度实践中不断加强自身能力建设，与政府间真正实现"强强联合"。从具体能力要求来看，政府应加强资源配置、秩序维护和制度供给等能力建设，社会力量也应通过主体性思维训练提升价值判断与行为选择能力，以及公共服务的实际供给能力。

政府与社会力量在影响市场秩序环境的突出问题方面应加强合作，有所作为。正如上文所述，市场失范行为会在效率、成本、资源配置、投资消费心理与行为等方面对经济运行和市场经济发展产生消极影响。政府作为行政主体有责任、有义务通过制度设计并出台具体政策对市场主体，特别是生产者和经营者行为进行规范与约束，履行市场监管职能，同时，社会力量作为市场主体有

义务配合地方政府实现制度功能，不仅加强自身行为自律，而且要在市场交易过程中发挥好行为监督功能。规范的行为从秩序意义上来看影响到市场环境，从生存与发展意义上来看影响到市场信用和企业声誉。"目前，企业信用缺失仍是我国市场发展中突出的'软肋'，制假售假、商业欺诈、逃债骗贷等问题屡见不鲜，社会广大公众深受其害，必须采取有力措施，切实改善企业信用状况。通过企业信用体系建设抑制不诚信行为，对于鼓励创业就业、刺激消费、保障和改善民生、促进社会文明进步极其重要、势在必行。"① 企业信用体系建设是一项复杂而系统的持久性工程，绝非政府单方面可为，也不是政府出台制度或建设网站即可达致诚信目标的简单过程，而需要"用好社会力量，培育和规范信用服务市场，形成全社会共同参与、共同推进企业信用体系建设的合力。"② 社会力量在企业行为规范和信用建设方面，除以市场主体和社会主体身份扮演特定的制度角色，发挥特定的制度功能外，还会从伦理规范的角度对失信行为产生强大的群体压力，为诚信行为提供强大的群体动力，发挥重要的制度辅助功能。

市场秩序环境的政府与社会力量协同治理是制度与伦理在规范市场行为中的功能结合，体现了以法治国和以德治国相结合的基本精神。习近平同志指出，"法律是准绳，任何时候都必须遵循；道德是基石，任何时候都不可忽视。在新的历史条件下，我们要把依法治国基本方略、依法执政基本方式落实好，把法治中国建设好，必须坚持依法治国和以德治国相结合，使法治和德治在国家治理中相互补充、相互促进、相得益彰，推进国家治理体系和治理能力现代化"③。

---

① 章政. 好的市场监管，其标准是"活而有序"［J］. 中国市场监管研究，2016（1）：24.

② 章政. 好的市场监管，其标准是"活而有序"［J］. 中国市场监管研究，2016（1）：25.

③ 习近平. 习近平谈治国理政：第二卷［M］. 北京：外文出版社，2017：133.

参考文献

经典著作：

［1］马克思，恩格斯．马克思恩格斯选集：第1－4卷［M］．北京：人民出版社，1995.

［2］马克思．马克思恩格斯选集：第1－4卷［M］．北京：人民出版社，2012.

［3］马克思．资本论：第3卷［M］．北京：人民出版社，1975.

［4］邓小平．邓小平文选：第三卷［M］．北京：人民出版社，1993.

［5］习近平．习近平谈治国理政：第一卷［M］．北京：外文出版社，2014.

［6］习近平．习近平谈治国理政：第二卷［M］．北京：外文出版社，2017.

中文著作：

［1］艾福成，等．马克思社会哲学的当代阐释［M］．长春：吉林人民出版社，2005.

［2］曹荣湘．走出囚徒困境——社会资本与制度成功［M］．上海：上海三联书店，2003.

［3］崔运武．公用事业管理概论［M］．北京：高等教育出版社，2002.

［4］樊勇明，等．公共经济学［M］．上海：复旦大学出版社，2011.

［5］高德步．经济发展与制度变迁［M］．北京：经济科学出版社，2006.

［6］高新军．实现从权力政府向责任政府的转变［M］．西安：西北大学出版社，2005.

［7］关权．发展经济学——中国经济发展［M］．北京：清华大学出版社，2014.

［8］郭湛，王维国，郑广永．社会公共性研究［M］．北京：人民出版社，2009.

［9］黄新华．政府经济学［M］．北京：北京师范大学出版社，2012.

［10］何颖．行政学［M］．哈尔滨：黑龙江人民出版社，2007.

［11］何颖．非理性及其价值研究［M］．北京：中国社会科学出版社，2003.

［12］何德旭，等．服务经济学［M］．北京：中国社会科学出版社，2009.

［13］郝克明．面向21世纪我的教育观［M］．广州：广东教育出版社，1999.

［14］胡荣．社会资本与地方治理［M］．北京：社会科学文献出版社，2009.

［15］教军章，韩兆韩，高红．行政组织学通论［M］．北京：高等教育出版社，2015.

［16］姜士林，鲁仁，刘政．世界政府辞书［M］．北京：中国法制出版社，1991.

［17］康渝生．马克思主义哲学的人学致思理路［M］．北京：社会科学文献出版社，2004.

［18］李军鹏．公共服务型政府建设指南［M］．北京：中共党史出版社，2005.

［19］李楠明．价值主体性［M］．北京：社会科学文献出版社，2005.

［20］李惠斌，杨雪冬．社会资本与社会发展［M］．北京：社会科学文献出版社，2000.

［21］刘延勃，等．哲学辞典［M］．长春：吉林人民出版社，1983.

［22］厉以宁．市场经济大辞典［M］．北京：新华出版社，1993.

［23］厉以宁．文化经济学［M］．北京：商务印书馆，2018.

［24］卢现祥．新制度经济学［M］．武汉：武汉大学出版社，2004.

［25］梅益，等．中国百科大辞典：第七卷［M］．北京：中国大百科全书

出版社，1999.

[26] 马春文，张东辉. 发展经济学 [M]. 北京：高等教育出版社，2016.

[27] 彭澎. 政府角色论 [M]. 北京：中国社会科学出版社，2002.

[28] 彭朝晖. 人力资本与中国区域经济差异 [M]. 北京：新华出版社，2005.

[29] 漆光瑛，蔡中兴. 外国经济学说史新编 [M]. 上海：上海财经大学出版社，2002.

[30] 秦海. 制度、演化与路径依赖——制度分析综合的理论尝试 [M]. 北京：中国财政经济出版社，2004.

[31] 孙久文. 城市经济学 [M]. 北京：中国人民大学出版社，2016.

[32] 隋舵，等. 中国区域经济发展报告——东北老工业基地复兴研究 [M]. 北京：红旗出版社，2004.

[33] 世界银行. 变革世界中的政府 [M]. 北京：中国财政经济出版社，1997.

[34] 沈荣华，金海龙. 地方政府治理 [M]. 北京：社会科学文献出版社，2006.

[35] 沈荣华，等. 政府大部制改革 [M]. 北京：社会科学文献出版社，2012.

[36] 沈荣华. 政府治理现代化 [M]. 杭州：浙江大学出版社，2015.

[37] 沈荣华. 无疆服务——吴江行政服务十年回顾与展望 [M]. 北京：中国社会科学出版社，2012.

[38] 沈荣华. 中国地方政府体制创新路径研究 [M]. 北京：中国社会科学出版社，2009.

[39] 沈荣华. 地方政府改革与深化行政管理体制改革研究 [M]. 北京：经济科学出版社，2013.

[40] 宋承先. 西方经济学名著提要 [M]. 南昌：江西人民出版社，1998.

[41] 施惠玲. 制度伦理研究论纲 [M]. 北京：北京师范大学出版社，2003.

[42] 石国亮. 服务型政府 [M]. 北京：研究出版社，2008.

［43］陶良虎．中国区域经济［M］．北京：研究出版社，2009.

［44］谭崇台．发展经济学［M］．上海：上海人民出版社，1989.

［45］吴爱明，等．服务型政府职能体系［M］．北京：人民出版社，2009.

［46］魏杰．市场经济前沿问题——现代经济运行方式［M］．北京：中国发展出版社，2001.

［47］王卓君．政府公共服务职能与服务型政府研究［M］．广州：广东人民出版社，2009.

［48］王国成，等．人类为什么合作［M］．北京：商务印书馆，2017.

［49］王海传．人的发展的制度安排［M］．武汉：华中师范大学出版社，2007.

［50］王海明．公正·平等·人道·社会治理的道德原则体系［M］．北京：北京大学出版社，2000.

［51］武天林．马克思主义人学导论［M］．北京：中国社会科学出版社，2006.

［52］邢丽娟，等．服务经济学［M］．天津：南开大学出版社，2014.

［53］徐勇，高秉雄．地方政府学［M］．北京：高等教育出版社，2005.

［54］谢庆奎，等．中国地方政府体制概论［M］．北京：中国广播电视出版社，1998.

［55］谢庆奎．政府学概论［M］．北京：中国社会科学出版社，2005.

［56］辛鸣．关于制度哲学的理论建构［M］．北京：人民出版社，2005.

［57］杨培雷．当代西方经济学流派［M］．上海：上海财经大学出版社，2003.

［58］杨永福．规则的分析与建构［M］．广州：中山大学出版社，2004.

［59］俞可平．治理与善治［M］．北京：社会科学文献出版社，2000.

［60］于显洋．组织社会学［M］．北京：中国人民大学出版社，2002.

［61］袁闯．管理哲学［M］．上海：复旦大学出版社，2004.

［62］踪家峰．城市与区域经济学［M］．北京：北京大学出版社，2016.

［63］周成名．中国社会主义市场经济理论的形成与发展［M］．长沙：湖南人民出版社，1999.

[64] 张康之. 寻找公共行政的伦理视角 [M]. 北京：中国人民大学出版社, 2002.

[65] 张奎良. 马克思的哲学思想及当代意义 [M]. 哈尔滨：黑龙江教育出版社, 2001.

[66] 张其仔. 社会资本论——社会资本与经济增长 [M]. 北京：社会科学文献出版社, 1997.

[67] 周平. 当代中国地方政府 [M]. 北京：人民出版社, 2007.

[68] 周平. 当代中国地方政府 [M]. 北京：高等教育出版社, 2010.

[69] 周长城. 经济社会学 [M]. 北京：中国人民大学出版社, 2011.

[70] 朱光磊. 现代政府理论 [M]. 北京：高等教育出版社, 2006.

[71] 曾峻. 中国特色社会主义公共管理研究 [M]. 北京：人民出版社, 2013.

中文译著：

[1]〔古希腊〕色诺芬. 经济论 雅典的收入 [M]. 张伯健, 陆大年, 译. 北京：商务印书馆, 2009.

[2]〔古希腊〕亚里士多德. 政治学 [M]. 颜一, 秦典华, 译. 北京：中国人民大学出版社, 2003.

[3]〔英〕威廉·配第. 赋税论 献给英明人士 货币略论 [M]. 陈冬野, 等, 译. 北京：商务印书馆, 1978.

[4]〔法〕魁奈. 魁奈经济著作选集 [M]. 吴斐丹, 张草纫, 译. 北京：商务印书馆, 1997.

[5]〔美〕莱斯特·萨拉蒙. 公共服务中的伙伴——现代福利国家中政府与非营利组织的关系 [M]. 田凯, 译. 北京：商务印书馆, 2008.

[6]〔英〕约翰·斯图亚特·穆勒. 政治经济学原理：下 [M]. 金镝, 金熠, 译. 北京：华夏出版社, 2017.

[7]〔英〕大卫·李嘉图. 政治经济学及赋税原理 [M]. 郭大力, 王亚南, 译. 北京：商务印书馆, 1962.

[8]〔英〕西尼尔. 政治经济学大纲 [M]. 蔡受百, 译. 北京：商务印书

馆，1977.

　　[9]〔德〕李斯特．政治经济学的国民体系［M］．陈万熙，译．北京：商务印书馆，1961.

　　[10]〔法〕让·萨伊．政治经济学概论［M］．陈福生，等，译．北京：商务印书馆，1963.

　　[11]〔美〕约瑟夫·熊彼特．经济发展理论——对于利润、资本、信贷、利息和经济周期的考察［M］．何畏，易家详，等，译．北京：商务印书馆，1990.

　　[12]〔美〕D. 梅多斯，等．增长的极限［M］．于树生，译．北京：商务印书馆，1984.

　　[13]〔英〕凯恩斯．就业、利息和货币通论［M］．陆梦龙，译．南昌：江西教育出版社，2014.

　　[14]〔美〕金德伯尔格，赫里克．经济发展［M］．张欣，等，译．上海：上海译文出版社，1986.

　　[15]〔美〕西蒙·库兹涅茨．现代经济增长：发现与思考［M］．戴睿，易诚，译．北京：北京经济学院出版社，1989.

　　[16]〔美〕道格拉斯·诺斯．经济史上的结构与变革［M］．厉以平，译．北京：商务印书馆，1993.

　　[17]〔美〕约翰·康芒斯．制度经济学：上册［M］．于树生，译．北京：商务印书馆，1962.

　　[18]〔美〕奥利弗·E. 威廉姆森．资本主义经济制度——论企业签约与市场签约［M］．段毅才，王伟，译．北京：商务印书馆，2002.

　　[19]〔美〕埃里克·弗鲁博顿，〔德〕鲁道夫·芮切特．新制度经济学：一个交易费用分析范式［M］．姜建强，罗长远，译．上海：上海人民出版社，2006.

　　[20]〔美〕艾伯特·赫希曼．转变参与：私人利益与公共行动［M］．李增刚，译．上海：上海人民出版社，2015.

　　[21]〔法〕多米尼克·戴泽．消费［M］．邓芸，译．北京：商务印书馆，2015.

[22]〔美〕戴维·奥斯本,特德·德盖布勒.改革政府[M].周敦仁,等,译.上海:上海译文出版社,1996.

[23]〔美〕珍妮特·登哈特,罗伯特·登哈特.新公共服务:服务,而不是掌舵[M].丁煌,译.北京:中国人民大学出版社,2004.

[24]〔美〕阿尔蒙德,鲍威尔.比较政治学:体系、过程和政策[M].曹沛霖,等,译.上海:上海译文出版社,1987.

[25]〔美〕哈耶克.通往奴役之路[M].王明毅,译.北京:中国社会科学出版社,1997.

[26]〔美〕舒尔茨.论人力资本投资[M].吴珠华,译.北京:北京经济学院出版社,1990.

[27]〔美〕巴尼,〔新西兰〕克拉克.资源基础理论——创建并保持竞争优势[M].张书军,苏晓华,译.上海:格致出版社,2011.

[28]〔美〕博登海默.法理学——法律哲学与法律方法[M].邓正来,译.北京:中国政法大学出版社,1999.

[29]〔美〕道格拉斯·诺斯.交易费用政治学[M].刘亚平,译.北京:中国人民大学出版社,2011.

[30]〔法〕布迪厄.文化资本与社会炼金术:布尔迪厄访谈录[M].包亚明,译.上海:上海人民出版社,1997.

[31]〔美〕詹姆斯·科尔曼.社会理论的基础:上册[M].邓方,译.北京:社会科学文献出版社,1990.

[32]〔美〕罗伯特·普特南.使民主运转起来[M].王列,赖海榕,译.南昌:江西人民出版社,2001.

[33]〔美〕罗伯特·普特南.流动中的民主政体——当代社会中社会资本的演变[M].李筠,王路遥,张会芸,译.北京:社会科学文献出版社,2014.

[34]〔美〕罗伯特·普特南.独自打保龄球——美国社区的衰落与复兴[M].刘波,等,译.北京:北京大学出版社,2011.

[35]〔美〕弗朗西斯·福山.信任:社会美德与创造经济繁荣[M].彭志华,译.海口:海南出版社,2001.

［36］〔美〕弗朗西斯·福山. 大分裂：人类本性与社会秩序的重建［M］. 刘榜离，王胜利，译. 北京：中国社会科学出版社，2002.

［37］〔美〕林南. 社会资本——关于社会结构与行动的理论［M］. 张磊，译. 上海：上海人民出版社，2005.

［38］〔美〕韦恩·贝克. 社会资本制胜——如何挖掘个人与企业网络中的隐性资源［M］. 刘吉，张国华，译. 上海：上海交通大学出版社，2002.

［39］〔英〕菲利普·鲍尔. 预知社会——群体行为的内在法则［M］. 暴永宁，译. 北京：当代中国出版社，2007.

［40］〔英〕萨利·毕培，杰里米·克迪. 信任——企业和个人成功的基础［M］. 周海琴，译. 经济管理出版社，2011.

［41］〔美〕弗雷德里克森. 公共行政的精神［M］. 张成福，等，译. 北京：中国人民大学出版社，2003.

［42］〔美〕肯·艾索尔德. 行为背后的动机［M］. 张智丰，译. 北京：中国人民大学出版社，2011.

［43］〔英〕阿马蒂亚·森. 以自由看待发展［M］. 任赜，等，译. 北京：中国人民大学出版社，2002.

［44］〔美〕乔恩·埃尔斯特. 社会黏合剂：社会秩序的研究［M］. 高鹏程，译. 北京：中国人民大学出版社，2009.

［45］〔美〕理查德·斯科特. 制度与组织——思想观念与物质利益［M］. 姚伟，王黎芳，译. 北京：中国人民大学出版社，2010.

［46］〔美〕艾米·波蒂特，马可·奥斯特罗姆，詹森·埃莉诺. 共同合作——集体行为、公共资源与实践中的多元方法［M］. 路蒙佳，译. 北京：中国人民大学出版社，2011.

［47］〔美〕塞缪尔·亨廷顿，劳伦斯·哈里森. 文化的重要作用——价值观如何影响人类进步［M］. 程克雄，译. 北京：新华出版社，2002.

［48］〔英〕弗格森. 道德哲学原理［M］. 孙飞宇，田耕，译. 上海：上海人民出版社，2005.

［49］〔英〕查尔斯·汉迪. 超越确定性——组织变革的观念［M］. 徐华，黄云，译. 北京：华夏出版社，2000.

[50]〔英〕弗里德利希·冯·哈耶克.自由秩序原理［M］.邓正来,译.北京:生活·读书·新知三联书店,1997.

[51]〔德〕恩斯特·卡西尔.人论［M］.甘阳,译.北京:西苑出版社,2003.

[52]〔德〕哈贝马斯.交往行动理论［M］.洪佩郁,蔺青,译.重庆:重庆出版社,1994.

中文期刊:

[1] 安虎森,肖欢.东北经济问题解决的主要途径——人力资本重置[J].南开学报(哲学社会科学版),2017(3).

[2] 边燕杰,邱海雄.企业的社会资本及其功效［J］.中国社会科学,2000(2).

[3] 卜长莉,金中祥.社会资本与经济发展［J］.社会科学战线,2001(4).

[4] 陈银娥.西方福利经济理论的发展演变［J］.华中师范大学学报(社会科学版),2000(7).

[5] 丛龙峰.管理力的贯透——从制定规则到自发秩序［J］.中国人力资源开发,2014(2).

[6] 范云芳.西方经济学家论政府经济职能——历史沿革与启示［J］.唐都学刊,2007(9).

[7] 方茜.我国基本公共服务与经济发展的关系分析［J］.华东经济管理,2012(5).

[8] 高萍.50年来中国政府经济职能的变化与启示［J］.中国经济史研究,2002(12).

[9] 何颖.论制度伦理的功能与局限［J］.社会科学战线,2007(7).

[10] 何刚,等.人力资本对区域经济发展的贡献率研究:以安徽省为例［J］.江淮论坛,2015(5).

[11] 靳文辉.论政府经济管理中社会资本的功能［J］.国家行政学院学报,2017(5).

[12] 金相郁，段浩. 人力资本与中国区域经济发展的关系——面板数据分析 [J]. 上海经济研究，2007 (10).

[13] 金人庆. 完善公共财政制度 逐步实现基本公共服务均等化 [J]. 求是，2006 (22).

[14] 林海. 经济发展环境及其建构 [J]. 南方经济，2004 (2).

[15] 梁永郭，李强. 浅析经济发展环境 [J]. 太原城市职业技术学院学报，2013 (10).

[16] 刘依杭，郭兴方. 地方政府职能转型与区域经济发展 [J]. 区域金融研究，2011 (4).

[17] 刘旭涛. 行政改革新理念：公共服务市场化 [J]. 中国改革，1999 (3).

[18] 刘少杰. 发展的社会意识前提：社会共识初探 [J]. 天津社会科学，1991 (6).

[19] 刘子腾. 关于我国政府经济管理职能转变问题的研究 [J]. 中国市场，2017 (36).

[20] 李宇，等. "一带一路"投资环境综合评估及对策 [J]. 中国科学院院刊，2016 (6).

[21] 李欣广. 人的发展在社会经济发展中的地位 [J]. 改革与战略，2016 (8).

[22] 李海峥. 中国人力资本的区域分布及发展动态 [J]. 经济研究，2013 (7).

[23] 李滨肖. 改善经济发展环境的若干问题及对策——关于振兴东北老工业基地的调研 [J]. 工业技术经济，2008 (11).

[24] 李水明. 论社会分配不公 [J]. 广西社会科学，1995 (2).

[25] 吕忠鹤. 发挥监管职能规范市场秩序 创造良好消费环境 [J]. 中国工商管理研究，2001 (3).

[26] 门洪亮. 经济发展的最终困境与可持续发展理论 [J]. 经济与社会发展，2004 (2).

[27] 毛凌潇. 地理环境对经济发展的影响 [J]. 中国集体经济，2015

（7）．

［28］施雪华．"服务型政府"的基本涵义、理论基础和建构条件［J］．社会科学，2010（2）．

［29］沈荣华．党的人才观的丰富和发展——学习习近平总书记人才思想的体会［J］．人事天地，2015（3）．

［30］沈荣华．解放人才需要一个好的环境［J］．浙江人力资源社会保障，2012（9）．

［31］沈卫平，金晓瑜．社会分配的公正与制度建设［J］．山东社会科学，2007（11）．

［32］宋希仁．黑格尔论自律和他律的统一［J］．道德与文明，2014（2）．

［33］滕堂伟，林利剑．基本公共服务水平与区域经济发展水平的相关性分析——基于江苏省13个市的实证研究［J］．当代经济管理，2012（3）．

［34］王承荣．规范市场秩序 优化经济环境［J］．民族论坛，2002（7）．

［35］王晓峰，张正云．东北地区人力资本问题及其对经济发展的长期影响研究［J］．经济纵横，2016（1）．

［36］王思斌．社会发展与经济发展的关系［J］．中国人口·资源与环境，1995（3）．

［37］王静文．社会交往行为功利化的原因与对策探析［J］．职业时空，2011（5）．

［38］吴易风．经济自由主义和国家干预主义论争的历史考察［J］．当代思潮，2002（4）．

［39］吴玉鸣．中国区域投资环境评估指标系统的构建及综合评价方法［J］．南都学坛，2002（3）．

［40］夏焕新．改善哈尔滨市经济发展环境的对策建议［J］．决策咨询通讯，2010（5）．

［41］肖立民．动态调适：地方政府经济职能转变的路向——基于新公共服务理论的视角［J］．甘肃社会科学，2008（6）．

［42］燕继荣．服务型政府的研究路向——近十年来国内服务型政府研究综

述 [J].学海，2009（1）.

[43] 晏祎.浅析当前地方政府经济管理职能转变的几个主要途径 [J].出国与就业，2012（1）.

[44] 杨凤林.论经济增长基础上的经济发展 [J].社会科学，1996（4）.

[45] 杨桂华.论社会系统的自在控制和自为控制 [J].哲学研究，1998（8）.

[46] 殷德生.社会资本与经济发展：一个理论综述 [J].南京社会科学，2001（7）.

[47] 章政.好的市场监管，其标准是"活而有序"[J].中国市场监管研究，2016（1）.

[48] 张锦鹏.增长极理论与不发达地区区域经济发展战略探索 [J].当代经济科学，1999（11）.

[49] 张康之.论政府从官僚制向合作制的转变 [J].江苏行政学院学报，2012（3）.

[50] 张康之.限制政府规模的理念 [J].行政论坛，2000（4）.

[51] 张康之.合作制组织及其治理功能 [J].中共宁波市委党校学报，2009（1）.

[52] 张康之.论集体行动中的价值、规则与规范 [J].天津行政学院学报，2014（4）.

[53] 张康之.论信任、合作以及合作制组织 [J].人文杂志，2008（2）.

[54] 赵林.东北地区基本公共服务失配度时空格局演化与形成机理 [J].经济地理，2015（3）.

[55] 赵黎青.非政府组织：组织创新和制度创新 [J].江海学刊，1999（6）.

[56] 周小虎，陈传明.企业社会资本与持续竞争优势 [J].中国工业经济，2004（5）.

[57] 郑也夫.信任：溯源与定义 [J].北京社会科学，1999（4）.

后 记

　　自从 20 世纪末进入黑龙江大学行政管理专业学习，我便与公共管理学结下了不解之缘。在学科诸位授业恩师多年的辛勤培育下，特别是在我的硕士、博士论文指导教师何颖教授的系统性指导下，我逐渐将自己的学术兴趣锁定在了公共行政改革与社会治理方面，并学会了从管理哲学视角来研析公共管理理论与实践问题。2016 年，我有幸走进北京大学经济学院，跟随章政教授从事博士后研究工作，并得到哈尔滨市人民政府的全程资助，特别是市政府研究室的全力支持。本书就是在我的博士后出站报告基础上修改完成的。

　　20 年的求学探索之路使我深刻地体会到了"十年树木，百年树人"的道理。特别是对于一位年轻的人文社会科学研究者来说，必须要有坚定的信念，持久的耐力，经过学与思、思与行的反复沉淀，最终才可能有所收获。"问渠哪得清如许，为有源头活水来。"我在学术上的每一点进步，都来源于授业恩师们的辛勤汗水。此项研究成果的完成，最要感谢的是我的导师章政教授，是他的信任使我有机会可以结缘北大，也是他的悉心指导与耐心鼓励使我可以最终完成这项艰巨的跨学科研究任务。章老师作为我国社会信用等问题领域的专家，不仅学识渊博，而且待人谦和，对待学问却又一丝不苟，极具匠人精神，是我终生学习的榜样。同时，要感谢那些有幸相识和未曾谋面的学术前辈，以及在实证调研工作中给予大力支持的公共管理实践工作者，是他们精深的理论造诣和丰富的实践心得给我以智慧的启迪。此项研究成果最终能够出版，得益于光明日报出版社编辑的辛勤付出与倾情帮助，在此向各位致以由衷的谢意！同时要感谢哈尔滨市人民政府、市政府研究室、黑龙江大学在此项目研究及成果出

221

版过程中给予的全方位支持。此外，还要谢谢我的研究生高莉莉同学在书稿校读工作中付出的艰辛劳动。最后，要感谢我的家人和同事，是他们的理解与支持使我可以集中精力在北大这片沃土潜心地完成课题研究工作。

　　此处未及言谢者甚众，然感恩之心永存！希望此书的出版，能够为新时代东北等老工业基地城市振兴发展贡献一份绵薄之力，聊表一位青年学者的求知报国心愿。由于学识所限，言失之处恳请阅及此书的专家学者提出宝贵意见。

张继亮

2018 年 12 月于黑龙江大学社科楼